앞으로 **10**년
부의 거대 물결이 온다

새로운 부와 기회를 창출할 7가지 딥테크 비즈니스

앞으로 10년
부의 거대 물결이 온다

에릭 레드먼드 지음 | 정성재 옮김

DEEP TECH

Demystifying The Breakthrough Technologies That Will Revolutionize Everything

유노
북스

오늘의 기회와 내일의 변화 사이에서
나는 무엇부터 해야 하는가

2018년 초, 나는 이 책의 첫 번째 챕터를 작성했다. 2017년 말부터 일어난 비트코인 폭락의 끝 무렵이었다. 비트코인 가격은 불과 몇 주 만에 이전 고점 대비 3분의 1 수준으로 곤두박질쳤다. 그러나 이 서문을 쓴 2021년 9월의 비트코인 가격은 2017년 고점의 3배 정도가 됐다.

암호 화폐에 대한 의구심이 커지면서 사람들은 암호 화폐의 근본적인 기술, 즉 블록체인에 관심을 보이기 시작했다. 나는 세계적으로 유명한 스포츠 의류 브랜드의 신기술 혁신 팀 리더로 일하고 있었기 때문에 블록체인이 무엇인지 설명하는 것도 내 몫이었다. 모두가 내게 블록체인에 대해 물어보는 것만 같았다. 그때마다 똑같은 답변을 반복하는 게 진저리가 나서 블록체인이 무엇이며 어떻게 작동하는지 설명하는 짧은 입문서를 작성했다. 이 입문서는 금세 사내에서 뜨거운 관심을 받았다. 사람들은 블록체인이라는 신기술을 이해하고 싶어 했으며 이 기술의 이점뿐 아니라 잠재적인 위험과 결점까지도 궁금해했다.

나는 첫 글의 인기에 힘입어 인공 지능, 사물 인터넷, 가상 현실과 증강 현실 등 다른 신기술을 주제로도 글을 쓸 수 있었다. 이 무렵 MIT 딥테크 부트 캠프의 설립자인 조슈아 시겔을 만났다. 그는 딥테크란 "과거에는 불가능했지만 오늘날에는 조금이나마 실현이 가능한 기술, 그리고 미래에는 너무나 널리 퍼지고 영향력이 커져 존재하기 전의 삶을 떠올리기조차 힘든 기술"이라고 이야기했다. 나는 그와의 만남에서 영감을 받아, 그동안 쓴 글을 보완하여 2019년 말에 가장 주목받고 있던 딥테크 후보 몇 가지를 책으로 묶어 소개해야겠다고 결심했다. 여기에 더해 앞으로 10년 동안 엄청난 영향력을 자랑할 3D 프린팅과 양자 컴퓨팅 기술을 설명하는 챕터까지 추가했다.

그러나 이 책은 기술 그 자체에 관한 책이 아니다. 이 책은 서로 다른 딥테크가 창조적인 방식으로 서로 융합될 때 어떤 결과를 만들어 내는지에 관한 책이다. 내가 좋아하는 말을 빌리자면 "조합적 창의성"이라고 표현할 수 있다. 예를 들어 증강 현실은 그 자체로도 강력하지만 여기에 블록체인과 대체 불가능 토큰이 더해진다 생각해 보자. 순식간에 디지털 재산 시장이 형성되어 누구나 가상 세계에서 가상의 스웨터를 입어 보거나 소셜 미디어에 공유할 수 있을 것이다.

이미 이 책에서 이야기하는 여러 기술이 융합되어 새로운 인터넷 혁명을 이끌고 있다. 증강 현실과 가상 현실, 블록체인, 웨어러블 기기와 사물 인터넷 등의 등장으로 현실 세계와 디지털 세계의 경계가 흐릿해졌다. 우리는 이 혁명을 메타버스라고 부른다. 이 책을 읽으면 새로운 혁명이 어떻게 현실화됐는지, 그리고 이 혁명을 왜 맞이할 수밖에 없었는지 깨달을 수 있다.

이 책은 기술 전문가를 위해 쓴 책이 아니다. 책에 소개된 기술들은 2020년대를 역사상 가장 혁신적인 시기로 만들 만한 잠재력을 갖고 있다. 내 목표는 이 기술들을 궁금해하는 비즈니스 리더, 기업가, 그리고 평범한 독자들의 이해를 돕는 것이다. 미래를 선도하고 싶다면 다가올 10년을 지배할 기술에 대한 지식을 갖춰야 한다. 한국의 독자 여러분도 이 책을 즐겁게 읽고 영감을 받아 우리와 함께 미래를 만들어 나갈 수 있길 바란다.

2030년 딥테크 세계에서
당신에게 보내는 신호

오늘이 2030년 12월 31일이라고 상상해 보자.

잠에서 깰 때 당신은 10년 전보다는 더 늙었고 몸도 구석구석 쑤시긴 하지만 기분은 제법 상쾌하다. 침실 조명이 자연 채광을 모사하여 서서히 밝아졌고 새가 지저귀는 소리가 서라운드 사운드로 들려온다.

오늘은 화요일이다. 침대를 벗어나기 전에 먼저 증강 현실 애플 스마트 글래스를 찾는다. 스마트 글래스를 쓰자마자 처음으로 눈에 보이는 건 2.5미터 정도 거리에서 맴도는 오늘의 일정표다. 그 뒤 조금 익살맞게 "새해 복 많이 받으세요!"라는 메시지가 틱톡TikTok으로 전송되어 뜨더니 가상의 컨페티가 여기저기 흩날린다. 당신은 두 곳의 새해 전야 파티에 초대받았다는 사실을 깨닫는다. 하나는 회사 모임, 다른 하나는 가상 AI 비서인 에이미가 제안한 사교 모임이다. 당신은 잠시 고민하고 나서 에이미에게 사교 모임에 가겠다고 말한다. 에이미는 "알겠습니다"라고 대답한 뒤 당신을 대신하여 초대를 수락한다.

　침대에서 나오면 스마트 글래스 화면에 표시된 수면 통계를 확인한다. 스마트 링이 당신의 수면 상태를 추적한 결과다. 스마트 링은 수면 통계를 당신의 개인 의료 블록체인에 전송하여 담당 헬스 케어 프로바이더가 열람할 수 있도록 한다. 별다른 수면 장애를 겪는 건 아니지만 스마트 링을 끼기만 해도 의료 보험료를 할인받을 수 있다. 그리고 다른 사람들처럼 자신에 관한 통계 자료를 수집하는 것이 은근히 재미있기도 하다.

　이와 비슷한 이유로 체중계에도 올라선다. 체중계는 당신의 몸무게가 어제보다 약간 늘었다는 걸 확인하고는 오늘의 목표 칼로리를 알아서 조정해 준다. 그러자 스마트 글래스도 반응하여 맞춤형 아침 식사로 유전자 표지자에 따른 오트밀을 추천한다. 오트밀은 당신이 이전에 맛있게 먹은 음식이기도 하다. 공중에서 김을 내뿜는 가상 그릇 위로 OK 버튼이 나타나면 당신은 버튼을 클릭한다.

　주방에 들어서면 음식용 3D 프린터가 오트밀에 필요한 재료를 출력하여 흑설탕이 담긴 그릇에 넣는다. 지금도 제법 훌륭하지만 당신은 좀 더 맛을 돋우기 위해 바나나를 썰어서 넣는다. 그럼 스마트 글래스가 이를 기록한 뒤 일일 칼로리 할당량을 다시 조정한다. 지난 3년 동안 이렇게 AI와 웨어러블 기기의 조합으로 식사를 추천받은 덕에 아주 좋은 건강 상태와 체중을 유지했다. 물론 정크 푸드 광고 차단기를 설치한 것도 효과적이었다.

아침을 먹은 뒤 당신은 업무를 본다. 가끔 증강 현실 글래스를 쓴 채로 일할 때도 있지만, 가상 현실의 몰입감을 선호하는 편이다. 그래서 이번에는 오큘러스 워크 고글을 착용한다. 그 즉시 당신은 가상의 스키 별장으로 이동하게 되고 가상 스크린이 눈앞에 펼쳐진다. 당신은 이메일을 확인한 뒤 이메일은 여전히 존재한다 앓는 소리를 내며 에이미에게 답장 몇 통을 대신 써 달라고 부탁한다. 핵심 내용을 전달하면 에이미가 나머지를 채우고 문법을 교정한다. 필요한 경우에는 수신자가 사용하는 언어에 맞게 메시지를 번역하기도 한다. 당신은 스키 별장을 배회하는 동료들과 함께 가상 현실 미팅도 몇 건 참여한다.

저녁이 다가오자 점점 파티 생각에 마음이 뜬다. 오늘 출근해서 보낸 하루가 좋아서 아무래도 사교 모임보다 회사 모임에 참여하는 게 낫겠다는 생각이 든다. 마음이 바뀌었다고 에이미에게 이야기하자 공식 석상에 적절한 옷이 없다는 답변이 돌아온다. 게다가 당일 세탁 픽업을 하기에는 너무 늦었다고도 한다. 당신은 결국 새 옷을 사기로 한다. 에이미는 당신이 마음에 들어할 만한 복장을 보여 준다. 당신의 신체 사이즈는 물론이고 파티가 시작되기 전에 수령할 수 있는지도 고려한 제안이다. 당신은 에이미의 제안 중에서 몇 가지를 선택한 뒤 가상 현실 헤드셋을 벗는다.

스마트 미러 앞에 서면 선택한 옷이 하나하나 거울에 투사되어 실제로 옷을 입은 듯한 효과를 낸다. 옷 몇 벌을 테스트해 보니 파란색 옷이 가장 마음에 든다. 그럼 노드스트롬Nordstrom 애플리케이션이 옷에 어울리는 벨트와 신발을 추천해 준다. 당신이 추천을 받아들이자 주문이 들어간다. 주문한 의류 중 몇몇은 드론 배송이 가능한 거리의 창고에 있고 나머지는 옆 동네 맞춤 의류 매장에서 제작될 것이다. 주문한 모든 옷은 드론과 자율 주행 물류를 통해 노드스트롬 미니 노드에서 취합되어 하나의 패키지로 당신의 집에 배송된다.

그동안 당신은 샤워를 마친다. 스마트 미러가 머리 손질을 비롯하여 그루밍 팁을 몇 가지 알려 준다. 2020년 발생한 팬데믹 이후로는 일상화된 광경이다. 가운 차림으로 쉬는 중에 초인종 소리가 들린다. 현관문 앞에는 주문한 옷이 조그맣고 깔끔하게 포장되어 놓여 있다. 당신은 새 옷으로 갈아입은 뒤 애플 글래스를 손에 쥐고 집을 나선다. 에이미가 미리 준비해 둔 자율 주행차가 당신을 파티장으로 데려다줄 예정이다. 당신이 집에서 나오면 이를 감지하여 자동으로 현관문이 잠긴다.

파티는 굉장히 대규모다. 보통은 바텐더 로봇이 많은데 여기에서는 오랜만에 진짜 인간 바텐더들이 칵테일을 만들고 있다.

'건배! 치얼스! 프로스트!'

파티룸 가운데로 반짝이는 공이 떨어질 때 실은 피냐타 안에 들어 있는 드론이다 당신은 과거를 떠올린다. 지난 10년 동안 얼마나 많은 기회가 있었는가. 당신은 기회의 신호를 재빨리 알아채지 못하고 놓쳐 버린 것을 여전히 후회한다. 돌이켜 보면 기회는 너무나 명백했다. 그러나 당시에는 막연한 변화에 용감하게 뛰어드는 것이 절대로 쉽지 않은 일이었다. 인공 지능과 사물 인터넷부터 확장 현실과 자율 주행, 심지어 3D 프린팅 음식까지! 이 모든 것이 기회였음을 도대체 누가 알았겠는가?

앞으로 10년, 기회와 부를 손에 넣는 법

지금까지 소개한 SF 시나리오는 아직 요원해 보인다. 하지만 2030년에 세상이 어떤 모습일지 상상해 보는 일은 매우 중요하다. 이야기에 나온 각종 기기나 변화가 우리 삶에 완전히 스며들기까지는 아직도 10년 정도가 남았다. 하지만 혁명은 이미 시작됐다. 지금 우리 주위에서 변화가 일어나고 있다. 이 거대한 흐름에는 인공 지능, 가상 현실, 양자 컴퓨터를 비롯한 수많은 기술이 포함돼 있다. 이 기술들은 다음 10년 동안 인간의 역할을 크게 바꿀 것이다. 제조업, 농업, 물류업, 금융업, 의료업, 일터, 그리고 우리의 삶까지 전부 변할 것이다. 이 책은 앞으로 이런 기술들이 융합되는 세상에서 창출될 부와 기회를 안내한다.

이렇게 한번 생각해 보자. 왜 특정 기업가들에게만 행운이 따르는지 궁금해한 적이 있는가? 누굴 뜻하는지 아마 떠오를 테다. 이들은 언제나 완벽한 타이밍에 완벽한 장소에서 등장한다. 끊임없이 새로운 것을 발견하고 거래를 성사시키며 혁신과 문제 해결을 창조적으로 거듭해 세상을 바꿔 나간다. 물론 조금 더 자세히 파헤쳐 보면 이 모든 게 그저 행운이 따른 결과는 아님을 금세 알 수 있다. 이들은 다가올 미래가 어떨지 잘 파악해서 그에 맞게 대처한다. 대부분 사람이 다음 해, 다음 분기, 또는 지금 당장 일어나는 일에만 신경 쓰는 반면 이들은 정보를 계속 흡수하고 수년에 걸쳐 형성된 트렌드를 포착한다.

이들처럼 하고 싶다면 지금 살고 있는 세상을 철저하게 이해해야 한다. 그래야만 앞으로 무엇이 가능할지 상상해 볼 수 있다. 이런 통찰력은 쉽게 얻을 수 없으며 지름길조차 존재하지 않는다. 어느 날 잠에서 깨자마자 다짜고짜 경쟁에 뛰어들 수는 없다. 현존하는 기술을 공부하여 핵심 원리를 파악해야 한다. 정말로 손바닥 들여다보듯 환히 알아서 그 기술이 어떻게 될지 상상할 수 있어야 한다. 분명 쉬운 일은 아니다. 하지만 나를 믿어 보라. 내가 하는 일은 딥테크를 일목요연하게 정리하는 것이다.

혹시 인공 지능, 기계 학습, 신경망 사이의 주요 차이점을 알고 있는가? 확장 현실, 예를 들어 증강 현실과 가상 현실 각각의 이용 사례가 눈에 보이는 것보다 훨씬 차이가 크다는 사실도 알고 있는가? 만약 비트코인이 지휘하는 암호 화폐의 시대가 끝났다고 판단한다면, 사람들이 여전히 블록체인을 유망하게 보는 이유를 파악해 볼 필요가 있다. 스마트 시티와 애플 워치 사이에 차이점이 존재하는가? 가트너가 다른 벤처 캐피털리스트와 다른 관점에서 주목하는 자율 주행차의 장점은 무엇인가? 3D 프린팅은 단순히 마니아들의 취미로 남을 것인가, 아니면 5년 뒤에는 완벽하게 작동하는 인공 장기를 3D 프린터로 출력할 수 있을까? 양자 컴퓨터도 고려해 보자. 디웨이브 시스템즈D-Wave Systems나 싸이퀀텀 PsiQuantum 에 투자해야 할까? 혹시 공급망 최적화나 암호 해독에 어려움을 겪고 있는가?

딥테크는 특정 기술에만 국한되지 않고 끊임없이 융합되기 때문에 머리가 어지러울 지경일 테다. 그래서 기업가들은 대개 포기하고 만다. 비즈니스 세계에서 포기란 곧 외주를 뜻한다. 나는 할 수 없지만 다른 누군가가 할 수 있다면 그에게 돈을 지불하는 것이다. 그러고 나서 '나는 아이디어를 맡았고 기술은 다른 누군가가 담당할 뿐'이라며 스스로 되뇌인다. 어느 정도는 맞는 말이다. 사실 우리는 모두 전문가에게 의존할 수밖에 없기 때문이다. 하지만 미래를 선도하고 싶다면 디지털 전환을 외부 전문가에게만 맡길 수는 없는 노릇이다. 지금껏 꿈꿔 온 혁신적 변화를 일으키려면 적어도 당신이 뭘 하고 있는지, 뭘 해야 하는지는 알아야 한다.

미래 기술의 중요성을 역설하는 훌륭한 책이 아주 많다. 그래서 참고하기 좋은 책들은 부록에 실어 두었다. 그러나 이 책은 혁신에 관한 논문이 아니다. 만약 세상을 바꾸고 거대한 부와 기회를 가져다줄 혁신의 힘을 믿지 않는다면 그냥 이 책을 환불하길 바란다.

이 책은 '인공 지능, 확장 현실, 블록체인, 사물 인터넷, 자율 주행, 3D 프린팅, 양자 컴퓨터' 7가지 기술을 면밀히 다루었다. 읽고 나면 다가올 세상에서 중요한 역할을 할 기술들과 그 혁신 가능성을 이해할 수 있을 것이다. 더 자세한 내용은 1장에 담겨 있다.

가까운 미래에는 기술에 관해 최소한의 이해를 갖춰야 한다. 마치 지금껏 사업을 하려면 재무와 영업의 기초를 반드시 알아야 했듯 말이다. 사실 현재의 기술 지형도를 파악하려 노력 중이라면 분명 경쟁자들보다 앞서 나갈 수 있다. 몇몇 기술은 이미 게임 체인저가 됐으며 어떤 기술은 2020년대 후반쯤이면 무르익을 것이다.

기술 혁신에 관해서라면 나는 상당히 운이 좋았다. 마치 포레스트 검프처럼 나는 지난 30년 동안 초기 웹부터 양자 계산까지 여러 혁명을 눈앞에서 지켜볼 수 있었다. 웹이 탄생할 때 성인이 됐고 애자일 프랙티스, 모바일 애플리케이션, 가상 현실, 증강 현실, 빅 데이터, 인공 지능 등 온갖 분야에서 경력을 쌓았다. 거기에 연구자, 작가, 교육자로서도 활동했다. 지난 몇 년간은 거대 글로벌 스포츠웨어 브랜드에서 기술, 혁신, 연구를 디렉팅했으며 그 과정에서 학계, 기업 파트너, 스타트업, 정부와 최첨단 연구를 두고 아주 깊게 소통할 수 있었다. 물론 우리 브랜드만의 결과물도 제법 만들어 냈다.

이런 경력 덕분에 규모를 가리지 않고 딥테크의 모습을 지켜볼 수 있었다. MIT와 마이크로소프트, 세계경제포럼 등 세계적인 조직과 함께 일했고, 자율 주행부터 양자 컴퓨터까지 딥테크를 직접 실험해 보기도 했다. 하지만 기술 자체 외에도 나는 딥테크를 실용화함과 동시에 오늘날 현실에 맞게 비즈니스 리더를 이끄는 데 초점을 맞췄다. 즉 딥테크 전략을 이해하고 수립하는 일이야말로 2020년대의 가장 크고 경쟁력 있는 기회임을 알리고 싶었다.

이게 바로 이 책의 핵심이다. 오늘의 기회와 내일의 기술 사이에 다리를 놓을 수 있는 사람만이 번영하는 미래를 차지할 수 있다. 그리고 가까운 장래에 기회를 선도할 자는 특정 분야의 전문가이면서 해당 분야의 새로운 기술이 일으킬 가능성 또한 유연하게 수용할 수 있는 사람일 것이다. 아메리카온라인AOL의 공동 설립자 스티브 케이스가 말한 "제3의 물결" 같은 변화에 잘 대처해야 한다는 뜻이다.

　딥테크를 받아들여 새롭게 전환을 이뤄 낸다면 당신이 미래를 이끌어 갈 것이다.

차 례 **CONTENTS**

1장 앞으로 10년 가장 혁명적인 부가 온다

3장

새로운 문명이 건설된다

[확장 현실 비즈니스]
가상 현실과 증강 현실, 그리고 메타버스 너머

4장

블록체인 경제가
고개를 든다

[블록체인 비즈니스]
탈중앙화로부터 오픈 마켓으로 가는 제3 신뢰 기관

5장 전례 없는 기회들이 쏟아진다

[사물 인터넷 비즈니스]
완전한 유비쿼터스 컴퓨팅을 향한 정신과 기계의 융합

6장 | 차세대 모빌리티 가속 페달을 밟는다

[자율 주행 비즈니스]
5단계 자율 주행으로 바뀌는 인프라와 부동산 패러다임

7장 | 먼저 팔고 그다음에 만든다

[3D 프린팅 비즈니스]
뉴 스페이스, 바이오테크, 푸드테크를 묶는 제조업의 핵심

8장

인류의 난제가 풀린다

[양자 컴퓨터 비즈니스]
비전공자도 이해하는 양자 컴퓨팅의 기초와 전망

<table>
<tr><td>9장</td><td>거대한 물결에
올라타라</td></tr>
</table>

1장

앞으로 10년
가장 혁명적인
부가 온다

DEEP TECH

Demystifying The Breakthrough Technologies That Will Revolutionize Everything

우리에게 자연스러운 것은 초창기의 낯선 모습을 잃어버려 그저 오랜 관습처럼 익숙해졌을 뿐일지도 모른다.
그 생경한 근원을 기묘하게 여긴 인간은 사고하고 의문을 품게 됐다.

마틴 하이데거(철학자)

밀려들기 전은 생각도 나지 않는 쓰나미의 등장

2008년 영화 〈아이언맨〉이 영화계를 강타했다. 만화 속에만 존재하던 슈퍼히어로는 문화적 시금석으로 우뚝 섰다. 아이언맨 시리즈에서 가장 기억에 남는 요소는 액션이 아니다. 그 정도는 슈퍼히어로 영화라면 기본이다. 오히려 주목한 건 천재 억만장자이자 바람둥이이며 박애주의자인 토니 스타크라는 인물과 그의 연구실이었다. 이 책에서 다룰 증강 현실, 인공 지능, 3D 프린팅, 자동 로봇, 사물 인터넷 등 실제 기술의 대부분이 영화 속 토니 스타크의 연구실에 구현돼 있다. 아이언맨 시리즈의 첫 작품이 특히 매력적인 이유는 작품에 나온 기술이 허황되지 않고 충분히 실현 가능해 보였기 때문이다. SF 영화 같지 않은 SF 영화에 관객들은 매료됐다.

5년 뒤, 세계적 수준의 전문가들을 등에 업고 막대한 돈을 설비에 쏟아부은 현실 억만장자 일론 머스크가 결국에는 세상을 놀라게 했다. 그가 설립한 여러 회사 중 하나인 스페이스X SpaceX가 로켓 부품을 얼마나 빠르게 설계하고 제작하는지 보여 줬기 때문이다. 그가 선보인 것은 가상 현실 헤드셋 프로토타입, 핸즈프리 제스처 입력, 맞춤형 3D 컴퓨터 지원 설계CAD 시스템, 레이저 티타늄 3D 프린터였다. 이 장치들은 가상 환경 속 디지털화된 엔진과 직접 상호 작용하여 가상으로 엔진을 조작한 뒤, 실험에 사용할 수 있도록 실제 금속 부품을 즉석으로 출력하기까지 했다.

그로부터 6년이 지나고 나는 일론 머스크와 비슷하게 나만의 워크숍을 꾸렸다. 나 외에 스태프는 한 명도 없었고 비용은 수백 달러에 불과했다. 베스트바이 Best Buy에서 오큘러스 퀘스트Oculus Quest를, 아마존Amazon에서 3D 프린터를 구입했다. CAD 소프트웨어도 다운로드했으며 유튜브 비디오를 따라 사물 인터넷 서비스를 구축해서 기기들을 연결했다. 나는 CAD나 전자 기기를 사용해 본 경험이 전무했으며 무언가를 제작해 본 적도 없었다. 그래도 이 장치를 이용해 비상 환풍기를 출력하고 조작해 볼 수 있었다. 코로나19 팬데믹 초창기에 라이스대학교에서 오픈 소스로 설계를 공개해 준 덕분이었다.

조용히 다가오는 파괴적 혁신

10년이 조금 넘는 기간 동안 무슨 일이 일어났는지 곰곰이 생각해 보자. 공상 과학 속 이야기는 기술에 푹 빠진 억만장자로 인해 현실이 됐다. 나아가 평범한 개인이 아이언맨의 연구실을 차리는 정도에 이르렀는데, 이 과정에서 전문 지식은 거의 필요 없었고 비용 역시 1,000달러가 채 들지 않았다.

〈아이언맨〉, 일론 머스크, 나, 그리고 앞으로 이 책에서 다룰 사례를 보면 모두 5년에서 10년 정도로 가느다란 시간의 간격이 존재한다. 새롭게 떠오르는 기술이 연구 개발 단계를 지나 곧 규모가 커지기 직전이지만 아직 정점에 도달하지는 못한 시기다. 마케팅 용어를 빌리자면 얼리 어답터early adopter: 조기 수용자와 얼리 매저리티early majority: 조기 다수자 사이의 캐즘chasm이라 할 수 있다. 가트너의 하이프 사이클에서는 '환멸의 계곡'이라고 부른다. 그리고 벤처 캐피털이나 기술 분야 전문가들은 이 새롭게 떠오르는 기술을 가리켜 "딥테크"라는 표현을 사용한다. 개인적으로는 MIT 딥테크 부트 캠프의 공동 설립자인 조슈아 시겔의 설명을 좋아한다.

"딥테크란 과거에는 불가능했지만 오늘날에는 조금이나마 실현이 가능한 기술, 그리고 미래에는 너무나 널리 퍼지고 영향력이 커져 존재하기 전의 삶을 떠올리기조차 힘든 기술을 뜻한다. 딥테크 솔루션은 하나의 분야에 국한되지 않고 현실의 중요한 문제나 기회에 충실하도록 핵심 능력을 재창조하는 것이다."

딥테크는 파괴적이면서도 더 대중적인 하이테크 솔루션이 될 잠재력을 지니고 있다. 정의에 비추어 보자면 딥테크는 초기에 저평가될 수밖에 없다. 하지만 적절한 시기에 기회를 잡는 자가 승리하는 법이다. 기회를 너무 일찍 잡아 버리면 야후Yahoo 나 프렌드스터Friendster 의 전철을 밟을지도 모른다. 너무 늦게 뛰어든다면 빙Bing 이나 앱닷넷App.net 이 되고 만다. 하지만 타이밍이 알맞다면 당신의 회사도 구글Google 이나 페이스북Facebook 이 될 수 있다.

딥테크 물결에 올라타는 자가
세상을 지배한다

우리는 점점 기술이 중요해지는 세상에 살고 있다. 재무, 영업, 디자인, 물류, 이외에 어느 분야든지 기술이 세상을 집어삼키고 있다. 100여 년 전만 해도 공장은 최첨단이었고 조립 라인에 의해 가동됐다. 그리고 공장을 움직이는 사람이 곧 세상을 움직였다. 그 뒤 전기가 발명됐고 회사 같은 비즈니스 구조가 등장했다. 그러고 나서 공급망 최적화가 이어졌다. 그다음에는 금융 상품을 능수능란하게 사용하는 자들이 세상을 지배했다.

지난 수십 년 동안 컴퓨터는 우리 곁에 있었다. 못을 박을 일이 있을 때마다 금방 꺼내서 쓸 수 있는 망치 같은 도구였다. 하지만 21세기 초부터 변화가 일어났다. 새롭게 등장하는 기술이 더 이상 경쟁 우위를 만들지 못하기 시작했다. 현재 우리는 완전한 디지털 시대에 살고 있다. 이런 흐름에 알맞게 대응하는 회사와 그렇지 못하고 뒤처지는 회사가 눈에 띄게 구분된다. 또는 기술 전문가 패트릭 피셔가 로이터에서 말한 대로 "이제 모든 기업이 기술 기업이다." 자금도 많아졌다. 미래를 차지하려면 새로운 기술을 단순히 적용하는 데에 그쳐서는 안 된다. 과감히 투자하고 추진력도 갖추어 경쟁자들이 도태되거나 따라잡기에 급급하도록 만들어야 한다.

앞서 말했듯 딥테크는 아직 초기 단계인 기술을 뜻한다. 2020년부터 2030년까지 10년 동안, 7가지 기술이 적게는 50조 달러, 많게는 200조 달러에 달하는 경제적 효과를 창출할 것으로 보인다. 더 이상 생존만으로는 충분하지 않다. 이제부터는 이 거대한 물결을 타고 번영하느냐, 무시하고 몰락하느냐의 게임이다.

지금 실리콘 밸리의 기업들은 딥테크에 투자 중

물론 기술이 미래를 바꾸리라고 믿지 않는 사람도 많다. 그리고 그중 누군가는 이런 생각 때문에 고통받는다. 최근의 기업 역사를 보면 기술을 활용하기를 거부하여 적절히 전환을 이루어 내지 않은 기업들의 사례로 가득하다. 시어스Sears만 해도 아마존의 등장으로 인해 100년 넘게 갖고 있던 주도권을 잃어버렸다. 허츠Hertz는 라이드 세어링 수요 감소로 인해 결국 파산 신청까지 하게 됐다.

내 경험에 따르면 비기술적 집단이 기술을 거부하는 일은 거의 유행처럼 만연해 있다. 솔직히 말하자면 이런 반발이 완전히 부당한 것은 아니다. 기술 우월주의에 기반한 유토피아적 전망이 계속해서 무너졌기 때문이다. 그래도 빈대 잡으려다 초가삼간을 전부 태우지는 말자. 딥테크가 떠오르고 있다는 사실에 무지한 경우, 가장 큰 위험은 이 무지함이 무관심으로 이어질 수 있다는 것이다. 당신이 이제 막 스타트업을 시작했든, CEO이든, 선구자적인 사상가든, 평범한 개인이든 상관없다. 러다이트적인 집단 사고에 동조해서는 안 되며, 어떤 사실을 믿고 싶지 않다고 해서 무시하는 일은 없길 바란다.

나는 코로나19 팬데믹 초기에 기업과 정부의 몇몇 실무진과 함께 일한 바가 있다. 당시 내가 놀란 점은 접촉자 추적 기술에 반대하고 수동 프로세스를 지지하는 움직임이 꾸준히 있었다는 사실이다. 예컨대 접촉 기록이나 노출 알림 기능을 갖춘 모바일 애플리케이션에 반대하는 주장을 들어 보면 대부분 반대를 위한 반대일 뿐이었다. 그마저도 10년도 더 전에 어설프게 기술을 사용해 본 경험에서 비롯됐다.

기술에 반대하는 의견 중 내 기억에 남은 주장은, 알고리즘으로는 물리적 근접성 이상의 정보를 얻을 수 없으며 오직 인간만이 실제 필요한 맥락을 유연하게 제공한다는 것이었다. 나는 반대하는 이들에게 되물었다. 인공 지능이 벌써 10년 가까이 여러 판단을 내리고 있으며 인간도 언제든 잘못된 판단을 할 수 있는데 이런 사실을 알고 있느냐고 말이다. 그 뒤 이들은 내가 더 이상 프로젝트에 참여하지 않아도 된다며 정중하게 의사를 내비쳤다. 프로젝트는 수개월 정체되고 말았다. 그 결과는 고스란히 무수히 많은 이의 고통으로 돌아갔다. 과학자와 기술 전문가들이 끈질기게 재촉한 후에야, 앱이 100회 다운로드될 때마다 한 사람의 생명을 살릴 수 있다는 사실이 밝혀졌다.

맥킨지에 따르면 한 메이저 자동차 회사의 이사진은 이렇게 말했다.

"문제는 기술 기업이 얼마나 빨리 자동차 기업이 되느냐가 아니다. 우리가 얼마나 빨리 기술 기업이 되느냐."

기술이 모든 비즈니스 섹터에서 점점 더 중요한 역할을 하고 흔해지고 있음을 한눈에 보여 주는 흥미로운 인용구다. 기술 기업과 비기술 기업의 경계는 점차 흐려지고 있다. 간단히 예를 들어 보자면 2020년 중반 시가 총액 기준으로 상위 5개 기업 GAFAM Google·Alphabet, Apple, Facebook, Amazon, Microsoft의 앞 글자를 딴 줄임말이 모두 아낌없이 기술에 투자 중이었다. 당시 이 기업들의 시가 총액을 합치면 6조 4,000억 달러에 달했으며, 이는 나스닥 전체 시가 총액의 거의 50%를 차지하는 수준이었다.

당신은 아마 이렇게 생각할 수도 있다.

'그래서요? 기술 기업이 가치가 있다는 건 알겠는데 제가 기술 기업을 운영하는 건 아니잖아요.'

비밀은 여기에 있다. 아마존도 기술 기업이 아니다. 물론 아마존에게는 웹 사이트가 있다지만 당신도 웹 사이트를 만들 수 있다. 아마존은 기술을 정말로 잘 활용하는 마케팅 및 물류 회사다. 너무나도 잘 활용한 나머지 아마존만의 인프라를 구축했고 심지어 이를 다른 회사에 판매하기에 이르렀다. 바로 아마존 웹 서비스AWS다. 구글은 또 어떠한가? 물론 구글은 기술 기업으로 시작했다. 하지만 실리콘 밸리의 대표 기업가 피터 틸의 말처럼 구글은 더 이상 기술 기업이 아니다. 이제 구글은 세계에서 가장 큰 광고주다. 페이스북은 반대자들의 존재에도 불구하고 개인 수준에서까지 콘텐츠 스트림을 다루는 미디어 회사라고 볼 수 있다. 애플과 마이크로소프트는 어떠한가? 애플은 독자적으로 TV 스튜디오를 운영하며, 마이크로소프트는 세계에서 손꼽히는 비디오 게임 콘솔 회사다.

이 기업들이 기술 기업이 아니라는 말이 아니다. 시간이 지날수록 새로운 사업 분야를 개척하면서 단순한 기술 기업이라는 옷을 벗는다는 뜻이다. 기술은 수단일 뿐이며 기업이 실제로 하는 일을 어떻게 해 나갈지 결정하는 데 바탕이 된다. 그렇기 때문에 비즈니스 세계에서는 반드시 기술을 이해해야 한다.

어떻게 윙클보스 형제는 세계 최초로 비트코인 억만장자가 됐을까

딥테크를 이해하면 좋은 점이 무엇인지 알고 싶은가? 윙클보스 형제의 사례를 살펴보라. 쌍둥이 형제인 캐머런 윙클보스와 타일러 윙클보스는 어쩌면 당신에게도 익숙한 이름일 수도 있다. 페이스북의 탄생 신화를 더 재미있게 만들어 주는 등장인물이기 때문이다. 2010년대 초반 여러 책과 영화를 비롯한 미디어에서 이 하버드 출신 쌍둥이를 어떻게 묘사했는지와 별개로, 윙클보스 형제야말로 딥테크를 보는 예리한 시각이 얼마나 중요한지 알려 주는 산증인들이다.

윙클보스 형제는 부유한 집안에서 태어났으며 운동에도 소질이 있어서 올림픽 본선에 진출하기도 했다. 이들은 학창 시절에 소셜 네트워크에 관한 아이디어를 갖고 있었고, 결국 오랜 시간이 지난 뒤 자신들의 아이디어를 훔쳐 페이스북을 만들었다며 마크 저커버그에게 소송을 걸었다.

2013년 윙클보스 형제는 비트코인 혁명이 도래하는 것을 보고 있었다. 경제학 학위가 있긴 했지만 깊이 있는 기술 전문가라고 하기에는 어려웠다. 그러나 비즈니스를 하기에 알맞은 타이밍과 알맞은 장소를 기가 막히게 찾아낼 줄 알았다.

그들은 비트코인 시세가 10달러 정도일 때부터 일찍이 비트코인을 사들였다. 그 뒤로도 계속해서 비트코인을 모았고 결국 전체 유통량의 1%가량을 소유하게 됐다. 이어서 인접 사업을 펼치고 비트코인 ETF 기관 투자자들을 끌어모을 수 있는 주류 금융 상품 상장을 시도했으며 독자적으로 비트코인 거래소를 설립했다. 그리고 비트코인 관련 기술과 커뮤니티를 지원하고자 탈중앙화 디지털 화폐의 힘을 전파하는 홍보 대사로 활동하기도 했다. 그동안의 투자는 결실을 맺었다. 2017년 비트코인 시세가 1만 달러에 이르렀을 때, 윙클보스 형제는 세계 최초로 비트코인 억만장자가 됐다. 10년 만에 엄청난 변화가 일어난 셈이다.

만약 새로운 사업 분야와 수입원을 찾고 있거나, 프로세스 효과성 향상이나 비용 절감을 도모하고 있다면 가장 먼저 딥테크를 조사해 봐야 한다. 딥테크를 이해하는 것은 경력을 향상할 뿐만 아니라 자본을 조달하는 데에도 중요한 기회가 된다. 딥테크에 자금이 폭발적으로 몰리고 있으며 그 통로 역시 늘어나고 있다. 벤처 캐피털과 기업의 자금은 모두 차세대 혁신에 뛰어들기 위한 발판이 돼 준다. 크라우드 펀딩이나 초기 코인 공개ICO, 또는 1,000억 달러 비전 펀드처럼 첨단 기술에 초점을 맞춘 국부 펀드 등 대체 자금도 고려할 수 있다.

종합해 보면 앞으로 10년간 딥테크 자본은 거뜬히 수조 달러 수준에 이를 것이다. 여기에서 붕괴한 기존 산업에 우리가 다룰 7가지 기술이 가져올 경제적 효과를 고려해 보자. 예상컨대 딥테크 자본은 50조 달러 규모에 육박할 것이다. 이 예상치는 어쩌면 과소평가된 값일지도 모른다. 하지만 나는 가트너, 맥킨지, 세계경제포럼, 제너럴 일렉트릭GE 같은 산업계에서 분석한 추정치에 근거하여 되도록 보수적으로 접근하고자 했다.

'100조 달러'라는 천문학적인 경제 효과

경제적 효과는 단순한 시장 규모보다 더 넓은 개념이다. 1차 효과뿐만 아니라 2차 효과, 3차 효과까지 포함하기 때문이다. 스마트 온도계를 판매한다면 하니웰Honeywell 같은 공급 업체는 수익을 낼 수 있다(1차 효과). 한편 스마트 온도계를 사용한 고객은 공기 조화_{HVAC} 비용을 절감할 수 있다(2차 효과). 마지막으로 에너지 사용량이 감소하면서 세계적으로 석탄 화력 발전소에서 방출되는 탄소의 양을 줄일 수 있다(3차 효과). 즉 내가 정의하는 경제적 효과란 모든 국가의 국내 총생산_{GDP}을 더한 값으로, 간단한 용어로는 세계 총생산_{GWP}이라고 할 수 있다.

그렇다면 추정치가 천차만별일 때 어떻게 10년 뒤의 수치를 얻을 수 있을까? 어떤 기관에 따르면 2030년에는 인공 지능 한 분야만 150조 달러에 달하는 GWP를 책임질 것으로 예상된다. 참고로 2020년 중반 주식 시장 자본의 총합이 89억 5,000조 달러였다. 사물 인터넷이 창출할 효과는 최대 100조 달러, 최소 10조 달러로 예상되기도 했다. 나는 통계학자 네이트 실버의 힘을 빌려 '설문 조사를 조사하기' 방식을 사용했다. 추정치의 평균을 산출하되 각 기관이 그동안 보여 준 정확성과 딥테크 관련 지식에 근거하여 가중치를 부여했다. 그리고 명확하게 합의된 수치를 얻기 위해 과도한 이상치_{outlier}는 조정했다.

예를 들어 다른 소규모 그룹에 비해 GE가 제시한 사물 인터넷 추정치에는 더 큰 가중치가 적용된다. 한편 비즈니스 인사이더의 사물 인터넷 추정치는 다른 그룹들이 이루는 합의점에서 조금 멀리 벗어나 있었다. 여러 추정치를 평균하면 단일 값을 사용할 때보다 더 정확한 결과를 낼 가능성이 높아진다. '대중의 지혜'라고도 표현할 수 있다.

각설하고 2021년부터 2030년까지 7가지 딥테크가 창출할 경제적 효과 추정치를 보여 주겠다.

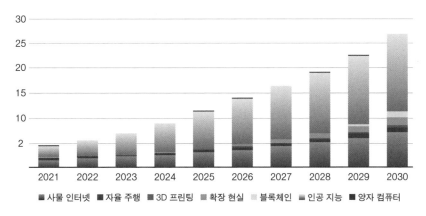

2020년대 딥테크의 글로벌 경제 효과(GWP) 추정치

"잠깐만요, 그래프에 나온 값을 모두 더하면 10년간 경제적 효과가 110조 달러를 넘잖아요!"

이렇게 외칠 독자가 분명 있을 것이다. 맞는 말이다. 하지만 앞으로 10년 동안의 기술 수용을 예측하는 데 불확실성은 피할 수 없으며 이는 커다란 오차로 이어진다. 그래서 여기에서는 유별날 정도로 보수적으로 접근하여 최악의 케이스를 취해 50조 달러로 경제적 가치를 추산할 것이다.

최선의 케이스로 따지면 딥테크로 인해 250조 달러만큼 GWP가 증가한다. 돈이 넘치는 미래가 눈에 보이는 듯하다. 참고로 국제 투자 은행 크레디트스위스에 따르면 2020년 전 세계 자산 총액이 360조 6,000억 달러다. 나는 뼛속부터 낙관주의자이지만 최선의 케이스 수치에 도달하는 데에는 굉장히 많은 노력과 운이 필요할 것이다.

경제 혁명을 일으킬
7가지 핵심 기술을 선점하라

이제 이 책이 말하고자 하는 핵심을 들여다보자. 다가올 10년 또는 그 이후까지 규정할 7가지 딥테크가 이 책에 담겨 있다는 사실을 당신도 이미 알고 있을 것이다. 이 7가지 기술은 범용 목적 기술이다. 즉 하나 이상의 분야에서 점진적으로 이루어지던 발전을 훌쩍 뛰어넘는 아주 드문 기술을 뜻한다. 역사를 둘러봐도 범용 기술은 그리 많지 않았다. 인쇄기, 내연 기관, 컴퓨터, 그리고 인터넷 정도였다.

시간이 흐르면서 범용 기술이 탄생하는 속도가 빨라지고 있다지만 대개는 그 속도가 느린 편이다. 그러니 2020년대가 말도 안 되게 특별한 것이다. 최근 등장하는 범용 기술이 얼마나 많은지 놀라울 따름이다. 우리는 적어도 7가지 범용 기술의 출현을 목격 중이다. 기술 하나하나가 GWP의 상당 부분을 차지하며 경제적 혁명을 일으킬 수 있을 정도다.

- 인공 지능: 기계 학습, 심층 신경망, 딥러닝. 이외에 지도 학습, 비지도 학습, 강화 학습 등 여러 가지.
- 확장 현실: 가상 현실, 증강 현실, 혼합 현실, 그리고 그 사이에 존재하는 모든 기술.
- 블록체인: 물론 암호 화폐가 먼저지만 스마트 계약, 분산원장기술, 초기 코인 공개, 분산형 자율 조직, 제3 신뢰 기관까지.
- 사물 인터넷: 스마트 기기, 스마트 홈, 스마트 시티, 웨어러블 등.

- 자율 주행차: 무인 자동차 및 각종 자율 로봇.
- 3D 프린팅: 대부분 적층 제조나 약간의 컴퓨터 수치 제어 절삭 가공도 포함.
- 양자 컴퓨터: 현재의 컴퓨터가 풀 수 없는 우주의 비밀에 열쇠가 돼 줄 기계.

이 7가지 딥테크가 각 장마다 하나씩 깊이 있게 소개될 것이다. 이 책에서 최대한을 얻고자 한다면 모든 장을 읽어야 하겠지만, 어떤 기술에는 그리 흥미가 느껴지지 않을 수도 있고 어쩌면 당신이 이미 그 분야의 전문가일지도 모른다. 그래도 걱정하지 않아도 된다. 각 장은 독립적으로 구성돼 있다. 물론 예외로 다른 장이 언급되기도 한다. 예컨대 IoT 기기에 AI가 사용되는 인텔리전트 엣지intelligent edge처럼 고차원적 융합을 논할 때, 또는 분산원장기술이 단지 블록체인을 새롭게 포장한 이름임을 설명할 때가 그렇다.

각 장의 구조는 이렇다. 먼저 기술의 등장부터 그 역사를 다룬다. 그 다음으로 현재 기술이 어떻게 사용되고 있고 미래에는 어떤 식으로 사용될 수 있는지 그 사례를 조명한다. 그 뒤에는 기술이 작동하는 원리를 깊숙이 파고든다. 마지막으로 현재 당면한 문제와 앞으로의 과제로 끝맺는다.

다시 말하지만 이 책은 혁신하는 법에 관한 논문이 아님을 기억하길 바란다. 내가 원하는 바는 지식의 토대를 전달하여 독자들이 스스로 기술을 비교하고 트렌드를 파악하며 새로운 가능성을 꿈꿀 수 있도록 하는 것이다. 그리고 이 책에서는 섣불리 미래의 청사진을 그리거나 비즈니스 아이디어를 제시하려고 하지 않았다. 그랬다가는 독자들이 이 책의 제안에 너무 얽매여 자유롭게 사고하지 못할 것 같았기 때문이다.

그렇다고 해서 이 책을 너무 쉽게 생각하면 곤란하다. 인공 지능 기술은 복잡해서 어렵고, IoT 기술은 너무 광범위해서 어렵다. 양자 컴퓨터를 다룬 8장은 더 심각하다. 몇 년에 걸친 물리 교육, 그리고 MIT 수업을 비롯한 특별 과정에서 배운 개념이 녹아 있다. 여기에 더해 마이크로소프트, IBM, 디웨이브와 함께 직접 실험한 내용도 빠뜨리지 않았다. 하지만 당신은 충분히 똑똑한 사람이다. 일단 읽고 나면 앞으로 10년을 이끌 최첨단 기술들을 다른 99.99%의 사람들보다 더 잘 알게 될 것이다. 0.01%에 속할 수 있다니 꽤 멋진 일이다.

준비됐는가? 그럼 출발해 보자!

2장

이제
규모와 속도의
경쟁이다

[인공 지능 비즈니스]

자동화 트렌드부터 초거대 AI, XAI까지

DEEP TECH

Demystifying The Breakthrough Technologies That Will Revolutionize Everything

AI는 우리가 하는 모든 것을 결정할 것이다.

사티아 나델라(마이크로소프트 CEO)

바둑판을 벗어나
일상생활을 하는 '진짜 AI'

인공 지능 분야가 언제 탄생했는지를 딱 잘라 말하기는 어렵다. 하지만 18세기 후반의 한 사건이 적절한 출발점이 될 듯하다. 1769년 헝가리의 발명가 볼프강 폰 켐펠렌이 황후 마리아 테레지아를 위해 '투르크Turk'라는 체스 기계를 고안했다. 당시는 각종 시계 장치가 대중적으로 발달하던 때였는데, 투르크는 그런 장치와 달리 체스 게임에서 승리할 수 있을 만큼 인간 수준의 지능을 가진 기계로 이름을 날렸다. 하지만 안타깝게도 투르크의 비밀은 기계 안에 인간이 숨어 있었다는 것이었다. 투르크는 가짜였지만 투르크 덕분에 '생각하는 기계'라는 개념이 잠시나마 널리 퍼질 수 있었다.

시계를 빠르게 돌려 1950년으로 가 보자. 제2차 세계 대전에서 암호 해독자로 활동했으며 현대 컴퓨터 과학의 창시자인 앨런 튜링이 학술지 마인드에 논문 〈계산 기계와 지능Computing Machinery and Intelligence 〉을 기고했다. 이 기념비적인 논문에서 그는 이미테이션 게임The imitation game 이라는 개념을 제안했다. 이는 현재 간단히 튜링 테스트라고도 불린다. 튜링은 이 문제를 실용적인 관점에서 바라봤다. 인간으로 하여금 컴퓨터가 실제로 사고한다고 믿게 만들 수 있다면 기계도 인간 수준의 지능을 갖췄다는 것이다. 인간이 기계와 인간의 차이를 구분하지 못하는 한 기계가 실제로 인간처럼 사고할 수 있는지는 중요하지 않다. 중요한 건 그런 기계가 있다면 생각하는 인간만큼 유용하다는 사실이다.

수십 년 동안 컴퓨터 과학자들은 인공 지능이 눈앞에 있다고 주장했다. 하지만 이들의 주장은 인간 수준의 AI를 동경하던 이들에게 실망을 안기며 사라지곤 했다. 1957년에 이르러서야 최초로 인공 신경망이 고안됐다. 바로 퍼셉트론perceptron 이다. 언론은 이 AI의 미래를 비중 있게 다루고자 했던 반면 초기 연구는 거의 이루어지지 않았다. 오히려 퍼셉트론에는 근본적인 한계가 있다는 사실이 증명돼 별다른 진전이 없는 상태가 지속됐다.

이 'AI 겨울'은 1980년대 후반까지 이어졌다. 물론 다른 형태의 AI 연구도 꾸준히 이루어졌다. 대표적인 예로 기호 논리학에서 탄생한 전문가 시스템, 진화에서 영감을 얻은 유전 알고리즘, 퍼지 논리의 수학에 근거한 통계학 등이 있었다. 때때로 여러 테크닉의 조합이 AI로 통하기도 했으나 그 성과는 결코 기대에 미치지 못했다. 사람은 할 수 있지만 AI는 하지 못하는 것이 너무나도 많았다.

　그러다 무언가 변화가 일어났다. 1997년 IBM의 '딥블루Deep Blue'가 체스 그랜드마스터 가리 카스파로프를 이긴 것이다. 하지만 이 사건의 충격은 일시적이었고 딥블루는 금세 '진짜 AI'로 인정받지 못했다. 체스만 둘 줄 아는 기계가 얼마나 범용적으로 쓰이겠느냐는 의문 때문이었다. 그 뒤로 몇 년에 걸쳐 컴퓨터는 점점 정교하고 복잡한 게임에서 인간을 이겨 나갔으나 튜링 테스트를 통과한 사례는 없었다. 2014년 6월 7일까지도.

　앨런 튜링이 이미테이션 게임을 제안한 이후, 컴퓨터 과학자들은 준비된 환경에서 인간 심판이 기계가 아니라 실제 인간과 대화 중이라고 믿게 하려 분투해 왔다. 마침내 2014년, 유진 구스트만이라는 프로그램이 튜링 테스트를 통과했다. 런던 왕립학회의 인간 심판들 가운데 33%가 자신이 기계가 아니라 13살짜리 우크라이나 소년과 대화했다고 판단했다. 64년이 지난 뒤에야 최초로 테스트를 통과한 기계가 나타난 것이다. 그러나 이때도 역시 '진짜 AI' 대우를 받지는 못했다.

　체스 게임에서의 승리는 그저 커다란 컴퓨터 하드웨어를 바탕으로 교묘하게 수학적 트릭을 구사한 결과라 폄하되기도 한다. 경우의 수가 상대적으로 많지 않기 때문이다. 그러나 어떤 게임은 너무도 복잡해서 경우의 수를 계산하기가 불가능하다. 바둑이 대표적이다. 바둑은 19×19

격자 위에서 흑돌과 백돌이 거루는, 얼핏 단순해 보이는 게임이다. 그러나 AI를 사용하지 않고 최적의 수 하나를 계산하려면 현대 컴퓨팅 인프라를 동원해도 엄청나게 오랜 시간이 걸린다. 대신 인간의 두뇌는 단 몇 초 만에 훌륭한 수를 떠올릴 수 있어서 역시나 인간이 컴퓨터보다 더 유리하다고 여겼다.

하지만 2016년 3월, 알파고AlphaGo가 현존하는 세계 최고의 프로 바둑기사 이세돌에게 승리를 거두었다. 연구자들은 기술을 범용화하여 더욱 우수한 알파제로AlphaZero를 개발했다. 알파제로는 다른 여러 게임에서도 인간을 능가했는데, 이번에는 분명 딥블루 때와 분위기가 달랐다. 어느 누구도 '진짜 AI'가 아니라는 말을 쉽사리 하지 못했다. 이번에는 정말 무언가 달랐다.

구글은 2018년 5월 듀플렉스Duplex라는 프로젝트를 발표했다. 아마존의 알렉사Alexa나 애플의 시리Siri 등 대화형 봇들은 점점 성능이 나아지고 있었으나 자연스러운 대화를 구사하기까지는 여전히 갈 길이 멀었다. 구글 연례 콘퍼런스인 구글 I/O에서 듀플렉스의 몇몇 오디오 클립 시연이 이루어졌는데 청중은 깜짝 놀랄 수밖에 없었다. 첫 번째 클립은 컴퓨터가 인간과 유사한 목소리를 내면서 미용실에 전화를 걸어 실제 인간을 상대로 예약을 잡는 내용이었다. 통화 연결음이 울리고 곧 한 여자가 전화를 받았는데 놀랍게도 컴퓨터는 예약에 자연스럽게 성공했다. 두 번째 클립에서는 컴퓨터 봇이 레스토랑에 전화를 걸어 인간을 상대로 예약을 시도했다. 대화가 매끄럽지는 못했지만 예약은 성공적으로 이루어졌다. 더욱 놀라운 사실은 두 상황에서 수화기 너머의 인간은 기계와 대화하는 줄 꿈에도 몰랐다는 것이다.

그러니 오늘날 우리에게는 규칙이 정해진 게임이라면 인간을 이길 수 있는 범용 기계가 있다. 우리가 가진 또 다른 기계는 어떤 대화에든 자연스럽게 참여할 수 있으며, 대화 상대가 기계와 이야기하고 있다는 사실을 눈치 채지 못할 정도로 인간의 발화를 유사하게 따라할 수도 있다.

이제 기계는 예로부터 인간만이 가능하다고 여기던 작업들을 해내고 있다. 화이트칼라 직종의 인지 자동화 cognitive automation 를 실현하고 트럭을 장거리 운행하며 여러 창고를 동시에 운영하기도 한다. 이제는 인공 지능 분야에서 눈에 띄는 성과가 나오고 있다는 사실을 직시해야 한다. 어쩌면 '지능'의 정의를 새롭게 내려야 할 때인지도 모른다. 더 이상 인간을 기준으로 삼지 않는 정의가 필요하다. 이미 컴퓨터가 인간보다 더 우수한 영역이 많이 존재한다. 그리고 시간이 흐를수록 그동안 인간이 맡았던 '사고력이 필요한 일'은 점점 기계의 몫이 될 것이다.

AI는 자동화 작업을 하고
인간은 더욱 인간다운 일을 한다

다가올 수십 년 동안 인공 지능이 영향을 끼치지 않을 분야는 거의 없을 테다. 아니, 앞 문장은 취소하겠다. 좀 더 대담해져 보자. 판도라의 상자는 이미 열렸다. 앞으로 인간은 지극히 단순한 프로세스나 무생물에 지능을 부여하기 위해 끊임없이 노력할 것이다. 비행기 부품이 스스로 기계적 응력을 감지하여 엔지니어에게 교체 신호를 주는 세상, 가상 의사가 〈스타트렉〉에 나오는 의료 기기 트라이코더tricorder를 이용해 진료를 보는 세상, 스마트 머그잔과 AI 비서가 사용자의 취향, 예산, 장소, 이력 등을 종합하여 자동으로 점심을 주문해 주는 세상을 상상해 보자. 게다가 최근 주목받는 다른 기술들과 달리, 인공 지능은 비용이 저렴하더라도 얼마든지 더 똑똑해질 수 있고, 기기끼리 빛의 속도로 소통이 가능하며, 돈을 들이지 않고 복제할 수도 있다. AI는 21세기의 가장 파괴적인 기술이다. 역사가 긴 산업이든 짧은 산업이든 AI가 그 판도를 송두리째 바꾸고 있다.

간단한 AI 응용이 새로운 산업을 일으킨 사례를 하나 살펴보겠다. 바로 스마트 주차장이다. 비교적 최근에 개발된 기술로, 주차 공간 위로 녹색등이나 적색등을 표시하여 운전자들로 하여금 주차장이 얼마나 찼는지 쉽게 알 수 있도록 한다. 공항 주차장에서 종종 볼 수 있는 시스템이다. 사실 이 전등 하나하나는 독립적으로 기능할 수 있는 컴퓨팅 기기다. 센서는 자동차가 주차돼 있는지 감지한다. 한편 소형 컴퓨터는 시스템을 제어하고 현재 상태를 중앙 네트워크와 공유하여 차가 몇 대 주차됐는지 정확히 파악하도록 돕는다. 측정된 자동차의 수는 각 층의 LED 스크린에 표시된다. 이런 스마트 주차장이라면 자동차 2,000대를 수용한다고 할 때, 센서도 2,000개를 구비해야 하며 그 뒤로도 계속 관리해야 한다.

실제로 영국의 한 회사에서 스마트 주차장 실험을 수행한 사례가 있다. 회사 주차장의 보안 카메라 영상을 이용해 인공 지능을 학습시켜 주차 공간에 자동차가 있는지를 감지할 수 있게 만들었다. 주차 공간 점유에 관한 정보는 클라우드 서비스를 통해 모바일 애플리케이션 사용자에게 전송되도록 했다.

운전자의 대부분이 이미 스마트폰을 갖고 있기 때문에 따로 하드웨어에 투자하지 않아도 시스템의 기본적인 성능은 보장된다. 게다가 인공 지능 모델은 시간이 지남에 따라 더 똑똑해지므로 훨씬 유연한 시스템이기도 하다. 어쩌면 운전자들의 습관까지 학습하여, 주차된 차가 언제쯤 빠질지 예측할 수 있을지도 모른다. 사실 2020년대의 컴퓨터 과학 전공생이라면 누구나 이 정도 시스템을 구축할 능력이 있다. 그러니 수천 개의 센서를 설치하고 관리하는 데 수십만 달러를 투자하지 않고도, 저렴한 비용으로 소프트웨어 솔루션을 개발하여 스마트 주차장을 운영할 수 있다.

AI 혁명은 인간이 해 왔던 인지적 작업과 육체적 작업을 계속해서 대체할 것이다. 그렇다고 AI가 단숨에 모든 산업을 자동화할 가능성은 낮지만 수많은 작업이 인간과 AI가 협력하는 가운데 자동화될 것이다. 자율 주행차가 인간을 호텔에서 콘퍼런스 센터로 실어다 줄 수는 있겠으나 그 자동차들은 미래에도 여전히 수동으로 관리받아야 한다. 예컨대 주유를 하거나 또는 전기를 충전하거나 각종 오일과 필터를 갈아야 한다. 타이어 역시 압력을 조절해 주고, 구멍이 나면 때우고, 가끔 교환도 해야 한다. 이런 유지 작업 역시 언젠가는 자동화의 먹잇감이 될 테지만 단 한순간에 될 리는 없다. 물론 그 사이에도 인간에게 남은 작업의 개수는 점점 더 줄어들 테지만 말이다. 더 많은 작업이 자동화될수록, 본업과 별개로 파편화된 작업을 적절히 모아서 수행하는 현상이 늘어날 것이다.

우리는 이미 이런 시대를 목격하고 있다. 여행 계획 및 예약 시스템이 보다 사용하기 쉬워지면서 여행 산업 시장은 축소되고 있다. 만약 당신이 여행을 계획 중인 화이트칼라 노동자라면 비행 편, 차편, 숙박 편을 모두 스스로 예약할 가능성이 높다. 어떻게 보면 여행사 직원인 셈이다. 이런 현상을 무조건 나쁘게 볼 수만은 없다. 여행객이 직접 여행에 필요한 작업을 맡으면서 오히려 여행 만족도는 꾸준히 상승했기 때문이다. 여행의 대중화 흐름을 따라 다양한 산업이 새롭게 탄생했음은 말할 것도 없다.

딜로이트가 발행한 〈일의 미래 Future of Work 〉에는 이렇게 적혀 있다.

"어떤 이들은 AI, 인지 컴퓨팅, 로보틱스의 부정적인 영향만을 부각하지만, 이 강력한 도구들은 새로운 직업을 만들고 생산성을 향상하며 노동자가 업무의 인간적인 부분에 집중하는 데 기여할 수 있다."

이 세상에서 AI가 수행할 수 있는 작업이 정확히 몇 가지일지 계산하기는 어렵다. 하지만 현재 일어나는 변화를 이해하는 방법이 한 가지 있다. 경제와 고용에서 큰 비중을 담당하는 섹터 중 AI에 의한 자동화가 활발히 일어나는 곳을 눈여겨보는 것이다.

농업은 획기적인 시도를 하기 좋은 분야다

농업은 예로부터 가장 거대한 산업으로 오랫동안 혁신적 기술의 교차점에 있었다. 쟁기에서부터 조면기, 그리고 공장식 농업과 유전자 변형 농산물GMO에 이르기까지, 혁신이 일어날 때마다 생산량은 늘어나는 한편 농업의 고강도 노동에 투입되는 사람의 수는 줄고 있다. 1870년대만 해도 미국인 중 50% 이상이 농업에 종사했다. 하지만 오늘날 그 수치는 2%가 채 되지 않는다. 앞으로 더 적은 인력, 더 많은 생산량의 트렌드를 AI가 이어 갈 것이다.

농업의 어려움은 잡초 같은 침입 식물, 지독한 곤충과 야생 동물, 가뭄 및 홍수 같은 예상치 못한 기상 재해, 그리고 대규모 토양과 작물의 모니터링 문제에서 비롯됐다. 250종 이상의 곤충이 화학 제초제에 내성이 생겼고, 화학 물질이 과도하게 상수도로 흘러들어 가면서 환경에 악영향을 끼치고 있다. 이제 우리는 이런 문제를 해결하기 위한 AI 골드러시의 한가운데에 서 있다.

존 디어John Deere가 인수를 발표한 한 회사는 기계 학습 비전 시스템을 활용하여 제초제를 자동으로 식물에 직접 분사함으로써 제초제 사용량을 90% 가까이 줄일 수 있다고 한다. 에코로보틱스ecoRobotix를 비롯한 다른 회사들은 화학 성분을 사용하지 않고 기계적 방식으로 잡초를 뽑는 로봇을 개발하고 있다. 이런 로봇은 대부분 목표 지점에만 살충제를 뿌리는 일 역시 가능하여 꿀벌 봉군 붕괴 등 살충제 남용의 부작용을 대폭 줄이는 데 기여한다. 꿀벌이 나온 김에 더 이야기하자면, 심지어 브램블비BrambleBee라는 수분受粉 로봇도 있다.

작물 손실 중 90%는 기상 재해 때문에 발생한다. 기상 예측은 빅 데이터와 기계 학습의 몫이다. 미국 해양대기청은 점점 더 정확하게 우박을 예측하고 있으며 이 덕분에 농부들은 식재와 수확을 더 쉽게 계획할 수 있게 됐다. 하이드로바이오HydroBio는 하이퍼로컬 데이터와 AI 예측을 활용해 농부들이 관개 시점을 쉽게 파악하도록 돕는다. 이보다 장기적인 기후 예측 시스템은 기업식 농업 업계에서 앞으로 수십 년 동안 세계의 어느 지역에 작물을 심어야 할지 결정하는 데 큰 역할을 할 수 있다.

수백만 헥타르에 달하는 농지를 세세하게 모니터링하는 일은 인간에게는 무리지만 기계에게는 안성맞춤이다. 플랜틱스Plantix는 위성으로 토양 침식이나 영양 수준을 추적하는 딥러닝 시스템이다. 이 같은 딥러닝 시스템이 있다면 컴퓨터는 지치지 않고 규모에 상관없이 토양 문제를 파악할 것이다. 더 좁은 범위를 실시간으로 관찰하는 회사로는 스카이스퀴럴SkySquirrel이 있다. 이 회사에서는 기계 학습과 드론 무리를 결합하여 침입 식물은 물론이고 곰팡이까지 발견한다.

코봇이 만든 물건을 아마존에서 보관하고 웨이모가 옮긴다

미국 자동차 노조의 강력한 리더였던 월터 루터는 포드 자동차의 수장이었던 헨리 포드 2세와 함께 새 공장을 둘러봤다. 새 공장은 자동화 로봇을 이용한 생산 라인으로 가득했다. 짧은 침묵이 지나고 포드가 물었다. "위원장님, 앞으로 저 로봇들에게 어떻게 노조 회비를 걷으실 건가요?"

루터의 대답은 이러했다. "사장님, 앞으로 저 로봇들에게 어떻게 자동차를 파실 건가요?"

이 출처 불명의 일화는 1950년대 초반의 이야기다. 벌써 그 당시부터 자동화의 물결이 제조업을 덮치고 있었다. 이 일화에는 1811년 러다이트 운동이 일어나 면직 공장이 파괴된 이래로 인간이 계속 느껴 온 자동화를 향한 공포감 또한 드러난다. 오늘날 제1세계 국가에서는 제조업 일자리를 찾기가 어렵다. 경제가 서비스 섹터 위주로 재편됐기 때문이다. 그래도 미국인 중 8% 이상이 제조업 분야에서 생계를 이어 가며 그 규모는 미국 GDP의 11%가 넘는다.

사실 제조업 일자리를 자동화하는 데 필요한 기술은 대부분 이미 존재한다. 이를테면 로봇 팔, 물류 기기, 품질 관리 시스템 등이다. AI로 인해 값비싼 특수 로봇이 범용 협업 로봇, 즉 코봇cobot으로 대체될 것이다. 거대하고 투박한 용접 로봇을 떠올려 보자. 이런 로봇은 주위와 상호 작용을 하지 못하며, 극히 제한적인 작업만 가능하도록 프로그래밍돼 있다. 하지만 코봇은 서로 다른 여러 작업을 배울 수 있으며 스스로 작업을 전환하는 것도 가능하다. 게다가 주위 환경을 인식할 수 있어서 인간과 협력하여 복잡한 작업을 해낼 수도 있다.

이런 장점 때문에 코봇은 서서히 인간의 일터에 스며들며 그 점유율을 높이고 있다. 유일한 한계는 무궁무진한 잠재력이 아직 모두 발현되지 않았다는 점뿐이다. 시장에 출시된 코봇 중에서는 백스터Baxter가 제일 유명하다. 가격은 5만 달러 정도다. 무슨 일이든 다 해내지는 못하겠지만, 적어도 앞서 말한 8%의 비율을 다소 낮출 수 있을 만큼은 쓸모가 있다.

공장 밖으로 눈을 돌려 보자. AI는 물류 영역에 벌써 깊숙하게 침투해 있다. 배송 상황을 세밀하게 추적할 수 있어 쓰레기가 줄고 상품의 유동성이 향상되며 덩달아 재고 관리도 용이하다. 그리고 수많은 물류 창고가 거의 완벽에 가깝게 자동화가 이루어진 상태다. 미국의 아마존이나 중국의 징동 JD 이 대표적이다. 다음 목표는 자동 선적으로, 이미 웨이모 Waymo 와 우버 Uber 에서 시도 중이다. 쓰레기와 비용이 줄어들고 속도 또한 빨라진다면 회사와 고객 모두에게 득이 될 것이다.

눈에 보이지 않도록 강력해지는 방위 산업

군사 분야에서 AI는 너무나 매력적이어서 모른 체 넘어가기가 어렵다. 정부에서부터 전장까지 세계가 어떻게 돌아가는지 완벽하게 알고 있는 데다가, 로봇과 결합하면 아군 사상자가 나오지 않게 할 수 있다. 훈련 시스템을 개선하거나, 워 게임 교육 과정을 독창적으로 짜는 등 군 부대 지원 능력도 탁월하다. 또한 스마트 무기 제작에도 필수적이며 고품질의 군사 정보를 제공해 주기도 한다. 이외에도 혹독한 조건에서 병참 최적화를 수행하거나 부대 내 정비 작업을 지원하는 것도 가능하다.

자연 언어 처리 NLP 가 인간 통번역가의 역할을 대체하는 현재, 군사 분야에서는 막대한 양의 오디오 감시 결과를 실시간으로 빠짐없이 처리하는 데 NLP가 사용되고 있다. 여기에 더해서 서로 무관한 여러 데이터 셋을 연관 짓는다면 종합적인 분석이 이루어질 것이다. 테러 용의자를 추적하는 상황을 상상해 보라. 다양한 영상에서 얼굴을 인식하고, 휴대전화 통화에서 목소리를 인식하고, 소프트웨어가 여행 증명서를 검사하여 용의자의 가명이 쓰이지 않았는지 확인하는 방식에 사용될 수 있다.

자동화 무기는 AI의 힘으로 점점 더 강력해지고 있다. 대표적인 예가 스마트 카메라로 제어하는 전술 미사일이다. 물론 종국에는 인간이 제어해야 한다. 하지만 인간이 익히는 데 수년이 걸리는 복잡한 작업이 자동화된다면, 전문성이 조금 떨어지는 사람이라도 공격 드론의 제어를 맡는 일이 현실화될 수 있다. 그리고 표적을 정확히 감지할 수 있게 되면 이차 피해와 무고한 희생이 대폭 줄어들 것이다.

몇몇 간단한 사례를 언급했는데, 사실 이 정도는 군사 분야에 응용되는 AI의 맛보기에 불과하다. 한 가지 확실한 사실은 군사 분야에서 자동화가 많이 이루어질수록 국가의 국방 예산이 줄어들고 그만큼 국민에게 사용되는 돈이 늘어나리라는 것이다.

AI의 영향을 가장 많이 받는 서비스업

농업, 공업, 군사 모두 사회가 돌아가는 데 필수적이다. 하지만 제1세계 국가 대부분은 경제적으로 서비스업에 많이 의존한다. 서비스업은 2018년 미국 GDP의 82%를 차지했으며 종사자 대부분이 생산 연령 인구에 속한다. 그리고 무엇보다 AI의 영향을 가장 많이 받는 분야다. 그 이유는 뭘까? 흔히 생각하는 바와 달리 AI는 인지 노동을 매우 쉽게 수행할 수 있기 때문이다. 수동 로봇은 여전히 술에 취한 사람처럼 우스꽝스럽게 보이는 반면, 스프레드시트를 업데이트하는 일 정도는 비교적 쉽게 자동화할 수 있다.

로봇 프로세스 자동화RPA는 반복적이고 수동적인 작업 흐름을 자동화하기 위한 기술이다. 계속 성장 중인 분야이긴 하지만 오피스 환경에서도 예외적인 경우에만 사용되는 등 잠재력의 극히 일부만을 보여 준 상태다. 그러나 RPA의 AI 사촌 격인 인지 자동화는 다르다. 어쩌면 사람이 매일같이 컴퓨터 앞에 앉아 처리하는 작업들을 조만간 대체할지도 모른다. 화이트칼라 사무직, 의료직, 금융 업무뿐만 아니라 심지어 글쓰기나 음악처럼 창조적인 작업까지 영향을 받을 것이다.

개인과 조직의 일 방식을 바꾸는 AI 솔루션

사무직만큼 좋은 일이 있을까? 실내에서 편안한 의자에 앉아 일할 수 있고 일정도 보통 잘 변하지 않고 합리적이다. 내 생각을 너무 많이 드러내는 것 같기도 하지만, 어쨌든 사무직은 날씨의 영향에서 비교적 자유롭고 신체적으로도 고되지 않다. 그리고 분야가 아주 다양하게 나뉘어 있어도 실제로 하는 일은 직함이나 전문 지식에 관계없이 비슷하다. 대부분 컴퓨터를 사용하며 휴대 전화 등 다른 기기를 사용하기도 한다. 이메일, 문자 메시지, 메신저를 이용하여 연락을 주고받으며 일정을 새로 만들고 채워 간다. 그리고 필요한 곳이라면 정보를 여기저기 전달한다. 단지 동료의 질문에 답하는 것도 일종의 정보 전달이다.

AI는 이런 사무 업무를 훨씬 쉽게 만들어 준다. 내가 처음으로 사용해 본 AI 비서는 X.ai였는데, 사용하자마자 녀석에게 푹 빠져 버렸다. 이 이메일 기반의 챗봇은 기존에 행정 비서가 처리하던 모든 일을 자동화했다. 게다가 사람의 말에 담긴 뉘앙스를 알아챘으며 명확하고 공손하게 인간과 대화를 나누기도 했다. 정해진 일정, 이동 시간은 물론이고 정오부터 오후 1시까지의 점심시간처럼 휴식 시간도 파악하고 있었다. 만약 직책이 관리자라면 워크라우드Workloud라는 AI를 활용하여 실제 회의 참석률을 기록하고 쉽게 일정을 관리할 수 있다. AI센스AISense는 회의에서 나눈 대화를 검색 가능한 텍스트 형태로 변환한다. 얼로케이트Allocate는 실제로 수행되는 업무에 맞춰 시간 기록표를 갱신하여 팀원들이 따로 업무 보고를 할 필요가 없도록 해 준다.

사무직 종사자의 일과가 오로지 회의 참석으로만 이루어질 리는 없다. 보통은 컴퓨터를 활용하여 주문을 입력하거나 고객 요청에 대응하거나 각종 데이터를 입력하는 등 업무를 본다. 이런 상황에서는 페가Pega 같은 로봇 프로세스 자동화나 코시어Corseer 같은 인지 자동화를 통해 여러 업무를 자동화할 수 있다. 물론 근로자는 그 전에 자신의 업무 프로세스를 정확히 알고 있어야 하는데 이를 위한 AI도 존재한다. 셀로니스Celonis는 근로자의 디지털 커뮤니케이션과 프로세스를 분석한 뒤, 당사자가 생각하는 프로세스와 실제 이루어지는 프로세스를 비교하여 그 둘이 얼마나 일치하는지를 알려 준다. 한편 사무직 업무의 많은 부분은 질문에 답하는 일이다. 답변의 상세한 내용은 주로 어떤 시스템 내부나 구성원의 머릿속에 있다. 스포크Spoke나 그로스봇GrowthBot 등의 AI 지식 관리 시스템은 이렇게 숨어 있는 정보를 목록으로 정리하여, 정보가 필요한 사람이 쉽게 찾아서 쓸 수 있도록 돕는다.

이렇듯 AI가 위대한 건 분명하지만 앞으로도 여전히 인간이 일에 필요할 것이다. 인재를 찾는 일은 아무래도 사람만이 가능하지 않겠는가? 그런데 놀랍게도 인적 자원을 찾는 데서도 AI가 등장한다. 텍스티오Textio, 직무 기술서 작성, 코루Koru, 인재 검색, 아이디얼Ideal, 이력서 스크리닝, 코러스Chorus, 온보딩 및 훈련 등 믿을 만한 AI 덕분에 점점 더 많은 HR 업무가 더 저렴하고 빠르면서도 탁월하게 수행되고 있다. 잡스캔Jobscan.co 처럼 구직 쪽을 살펴보면, 구직자의 이력서가 구인 중인 기업들의 눈에 잘 띄도록 보완해 주는 AI 도구가 늘어나는 추세다.

독일의 온라인 쇼핑몰 오토Otto는 현재 AI를 활용해 고객이 제품을 구매할지 여부를 90%의 정확도로 예측한다. 그리고 실제로 주문이 이루어지기 전부터 배송 프로세스를 시작한다. 덕분에 대기 시간이 줄어들어 고객의 만족도가 높아질 뿐만 아니라, 기업도 초과 재고로 인한 손해를 매년 수백만 달러까지 줄일 수 있다.

사실 사무직과 AI 이야기를 하자면 끝이 없을 정도로 사례가 많다. 무수히 많은 AI 솔루션이 영업, 마케팅, 홍보, 법무, 재무, 기술 운영, 리스크 관리, 보안 등의 분야에서 사용된다. 각 분야의 대표적인 업체는 세일즈포스 아인슈타인Salesforce Einstein, 알버트Albert.ai, 시그널AISignal AI, 아이매니지iManage, 스퀴로Squirro, 무그소프트Moogsoft, 엑사빔Exabeam, 딥아머DeepArmor가 있다. 중요한 점은 이렇게 전문적인 솔루션들이 점차 더 개선되고 범용화되어 지금보다 정교한 업무를 맡으리라는 사실이다. 인간의 두뇌는 아주 느리게 진화하겠지만 컴퓨터는 앞으로도 기하급수적으로 발전할 것이기 때문이다.

빅테크들의 다음 격전지 헬스케어, 법조계, 금융계

예전이나 지금이나 부모는 자식이 의사나 변호사, 또는 소위 금융맨이 되길 바란다. 모두 높은 수준의 교육과 지능이 필요하며 안정적이고 고소득인 직업이다. 그러나 이런 전문직도 서서히 다가오는 AI 혁명을 피하기란 불가능하다.

전 세계적으로 한 국가의 GDP 중 10~15% 정도가 헬스케어에 사용된다. 미국에서는 헬스케어에 1달러를 소비할 때마다 30센트만큼이 쓰레기가 되거나 행정적 비용으로 소모된다. 만약 모든 헬스케어 사무실에서 평범한 수준의 오피스 자동화를 적용하기만 해도 이런 비용이 어느 정도 줄어들고, 그럼 자연스럽게 전체 헬스케어 비용도 감소할 것이다. 하지만 정말로 낭비가 많이 생기는 곳은 의료 현장이다. 실험실 기기 유지 보수 등 관리 서비스가 과도하거나 질병 예방의 기회를 놓치는 경우가 대표적인 예다. 빠른 시일 안에 의사나 간호사가 모두 AI로 대체될 가능성은 매우 낮다. 그러나 학교 교육이 필요한 전문적인 작업들이 대부분 AI로 인해 변하고 있는 건 분명하다.

IBM의 왓슨은 퀴즈 쇼〈제퍼디 Jeopardy〉역사상 가장 뛰어난 우승자로 이름을 알리기 시작했으나, 커리어를 전환해 이제는 세계적인 의료 진단 전문가로 활동 중이다. 최근에는 중국 최고의 뇌종양 전문가가 AI와의 진단 대결에서 패배하기도 했다. 서류 작업 쪽을 보자면, 보험 위험 평가는 물론이고 청구 및 코딩 작업이 자동화되고 있어 의사와 간호사가 베이비붐 세대에 대응하는 데 짐을 덜어 준다. 대표적인 업체가 H2O.ai다. 의료의 질적인 면을 봐도 AI가 현재 잘 작동하고 각종 연구 결과가 끝없이 쏟아지는 등 연구 개발은 발전을 거듭하고 있다. 이렇게 의료 분야에 자동화가 적용되면 결국 오류와 비용은 줄어들면서 개인 맞춤형 의료에 사용되는 시간은 늘어날 것이다.

법조계에서도 비슷한 변화가 일어나고 있다. 우리가 TV 프로그램에서 보는 바와 달리, 변호사가 법정에서 처리하는 일은 극히 일부에 불과하다. 지방 검사가 경찰의 증거를 바탕으로 소송을 제기하든, 대형 로펌 변호사가 의뢰인의 기록을 면밀히 살펴보든, 법조인의 업무 대부분은 증거 개시라고 불리는 일이다. 증거 개시는 대개 컴퓨터로 처리하기 좋다. 특히 AI에 맡기면 안성맞춤이다. 대표적인 서비스로 엑스테로Exterro가 있다. 컴퓨터는 결코 지치지 않고 집중력이 흐려지지도 않는다. 방대한 데이터에서 아주 꼼꼼하게 연관성을 찾아낼 수도 있다. 인간이라면 절대 해내지 못할 일이다.

시카고에 위치한 맥도멋 윌 앤드 에머리 로펌의 파트너 토드 솔로몬은 "제가 법학 전공생의 아빠였다면 조금은 걱정됐을 겁니다"라고 말하며 덧붙였다.

"젊은 변호사가 교육을 받을 수 있는 기회는 예전보다 줄었습니다. 이미 AI도 손쓸 수 없는 지경이에요. 그렇지만 AI를 활용한다면 개선이 될지도 모릅니다. 물론 반대로 우리에게 피해를 줄 수도 있겠죠."

마지막으로 은행 차례다. 몇 년 사이에 AI는 금융계에 재빠르게 스며들었다. 고빈도 거래초단타 매매와 위험 평가는 수십 년 동안 알고리즘으로 처리됐는데, 이 알고리즘들이 AI를 등에 업고 점점 더 강력해지고 있다. 기업 인수 업무는 얼마 전만 해도 그 복잡성 때문에 비교적 보수가 높고 평판도 좋았으나 이제는 인지 자동화의 몫이 돼 가는 중이다. 그리고 은행을 이용하기가 점점 쉬워지고 있다. 예를 들어 체이스은행과 뱅크 오브 아메리카 모두 스마트폰으로 수표를 사진 찍기만 하면 수표 입금을 허용해 준다. 이 과정에서 AI로 수표가 유효한지 확인한다.

어느 경제 섹터들처럼 금융계 전문직도 AI로 인해 재편되고 있다. 막대한 훈련과 지식을 요하는 직업도 결국 평범한 사무직과 육체노동직만큼이나 AI에 영향을 받는다. 어쩌면 더 심각할지도 모른다. AI는 인간보다 더 정확할 것이며, 금융계 인력은 인건비 부담이 크기 때문이다.

AI가 작성한 기사, 작곡한 음악, 그린 그림을 소비하는 사람들

많은 이가 창조성은 AI가 넘볼 수 없는 영역이라고 믿었다. 하지만 이 믿음도 서서히 힘을 잃어 가는 듯하다. 우리가 지금껏 예술이라 여기던 영역, 예컨대 글, 그림, 음악 등에도 AI가 침투하고 있기 때문이다. AI가 두각을 드러내는 분야 중 하나가 언론이다. 재클린 파이저가 〈뉴욕타임스〉에 쓴 바에 따르면, 2019년 초 〈블룸버그〉에 실린 기사 중 30% 이상을 AI가 작성했다. 내러티브 사이언스Narrative Science의 크리스티안 해먼드가 추정하기로는 2030년이 되면 주요 신문사의 기사 중 약 90%를 AI가 직접 작성하거나 작성을 도울 것이라고 한다.

출발점은 퀼Quill이라는 프로그램이었다. 퀼은 처음에는 스포츠 기사만을 담당했지만 지금은 주요 언론 매체에서 금융과 국제 정세 기사를 작성한다. 게다가 가끔 첨가되는 유머도 인간의 개입이 거의 필요 없는 정도다. 물론 대부분의 독자들은 인공 지능 기자의 존재를 모르지만 말이다. 앞으로도 〈디 애틀랜틱〉 스타일의 해설 기사들이 설 자리는 존재할 것이다. 그러나 우리가 주로 소비하는 뉴스는 국정 연설을 요약한 기사처럼 훨씬 일상적이며 단순한 정보를 전달하는 수준에 불과하다.

이제 AI가 텍스트를 다루는 데 매우 뛰어나다는 사실을 확인했다. 그럼 다른 종류의 예술은 어떨까? 캠브리지 컨설턴트Cambridge Consultants는 진짜 같은 가짜를 만드는 AI인 적대적 생성 신경망GAN을 이용해 빈센트Vincent를 개발했다. 사용자가 간단히 스케치한 그림을 그럴듯한 작품으로 만들어 주는 애플리케이션이다. 사용자가 말한 내용을 시각 예술로 바꿔 주는 앱도 있다. "난 얼룩고양이가 좋아"라고 말하면 하트로 꾸며진 고양이가 그려지는 식이다. AI가 아직 인간의 창의성을 대체하지는 못해도 강화해 줄 수는 있다. 그리고 사용자의 기술이나 솜씨가 어떠하든 예술적인 표현을 가능케 한다.

AI 작곡은 레이 커즈와일이 1965년에 시도한 이래로 항상 가까이에 있었다. 최근에는 타린 서던이 인공 지능이 만든 음악으로 〈아이 엠 AII Am AI〉라는 앨범을 발매했다. 어쩌면 조만간 AI 음악이 메인스트림에 입성할지도 모르겠다. 사실 AI로 그림을 그리고 음악을 만드는 일은 연구자들에게 아주 흔한 놀거리가 됐다. 구글에서는 비전문가들도 AI로 예술 실험을 해 볼 수 있도록 마젠타Magenta라는 오픈 소스 AI 예술 플랫폼을 공개하기도 했다.

AI는 농업부터 공업, 군사, 서비스업, 전문직, 그리고 예술까지 모든 영역을 집어삼키고 있다. 그러니 일론 머스크나 스티븐 호킹의 입장에 동의하여, 몇 년 뒤면 인공 지능이 인류를 위협하리라고 얼마든지 예측해 볼 수 있다. 그러나 로봇에 지배받으리라는 두려움 속에서 살기보다는, 먼저 심호흡을 하고 AI가 실제로 어떻게 작동하는지 제대로 들여다보자. 어쩌면 시스템의 약점이 눈에 너무나 잘 보일지도 모른다. 나아가 다가올 미래에도 아직 인간이 할 일이 충분히 남아 있다는 사실에 위안을 받을 것이다.

앞으로 연평균 성장률 50%, AI 금광에 투자하라

AI의 한 줄기인 기계 학습(머신 러닝)Machine Learning 이 붐을 일으키면서, AI는 학술적인 대상을 넘어 실제로 세상을 바꿀 수 있는 기술로 주목받기 시작했다. 그럼 우리는 어떻게 지금의 단계에 이르렀을까? 기술 지형도가 재편되면서 지난 10년 동안 AI는 화려하게 부활했으며, 핵심 부문에 투자가 지속되어 수많은 종류의 상품과 서비스에 새로운 인지 능력이 갖춰질 전망이다. AI의 발전에는 세 가지 요소가 모두 중요하게 작용했다. 하드웨어가 발전했고, 알고리즘과 데이터가 대중화됐으며, 학계와 산업계를 막론하고 기계 학습 분야에 투자가 늘었다.

구글, 아마존, 마이크로소프트 빅3의 하드웨어 각축전

산업계에서는 공생적인 변화가 감지된다. 예를 들면 2017년 3월에 구글 CEO는 구글이 바야흐로 "AI 우선 기업"임을 선언했는데, 이미 구글은 앞선 10년에 걸쳐 기계 학습 연구에 투자한 바 있었다. 오늘날 구글의 AI 르네상스는 내부 투자, 산학 협력, 기업 인수가 만들어 낸 결과다. 이와 동시에 구글은 최고의 인재들을 영입하고 새로운 애플리케이션에서 주도권을 갖고자 텐서플로Tensor Flow라는 오픈 소스 기계 학습 툴키트에 투자했다. 그리고 때마침 비슷한 시기에 기계 학습 알고리즘에 맞춘 전용 칩으로, 텐서 계산에 특화된 하드웨어인 텐서 처리 장치TPU도 개발했다. 세계 최대 규모의 데이터 컬렉션을 거뜬히 보유해도 아무런 문제가 없을 정도였다.

인공 지능을 구현하는 방법은 많지만, 오늘날 인공 지능의 발전은 대부분 기계 학습에 바탕을 두고 있다. 왜냐하면 기계 하드웨어가 합성생물학 연구 등 다른 인공적 수단에 비해 더 크게 발전했기 때문이다. 무어의 법칙반도체 집적 회로의 성능이 24개월마다 2배씩 증가한다는 법칙. 8장에서 더 자세히 다룬다이 더 이상 유효하지 않음에도 불구하고, 오늘날 기계 학습을 수행하는 데 적합한 하드웨어는 급속도로 성장하고 있다. 이 성장에는 서로 무관해 보이는 두 트렌드가 크게 기여했다. 바로 비디오 게임 마니아와 클라우드 아키텍처다.

기계 학습 시스템을 가동하는 데 필요한 하드웨어는 비디오 게임의 그래픽 렌더링에 최적화된 하드웨어, 즉 그래픽 처리 장치GPU와 유사하다. 사실 지난 수십 년 동안 연산 장치 시장을 지배한 건 중앙 처리 장치CPU였다. CPU도 기계 학습과 그래픽 처리에 필요한 수학 연산을 해낼 수는 있다. 하지만 저렴하고 사용하기 쉬운 GPU가 확산되고 나서야 침체돼 있던 기계 학습 연구가 비로소 활기를 띠기 시작했다. 구글은 2015년 1세대 TPU 제품을 재빠르게 자체 개발하고 시제품화한 뒤 출시까지 하면서 하드웨어 시장을 키워 나갔다.

경쟁의 초점은 AI 가속기AI accelerator라 불리는 기계 학습 전용 하드웨어를 개발하는 데 있었다. 세계 최고의 GPU 업체인 엔비디아Nvidia는 구글 생태계 바깥의 더 거대한 AI 시장에 뛰어들기 위해 필사의 노력을 기울였다. 격화되는 AI 하드웨어 전쟁에서 주요 전장은 클라우드 시장이다. 구글 클라우드Google Cloud, 아마존 웹 서비스, 마이크로소프트 애저Microsoft Azure가 각축전을 벌이고 있다. 이로 말미암아 클라우드의 발전으로 인해 누구나 최첨단 하드웨어를 써 볼 수 있게 됐다.

구글이 텐서플로를 성공시킨 방법

기계 학습 세계에서 구글이 얼리 무버early mover였음은 분명하지만, 구글이 도입한 개념과 도구는 대부분 다른 곳에서 개발됐고 심지어 구글보다 더 나은 경우도 많았다. 구글의 진짜 업적은 다른 기술 기업들이 지식 재산IP을 공개할 수밖에 없게 만든 것이다.

예를 들면 페이스북, IBM 등 다른 여러 기업이 토치Torch라 불리는 오픈 소스 기계 학습 라이브러리를 함께 개발하여 2002년에 공개했지만 실제로 어떻게 사용할 수 있는지는 친절히 알려 주지 않았다. 구글은 달랐다. 2015년 텐서플로를 출시하면서 동시에 방대한 양의 문서 자료와 교육 영상, 블로그 포스트, 제작 환경에서 사용된 각종 오픈 소스 알고리즘까지 함께 공개했다. 텐서플로가 빠르게 인기를 얻자 공통 언어를 기반으로 하는 공개적이고 공유 가능한 기계 학습의 시대가 열렸다.

이렇게 소프트웨어가 개방됨과 동시에 강력한 새 하드웨어가 등장하면서 기계 학습 생태계가 대중화됐다. 소스 코드는 물론이고 코드를 구동할 수 있는 환경도 제공되어, 어린아이도 자신의 멋진 아이디어를 손쉽게 최첨단 기계 학습 연구로 발전시킬 수 있다. 기계 학습 대중화에 불을 지피는 또 다른 요소는 오렌지Orange나 세이지메이커SageMaker 같이 코딩 없이 쉽게 사용 가능한 프레임워크의 등장이다. 여기에 더해 유데미Udemy, 에덱스edX 등 배움의 창구가 많아지기도 했다.

마이크로소프트의 페이지 베일리가 AI 콘퍼런스에서 브렛 빅터의 말을 인용하며 한 연설을 빌리자면, 기계 학습은 더 이상 "추상적 기호를 다루는 기이한 재주"를 가진 자들의 전유물이 아니다. 그러나 AI 알고리즘의 개방은 전체 이야기의 절반에 지나지 않는다. 기계 학습에는 학습과 검증에 필요한 데이터가 필수적인데, 데이터를 어디에서나 구할 수 있는 시대가 점점 다가오고 있다.

공개 데이터는 아주 다양해졌다. 날씨 데이터부터 대학교 심리학 연구 데이터, 그리고 정부 인구 조사 및 경제 데이터까지 누구나 접근할 수 있다. 그 덕분에 경력과 관계없이 모든 AI 엔지니어가 자신만의 기계 학습 모델을 구축하는 데 필요한 데이터를 쉽게 구할 수 있게 됐다. 이렇게 구축된 모델은 대개 다시 오픈 소스화되는데, 그럼 다른 사람들이 이 모델을 가져다 쓰고 이 과정에서 또 다른 데이터 셋의 공개를 촉진하게 된다. 데이터를 정보로 변환하는 이 선순환이 결국 기존에 알지 못했던 새로운 통찰력을 준다. 이런 이점 때문에 데이터를 더 많이 공개할 수밖에 없고 결과적으로 기계 학습도 더욱 대중화된다.

캐글Kaggle이라는 플랫폼에서는 주어진 데이터 셋에 대응하는 최고의 AI를 만들기 위한 대회가 끊임없이 개최되고 있다. 캐글 측에서 데이터와 대회 규칙을 제공하면 수많은 데이터 과학자가 해당 데이터를 최대한 잘 활용하고 분석하며 경쟁을 펼친다. 대부분의 대회에서 우승자에게 상금이 주어진다. 대회의 종류도 다양해서 '고객 수입 예측하기'나 '뉴스를 이용하여 주가 예측하기', '인간 단백질 이미지 아틀라스 분류' 등이 있다. 놀랍게도 이 세 대회는 같은 주에 열렸다.

서비스형 하드웨어HaaS, 기계 학습 오픈 소스 라이브러리와 알고리즘, 공개 데이터 셋, 교육 기회의 확대까지 이 모든 요소가 기계 학습이 대중화되는 데 이바지했다. 이렇게 인프라가 구축되는 것은 환영할 만한 일이다. 그런데 도대체 왜 구글 같은 회사들이 모든 걸 내주는 걸까? 캐글 대회의 상금은 어디서 오는 걸까? 이 돈은 모두 누구의 것일까?

AI 겨울을 지나 돈이 넘치는 투자처로

빅 데이터 혁명을 몸소 체험하던 자들은 데이터 운영 모델에 문제가 있음을 금세 알아챘다. 빅 데이터 산업이 점점 주목을 받으면서 다양한 데이터를 대량으로 빠르게 수집하는 일은 쉬워졌다. 예컨대 노에스큐엘NoSQL 데이터베이스를 활용하면 가능하다. 실제로 NoSQL은 지금의 빅 데이터 시대를 여는 데 한몫했다. 하지만 수집된 데이터를 이해하는 건 결코 쉽지 않았다. 대략 2009년부터 거의 10년 동안 통용된 방침은 '일단 데이터를 모두 수집하라. 이 데이터로 무엇을 할지는 나중에 알아낼 것이다'였다.

데이터를 정보로 변환하는 건 어려운 일이다. 그리고 방대한 정보를 이해하는 건 인간에게 거의 불가능한 일이다. 그러자 명확하게 정의하기는 힘들지만 아주 새로운 직업이 모습을 드러냈다. 바로 데이터 과학자다. 유니콘 기업들은 더 이상 통계학자만으로 만족하지 못했다. 전문적으로 대규모 데이터를 관리하고 비정형 데이터라는 광산에서 무언가를 캐낼 수 있어야만 했다. 결국 기업은 어떻게든 도움이 될 만한 것을 찾고자 데이터 분야에 투자를 감행했다.

데이터가 귀중하다는 사실은 누구나 알고 있다. 하지만 데이터로 무엇을 할지 안내해 주는 명확한 로드맵은 없다. 미국의 TV 애니메이션 시리즈 〈사우스 파크〉에 나온 농담이 떠오른다. 난쟁이가 몰래 팬티를 훔치려는데 확실한 계획이 없다. 그저 '1단계: 팬티를 모은다', '3단계: 이득'뿐이다. 난쟁이들은 '2단계'에 해당하는 계획이 없어도 결국에는 이익이 생기리라고 굳게 믿었다. 마찬가지로 사람들은 데이터 과학이 명확한 목표하에 결국에는 실제로 이익을 내리라고 기꺼이 믿었다. 분명 도전해 볼 가치가 있었다. 데이터가 쓸모없어질 가능성은 매우 낮았으니 말이다. 기계 학습이 데이터 과학의 세부 분야 중 하나로 점점 인기를 얻으면서 비로소 '2단계'가 채워졌고, 데이터 센터에 나뒹굴던 데이터 속에서 의미를 찾을 수 있게 됐다. 이제 산업계와 정부가 왜 AI 자원에 공격적으로 투자를 늘리는지 납득이 될 것이다. 물론 시대의 흐름에 뒤처지면 안 된다는 생각 또한 크게 작용했다.

기계 학습처럼 새로이 등장하는 기술이 발전하려면 학계와 산업계가 협력하여 연구를 진행해야 한다. 학계에서는 다양한 토픽에 걸쳐 최첨단 기술 연구가 이루어지며 전 세계의 기업이나 정부가 관심을 가질 만한 결과가 나오기도 한다. 그리고 기업과 정부는 더 나은 결과물이 나오리라 기대하는 연구에 더 투자한다. AI라는 투자 금광은 고갈되지도 않고 점점 커지고 있다. 현재 추세가 이어진다면 앞으로 10년간 기업들의 AI 투자는 연평균성장률이 50% 정도가 될 것으로 보인다.

<u>어떻게 인간은
인공 지능을 사람처럼 키웠는가</u>

AI는 단지 세상을 더 잘 표현하기 위해 고안된 전통적인 통계학에서 출발했다. 그러다 끊임없이 진화하여 정교하게 예측을 하고, 인간이 어떤 행동을 해야 할지 알려 주더니, 결국에는 스스로 결정하고 행동하는 수준에 도달했다. 이런 기능을 발전시키는 데 필요한 도구는 세상을 이해하는 방식 면에서 점점 인간과 비슷해졌다. 1950년대 퍼셉트론은 너무 조악해서 그 어떤 기술에도 응용되기 어려웠지만, 이제 인공 신경망은 기계 학습으로 대표되는 현대 AI의 핵심적인 요소이며 심층 신경망의 형태를 띤다. AI는 간단한 자료 구조와 알고리즘을 금세 벗어나 데이터와 하드웨어를 기반으로 하는 복잡한 인공 신경의 세계로 자리를 옮겼다.

더욱 완벽하게 알고 싶은 궁금증의 발전

가장 기본적인 용어로 기술하자면, 통계학의 목표는 모델을 만들어 미지의 값을 추정하는 것이다. 추론, 확률, 빈도, 데이터 과학, 기계 학습, 인공 지능, 그리고 인간 지능까지. 이 모든 개념은 근본적인 문제, 즉 '완벽하게 알기란 불가능하다'는 문제를 해결하기 위한 방법이다. 그렇다면 새로운 무언가를 마주했을 때 우리가 아는 것과 모르는 것 사이의 간극을 어떻게 메워야 하는가?

사실 통계학은 최초의 인류가 관찰을 바탕으로 가설을 수립하던 때부터 시작됐다. 확률 문제에 접근하는 방법으로는 빈도론과 베이지안이 있다. 그리스 역사가인 투키디데스는 기원전 5세기에 사용된 빈도론적 방법을 묘사한 바 있다. 근대 통계학의 초기 모델 중 하나로는 영국의 사회 통계학자 존 그랜트가 런던의 사망자 수를 집계하여 가래톳 페스트의 영향을 분석한 사례를 들 수 있다. 비슷한 시기에 프랑스 수학자이자 철학자인 블레즈 파스칼은 무작위성 연구를 통해 우연의 게임 속 확률을 계산했다. 프랑스 수학자이자 천문학자인 피에르 시몽 라플라스의 연구로 인구 통계학과 확률론이 집대성됐으며, 서로 대립하던 빈도론 진영과 베이지안 진영도 결국에는 더 거시적으로 함께 묶이게 됐다.

컴퓨터의 등장, 그리고 빅 데이터 혁명으로 인해 데이터 과학에서는 새로운 분야가 탄생했다. 간단하게 말하면 대규모 데이터를 다루고 프로그래밍도 조금 할 줄 아는 통계학자들이 등장한 것이다. 다른 과학자와 마찬가지로 이들은 대규모 데이터 셋을 바탕으로 가설을 검증하며, 이 과정에서 R이나 파이썬Python의 사이킷scikit 같은 소프트웨어 패키지를 사용한다.

주어진 데이터를 기반으로 미지의 값을 외삽하는 통계 기법 중 하나로 선형 회귀가 있다. 선형 회귀란, 독립 변수와 종속 변수에 선형의 관계가 있다고 가정한 후 분석하는 통계 방법이다. 아주 오래되고 간단하지만 상당히 유용한 기법이다. 여러 사람의 신장과 신발 사이즈를 짝 지은 측정 데이터가 있다고 해 보자. 2차원 차트 위에서 한 점은 한 사람을 뜻한다. 데이터를 측정한 사람이 많아지면 차트 위의 점이 늘어나고 곧 패턴이 드러날 것이다. 키가 큰 사람은 대체로 신발 사이즈도 크다. 이제 적당히 평균치로 보이는 값들을 따라 직선을 그려 보자. 이 직선이 바로 우리의 예측이다. 예를 들면 키가 60인치 정도인 사람은 8 사이즈 신발을, 키가 70인치 정도인 사람은 11 사이즈 신발을 신는다고 예측할 수 있다.

과연 우리의 예측선이 정확할까? 각 점에서 직선까지의 거리를 측정하면 예측이 얼마나 정확한지 파악할 수 있다. 이 거리가 오차다. 우리의 추정과 실제 관찰값의 차이를 나타내기 때문이다. 그다음 계산된 모든 오차를 제곱하여 더한다. 이는 예측선과 멀리 떨어진 점을 더 멀리 보내는 효과가 있다. 합산한 값을 오차제곱합SSE: Sum of Squared Errors이라고 한다. 이제 우리는 SSE가 가장 작은 직선을 그리면 된다. 이 직선은 우리가 가진 데이터와 전체적으로 가장 가까우며, 결국 데이터를 제일 잘 표현한다. 선형 회귀는 최고의 데이터 셋 예측선을 계산하는 방법인 셈이다.

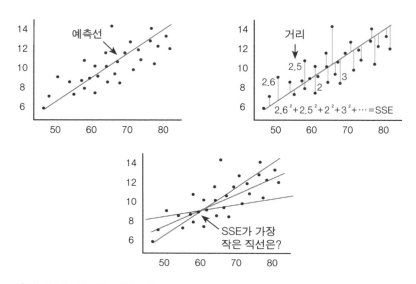

예측선, 오차 제곱합, 그리고 선형 회귀

물론 미지의 값을 언제나 정확히 예측하는 직선을 계산하기란 불가능하다. 그러나 적당히 예측한 직선만 있어도 충분히 유용하다. 데이터 과학의 핵심이 바로 여기에 있다. 우리에게 필요한 건 완벽함이 아니라 유용함이다.

데이터를 예측하는 데 무조건 직선만 사용해야 한다는 법도 없다. 만약 평균 신장과 나이를 측정한 데이터가 주어졌다면 곡선을 이용하여

비선형 회귀 분석을 시도해 볼 수 있다. 만 18세 이후부터는 신체 성장
이 완만해지며 말년에는 약간 하향세에 접어들기 때문이다.

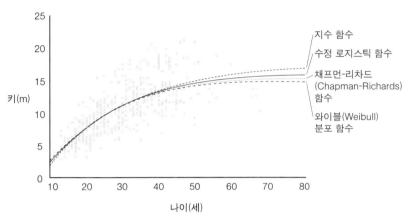

나이에 따른 신장 데이터의 비선형 회귀 분석 예시

때로는 K-평균 방법 등으로 데이터를 군집화하거나, 매니폴드 학습
방법으로 데이터의 차원을 축소하거나 특징을 추출할 수도 있다. 아니
면 오토인코딩 기법으로 데이터를 변환하는 것도 가능하다.

숫자가 아닌 데이터도 존재한다. '이 그림은 고양이 그림일까 강아지
그림일까?' 같은 질문처럼 사물을 분류하는 경우를 떠올리면 쉽다. 이
문제를 해결할 수 있는 방법은 다양하다. 대표적인 방법으로 로지스틱
회귀, K-최근접 이웃 알고리즘, 서포트 벡터 머신, 랜덤 포레스트 등이
있다.

그렇다면 데이터 과학자는 모델을 어떻게 데이터 셋에 적합화fitting 하

는 걸까? 아니, 그전에 무슨 알고리즘을 사용해야 좋을지 어떻게 알 수 있는 걸까? 정답은 우리가 할 일을 기계에 맡기는 것이다. 학습 데이터 셋을 이용해 모델을 학습시키는 한편, 검증 데이터 셋을 이용해 오차를 줄여 나간다. 학습을 마치면 모델이 시험 데이터 셋에서도 얼마나 잘 동작하는지 확인한다. 바꿔 말하면, 우리는 기계가 스스로 학습, 검증, 시험 데이터 셋의 공통적인 패턴을 찾아 예측 곡선을 적합화하도록 가르치는 셈이다.

인간처럼 만들기 위해 인간을 모방하다

인공 신경망ANN은 사람의 두뇌와 비슷한 방식으로 정보를 처리하기 위한 알고리즘이다. 생물학의 신피질 신경 회로에서 어느 정도 영감을 받아 고안됐다. 깊은 신경망DNN은 입력과 출력 사이에 여러 신경 레이어가 쌓여 있는 인공 신경망이다. 말 그대로 신경망이 깊다는 뜻이다. 딥러닝Deep Learning은 기본적으로 수많은 데이터를 이용하여 그 데이터 셋 속에 담긴 공통성에 따라 신경망이 형성되기 시작할 때까지 DNN을 학습시키는 것이다.

고양이 이미지를 여러 장 사용하여 DNN을 학습시키는 상황을 가정해 보자. 이미지의 양이 충분하다면 DNN은 고양이를 구성하는 공통적인 특성들을 인식하기 시작할 것이다. 그 후에 낯선 이미지를 DNN에 넣어 주면 결과로 나오는 신뢰도를 바탕으로 그 이미지에 고양이가 있는지 없는지 판단할 수 있다. 기계 학습은 마법이 아니다. 그저 다차원 곡선을 적합화하는 것이다.

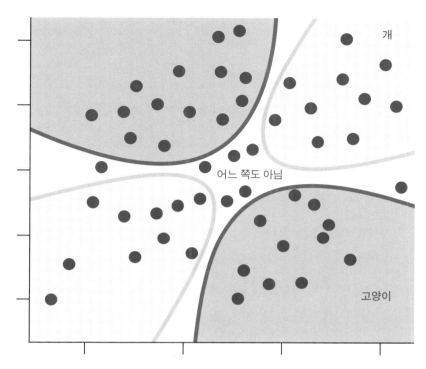

개

어느 쪽도 아님

고양이

어떤 점들은 개로 보는 게 타당하며, 또 다른 점들은 고양이로 봐야 타당하다. 개와 고양이 어느 쪽에도 속하지 않는 점도 있다.

오디오 파형도 생각해 볼 수 있다. 소리는 단지 공기로 전달되는 진동일 뿐이다. 고유한 소리는 고유한 파동 하나에 대응한다는 사실은 오래전에 밝혀졌다. 서로 다른 사람들이 "hello"라고 말한 파형을 갖고 있다고 가정해 보자. 영어를 구사할 수 있는지 없는지는 상관없다. 파동의 모양이 정확히 똑같이 생기진 않았겠지만, 훌륭한 알고리즘을 사용하면 어떤 공통성을 추출할 수 있을지도 모른다.

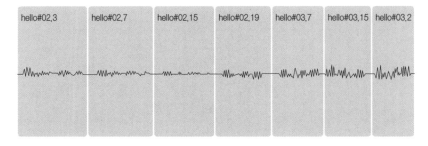

여러 샘플 데이터로 DNN을 학습시켜 hello라는 단어를 인식하도록 할 수 있다.

DNN에 'hello' 소리가 나는 오디오 파형 샘플을 여럿 보내면 DNN은 내부적으로 가중치를 조정하면서 여러 파형에 담긴 패턴을 인식하기 시작할 것이다. 그 뒤 일련의 새로운 파형을 넣어 준다. 예를 들어 어떤 대화를 기록한 파형을 DNN에게 보내면 DNN은 그중 'hello' 소리가 나는 곳을 골라낼 수 있다. 이 과정은 북적이는 공간에서 친구가 "hello"라고 외치는 소리를 인식할 때 인간의 신경 세포가 작동하는 방식과 어느 정도 비슷하다.

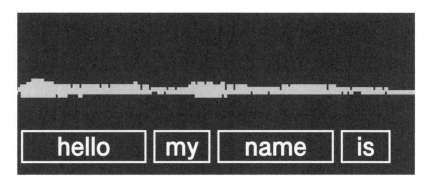

학습된 DNN 모델은 파형 속에서 특정 단어를 인식할 수 있다.

잡음이 섞인 데이터 셋 안에서 패턴을 인식하는 작업은 오디오, 이미지, 비디오, 전기 펄스, 금융 데이터, 그리고 다른 수많은 종류의 신호를 통틀어도 크게 다르지 않다. 이런 데이터를 수학적으로 표현하는 방식이 바로 텐서다. 행렬 안에 또 다른 행렬이 있는 것을 떠올려 보라. 텐서로 변환될 수만 있다면 그 데이터는 딥러닝에 사용될 수 있다. 실제로 인간이 상호 작용하는 거의 모든 것이 텐서로 표현할 수 있다고 알려져 있다.

DNN과 딥러닝이 등장하면서 기계 학습 기법의 쓰임새가 더욱 다양해졌다. 앞의 'hello' 예시에서는 관측한 데이터를 분류하기만 했는데, 현재 기계 학습 분야에서 이런 기법은 평범한 축에 속한다. 적절한 인센티브를 부여하면 기계가 단순히 관찰하는 것 이상을 수행하도록 가르칠 수도 있다. 예컨대 특정한 행동을 하도록 말이다.

3가지 학습 방법으로 떠올릴 수 있는 사업들

앞서 다룬 예시는 일반적으로 지도 학습 카테고리에 속한다. 여기에서 '지도'가 뜻하는 바는, 학습 데이터에 어떤 값(종속 변수)이 짝을 이룬다는 것이다. 이 값은 학습된 AI가 예측해야 하는 결과를 나타낸다. 예를 들어 합성곱 신경망CNN을 학습시켜 고양이 이미지를 인식하고 싶다면, 이미 인간이 '고양이'라고 라벨을 붙인 수많은 고양이 이미지를 이용해 학습을 진행해야 한다. 혹시 구글 캡챠 인증을 해 본 적이 있는가? 아마 여러 장의 이미지와 함께 '정지 표지판이 있는 이미지를 모두 선택하세요' 같은 메시지를 봤을 것이다. 구글은 이런 인증 방식으로 사용자를 이용하여 이미지에 라벨을 붙이고 있다. 라벨링된 이미지는 추후에 DNN이 자동으로 정지 표지판을 구분하도록 학습하는 데 사용될 것이다. 친애하는 인간이여, 당신은 기계의 감독관이다.

그럼 이런 질문이 떠오를지도 모르겠다. "비지도 학습도 있나요?" 대규모 데이터 속에서 패턴을 찾고 싶은데 어떤 패턴이 드러날지 아직 확실치 않다면 그 데이터 셋에는 라벨을 붙일 수 없다. 당신이 여러 곳에 물류 센터를 소유하고 있다고 상상해 보라. 물류 센터에서 인바운드 제품은 스캔되어 지오로케이션이 추적된다. 제품이 그동안 지나온 곳만을 사용하여 특정한 알고리즘, 예를 들면 아이솔레이션 포레스트, K-평균 군집화, 변분 오토인코더 등을 학습시키면 제품이 다음에는 어디로 이동할지 예측 가능하다. 만약 예상 도착지가 남극처럼 엉뚱한 곳으로 나온다면 이상 징후가 감지됐다고 알릴 수도 있다. 비지도 학습은 물류, 금융 사기, 고객 프로파일링, 추천 시스템 등 다양한 종류의 이상 감지에 주로 사용된다. 즉 데이터를 잘 묘사하는 패턴을 찾고 싶을 때 사용하기 좋다.

최근 수년에 걸쳐 기계 학습 연구자 및 엔지니어 들은 지도 학습과 비지도 학습을 결합하여 적대적 생성 신경망GAN이라는 기법을 다루었다. GAN은 준지도 모델이라고 부를 수 있는데, 비지도 모델(생성 모델)과 지도 모델(판별 모델)이 서로 경쟁하며 학습하기 때문이다. 여기에서 GAN의 상세한 원리는 다루지 않을 것이지만 GAN이 아주 강력하고 흥미로운 기술임은 짚고 넘어가겠다.

GAN은 이미 널리 알려진 작품을 학습하여 그와 비슷한 결과를 생성할 수 있다. 예를 들어 GAN이 고전 음악 여러 곡을 학습하면 그와 비슷한 느낌의 새로운 음악을 끊임없이 만들어 낼 것이다. 알맞게 학습된 GAN은 창조적인 작업에 탁월한 성능을 발휘한다. 커스텀 스니커즈도 무궁무진하게 디자인할 수 있다. 2019년 초, 오픈AI OpenAI 는 GAN을 기반으로 아주 그럴듯한 가짜 뉴스를 만들어 냈다. 너무나 정교한 나머지 대중에게 공개하기에 위험하다고 판단될 정도였다. 이후 2020년에 이 기술은 AI 커뮤니티의 열렬한 환영 속에 GPT-3이라는 이름으로 공개됐다. 공개 직후 GPT-3을 이용해 생성한 가짜 블로그 게시물에 엄청난 수의 방문자가 몰리기도 했다.

'파블로프의 개'는 대중에게 가장 잘 알려진 실험일 것이다. 그러나 이반 파블로프가 종을 울리기 몇 년 전, 에드워드 손다이크가 '효과의 법칙'을 제창했다. 이는 어떤 행동을 한 결과가 만족스러울수록 그 행동이 되풀이되기 쉽다는 법칙으로, 조작적 조건 형성 연구의 발판이 되기도 했다. 이런 원리가 바로 기계 학습의 세 번째 종류인 강화 학습의 핵심이다.

지도 학습이나 비지도 학습과 달리 강화 학습은 데이터 자체에만 머무르지 않는다. 대신 강화 학습의 목표는 에이전트를 학습시켜 주어진 환경에서 적절히 행동하도록 하는 것이다. 에이전트를 학습시키는 방법은 우리가 다른 사람을 가르치는 방식과 같다. 어떤 목표를 달성하는 데 도움이 되는 행동을 하면 알맞게 보상하고 방해가 되는 행동을 하면 벌칙을 가한다.

사실 강화 학습의 역사는 수십 년에 달한다. 그러다 최근 깊은 신경망이 대두하면서 새롭게 전성기를 맞이했으며 그중에서도 '깊은 Q-네트워크DQN'가 각광받고 있다. 강화 학습으로 기계를 훈련시키면 그동안 인간이 하던 일을 기계도 할 수 있도록 만들 수 있다. 알파고가 바둑의 세계 최강자를 이긴 힘도 강화 학습에서 비롯됐다. 주식 시장에서 인간보다 더 빠르고 탁월하게 주식 거래를 하도록 기계를 학습시켜 높은 수익률을 노리는 것도 가능하다. 특히 로봇 공학자에게는 강화 학습이 그 어떤 도구보다 혁신적인 기술일지도 모른다.

강화 학습, 지도 학습, 그리고 비지도 학습을 한데 묶어 보면 앞으로 수십 년간 AI 연구가 어떨지 감이 잡힐 것이다. 자율 주행 자동차를 생각해 보자. 지도 학습을 마친 CNN 모델을 이용하면 카메라로 보이는 영상에서 물체를 감지할 수 있다. 비지도 학습 알고리즘인 아이솔레이션 포레스트를 통해서는 감지된 물체 중에 엉뚱한 게 없는지 판단하는 일도 가능하다. 예컨대 야자나무 위에 눈사람이 있을 가능성은 매우 낮다. 또한 DQN으로 강화 학습을 활용하면 자율 주행차가 주변을 최대한 잘 인식하여 다른 물체나 생물과 충돌하지 않으면서 도로를 달리도록 할 수 있다.

최고 수준의 연구자들이 끊임없이 기계 학습 모델을 더 정교하게 발전시키는 덕분에 우리는 그 모델들을 마치 퍼즐처럼 잘 조합하여 창의적이고 흥미로운 결과물을 내놓을 수 있게 됐다.

가속화되는 미래 산업 앞에서
인간다움을 지키는 법

    기계 학습의 발전으로 인공 지능의 미래는 한층 더 밝아졌다. 실제로 지난 10년에 걸쳐 인공 지능 분야에서는 아주 빠르게 성과가 나타났다. 하지만 인간이 개인용 가정부 로봇 로지 _{미국의 애니메이션 〈우주 가족 젯슨〉에 나오는 가정부 로봇-역주} 와 함께 안전하게 살기 위해서는 먼저 해결해야 할 문제가 있다.

    AI는 구현을 하는 것도 어렵지만 그 후에 AI가 제대로 동작하는지 점검하는 일 역시 쉽지 않다. 이 때문에 엄격하게 품질을 관리하는 업계에서는 우려의 시선을 보내고 있다. 게다가 뿌리박힌 관성으로 인해 새로운 아이디어를 적극적으로 도입하지 않다 보니 AI를 더욱 도외시하고 만다. AI 없이도 지금까지 잘해 왔으니 필요성을 느끼지 못하겠다는 것이다. 이럴수록 우리는 데이터에 존재하는 편향, 경제적 영향과 철학적 고민, 범용 인공 지능이 가하는 실제적인 위협을 모두 똑바로 마주해야 한다. 우리 삶에 인공 지능이 제대로 녹아들기까지 아직 해야 할 일이 많다.

AI의 부족한 점을 해결할 '설명 가능한 인공 지능'

    깊은 신경망은 그 원리를 파악하기 어렵기로 악명이 높다. 특정한 결정에 어떻게 도달했는지 컴퓨터에게 물어보는 일이란 결코 쉽지 않다. 기계 학습 모델을 개발하는 것도 복잡하지만 사용하는 일 역시 만만치 않게 힘들다. 사진에 들어간 아주 약간의 잡음 때문에 딥러닝 기반 이미지 분류기가 오작동하는 케이스도 수없이 많다. 인간의 눈에 제대로 보이지도 않는 잡음으로 인해 AI는 버스 사진을 타조 사진으로 착각할 수도 있다.

그러나 이런 잡음 공격 문제는 기계 학습 연구가 계속되면서 해소되고 있으며 점점 강건한 모델이 등장하고 있다. 알려진 바로는 잡음을 생성하는 공격이 오히려 잡음을 줄일 수도 있다. 바이러스에 대비한 예방 접종과 같은 원리다. 훗날에는 더욱 정교해지는 속임수를 인식하고 예방하기 위해 일종의 면역 시스템을 설계해야 할 것이다.

최근 떠오르는 '재현성 위기'는 미묘하면서도 중요한 문제다. AI에 힘입어 단백질 접힘같이 아주 복잡한 분야에서도 신기원이 열리고 있다. 딥마인드 AI는 2020년 단백질 구조 예측 국제 대회에서 세계 최고 수준의 과학자들과 겨루어 우승을 차지하기도 했다. 그러나 이런 승리의 대부분에는 꺼림칙한 면이 있다. 결과를 재현할 수 있는 능력이야말로 과학의 초석이다. AI가 결론에 다다르기까지의 과정을 되짚을 수 없다면 AI 기반의 이론은 모두 그 근본을 의심할 수밖에 없다.

이런 문제의식에서 비롯된 새로운 AI 연구 분야가 바로 '설명 가능한 인공 지능XAI'이다. XAI가 의미 있는 결과를 낼지는 두고 봐야 알겠지만, 초기 연구 결과로 미루어 볼 때 미래가 밝은 듯하다. 그러나 AI의 내부를 자세히 들여다보고 AI가 어떻게 결정을 내리는지 정확히 파악할 수 있을 때까지는 조심스럽게 전진해야 할 것이다.

인공 지능도 차별할 수 있다

2020년 1월, 로버트 윌리엄스라는 시민이 조용한 디트로이트 교외의 자택에서 경찰에게 체포됐다. AI 안면 인식 시스템이 오류를 일으켜 그를 강도 현장 카메라에 담긴 범인으로 착각해 벌어진 일이었다. 물론 로버트는 결백했다. 경찰은 AI를 과신하여 알고리즘의 결과를 강력한 증거로 삼았고 결국 엉뚱한 사람을 범인으로 지목해 버렸다.

대관절 어떻게 컴퓨터가 편향될 수 있는 걸까? 여러 연구가 이루어진 결과, AI도 상당히 편향될 수 있음이 밝혀졌다. 심각한 사례로는 앞서 언급한 바와 같이 사람을 잘못 인식하는 경우가 있으며, 이보다 가벼운 사례로는 SNS에서 이미지 자르기 알고리즘이 특정 인물을 지나치게 선호하는 현상도 있다. 실제로 AI 모델은 인종 차별이나 성차별처럼 인간 사회를 병들게 하는 체계적인 편견도 받아들인다.

2018년 초, 마이크로소프트, IBM, 그리고 메그비Megvii의 성별 인식 AI 시스템들을 분석한 결과가 발표됐다. 백인 남성의 경우는 무려 99%의 정확도로 성별을 맞히지만, 피부색이 어두운 여성의 경우에는 정확도가 35%까지 떨어지는 것으로 나타났다. 이런 차이는 기계 학습 모델의 학습에 사용된 이미지 때문에 발생한다. 데이터 과학자들이 인종 차별적 의도가 있는 게 아니라 데이터 셋 속에 숨어 있는 편향이 모델에 반영되는 것이다.

데이터로 인해 편향된 모델이 신원 확인에 사용된다면 무고한 사람을 체포하고 처벌하는 일이 얼마든지 일어날 수 있다. 우리는 기계가 내리는 판단에 그 어떤 선입견도 없으리라 믿기 때문이다. 그러나 현실은 다르다. 그동안 죄가 없지만 억울하게 범죄자로 몰린 사람들의 데이터로 AI를 학습시키면 AI는 이들과 비슷한 사람을 볼 때마다 범죄자라고 판단할 가능성이 높다. 만약 AI가 개인의 신용도 데이터를 학습하면 레드라이닝은 세대를 거듭하여 지속될 것이다. 그때쯤이면 이 현상을 다른 이름으로 부를 테지만 말이다.

그래도 좋은 소식이 있다. 학계와 산업계가 힘을 합쳐 기계 학습 모델과 학습 데이터의 편향을 연구하고 있다. 기술적인 개선 방안을 찾는 그룹 중 하나로는 MIT-IBM 왓슨 인공 지능 연구소MIT-IBM Watson AI Lab가 있다. 뉴욕의 AI나우AINow 같은 단체에서는 AI가 내놓는 결과, 특히 인간의 직관과 매우 상이한 결과를 있는 그대로 받아들이면 위험할 수 있다며 공무원들에게 경각심을 일깨우고 있다.

부의 지배자들, 부를 빼앗기는 사람들

"이 새로운 기계는 오늘날 산업의 기반을 송두리째 무너뜨릴 수 있다. 그리고 공장에서 일하는 단순 노동자의 경제적 가치를 떨어트려 결국에는 고용할 필요조차 없는 수준으로 만들 것이다. 우리는 엄청나게 잔혹한 산업 혁명을 목도할 것이다."

수학자이자 초기 컴퓨터 개척자인 노버트 위너의 말이다. 인공 지능과 관련된 디스토피아적 이야기는 대부분 사악한 초지성적 기계의 세계에서 벌어진다. 대표적인 예가 〈매트릭스〉나 〈터미네이터〉 시리즈다. 물론 언젠가는 기술적 특이점, 즉 인공 지능이 인간 지능을 넘어서는 시점에 도달할지도 모른다. 그러나 인류 문명이 참담히 붕괴될 것인가라는 의문과 별개로 인공 지능이 경제에 미칠 영향을 우려하는 목소리가 존재한다. 우리는 이미 기술관료제를 향해 맹렬히 달려가는 중이며 그 중심에는 소수의 엘리트가 있다. 이들은 생산성 향상에 기여하는 기계를 소유하고 있고 그 사용법 역시 잘 안다. 헤지 펀드를 제외하고 지난 20년 동안 새롭게 등장한 백만장자, 억만장자, 그리고 최고 수준의 전문가들은 모두 기술 분야의 사람들이었다.

생산성은 엄청나게 올라간 반면 노동자 대부분의 평균 임금은 제자리를 맴돈다. 물론 새로운 기술을 잘 이해하고 다룰 줄 알며 변화하는 경제를 깊이 파악하고 있는 최고급 인력들은 상황이 다르다. 농사에 필요한 육체노동이 자동화되면서 농업 종사자의 수는 줄어들었다. 반복적이지만 전문적인 노하우가 필요한 제조업 업무도 계속해서 자동화되고 있기 때문에 이런 일에 필요한 인력 역시 감소 중이다. 이 같은 자동화 트렌드는 앞으로도 지속될 전망이다. 인지적 작업, 전문적 작업, 창조적 작업도 AI를 통해 점점 더 자동화가 이루어지고 있기 때문이다.

그렇다면 미래에 인간의 몫으로 남겨질 경제 섹터는 무엇일까? 해결책 중 하나로 새로운 직업을 위한 교육을 확대하자는 목소리가 있다. 하지만 교육의 사다리는 그야말로 피라미드와 같다. 세상에 필요한 데이터 과학자와 경영자의 수는 한정적이다. 트럭 운전사보다 수요가 훨씬 적을 게 틀림없다. 미국의 운송업 종사자 수는 400만 명 정도인데 그중 절반이 자동화되어 일자리를 잃는다고 가정해 보자. 이들을 위한 다른 일자리가 200만 개씩이나 존재하지는 않을 것이다. 미래에는 일자리가 충분하지 않을 수 있다는 가능성을 지금부터 염두에 두어야 한다.

경제학자와 정책가들이 대책을 몇 가지 제시한 바 있다. 부의 분배나 보편적 기본 소득이 대표적인 방법이며, 필요한 재원은 AI를 통해 발생한 모든 이익에 과세를 하여 마련한다. 우리가 이런 제도를 어떻게 받아들일지에 관한 논의는 이 책의 범위에서 한참 벗어난 내용이다. 우려스러운 점은 우리 사회 역시 이 문제를 논의할 준비가 전혀 이루어지지 않은 것 같다는 사실이다.

인공 지능도 철학과 윤리를 공부해야 한다

〈스타트렉〉에는 '코바야시 마루'라는 테스트가 나온다. 애초에 해결이 불가능한 문제에 피험자가 어떻게 대응하는지 살펴보는 테스트다. 우리가 살면서 실행 가능한 선택지가 전혀 없는 상황을 마주할 가능성은 매우 희박하다. 게다가 코바야시 마루는 너무나도 철학적이고 도덕적인 딜레마를 다루었기에 커크 선장이 해법을 찾아냈을 때 관객들은 열광할 수밖에 없었다. 그러나 컴퓨터가 스스로 결정을 내리는 세상이 점점 가까워지고 있다. 인간은 컴퓨터가 결정의 순간에 어느 쪽을 선택해야 하는지를 미리 프로그래밍해 줘야 할 것이다.

2004년 개봉한 영화 〈아이, 로봇〉은 아이작 아시모프가 쓴 동명의 소설집을 원작으로 만들어졌다. 영화 속 미래 사회에서 인간은 인공 지능을 갖춘 안드로이드 로봇과 공존하며 지낸다. 주인공인 스푸너는 한 소녀와 함께 당한 교통사고에 크게 영향을 받은 사람이다. 자동차 두 대가 다리에서 떨어져 물에 빠졌는데 한 차에는 소녀가, 다른 차에는 성인인 스푸너가 타고 있었다. 마침 지나가던 로봇이 구조를 위해 물에 뛰어들었으나 단 한 명만을 구할 수 있는 상황이었다. 로봇의 선택은 스푸너였다. 소녀보다 그의 생존 확률이 조금 더 높다고 계산했기 때문이다. 로봇은 스푸너를 차에서 끌어냈고 그는 소녀가 가라앉는 모습을 공포에 질린 채로 지켜봐야만 했다. 만약 인간이 같은 상황에 처했다면 아마 어린아이를 구하려 했을 것이다. AI가 인간과 똑같은 결정을 내린다는 보장은 없다. AI는 마법처럼 보이지만 아직 기본적인 상식이나 연민의 감정을 제대로 갖추지는 못했다. 그렇기 때문에 무엇이 옳고 그른지 인간이 먼저 가르쳐 줘야 한다.

더군다나 기계의 인지 능력이 성장하면 언젠가 우리의 도덕률에도 의문 부호가 붙는 순간이 올 것이다. 인간처럼 생기고, 말하고, 행동하는 안드로이드 로봇에게 어떤 권리가 부여되는가? 영화 〈에이 아이〉는 이 무거운 질문을 다룬다. 이 영화 역시 원작 소설이 있으며 인간을 사랑하도록 프로그래밍된(적어도 그럴듯하게 사랑을 흉내 낼 수 있는) 소년 로봇 데이빗이 등장하여 세상과 어떻게 상호 작용하는지 그려진다. 누군가는 데이빗을 사람처럼 여겨 인간 아이와 동등한 가치를 부여한다. 하지만 다른 이들은 데이빗의 항변에도 아랑곳하지 않으며 인공적인 존재에 권리란 없다고 믿는다.

이 이야기가 그저 영화 속 이야기로만 보인다면 MIT의 퀘스트 프로젝트를 살펴보길 바란다. 시간이 지날수록 더 많은 걸 배우는 인간 아이처럼 지적 수준이 점점 높아지도록 인공 신경망을 쌓는 프로젝트다. 두뇌가 외부 신호를 어떻게 감각, 인식, 이해, 그리고 어쩌면 의식 그 자체로 변환하는지 밝히기 위한 프로젝트도 여럿 존재한다. 만약 인공 지능이 인간 두뇌를 완벽하게 모사하여 모든 면에서 인간처럼 행동할 수 있다면 우리가 윤리적으로 고려해야 할 사항은 무엇일까?

이처럼 철학적이면서 문학적인 상황 앞에서 인류는 오랫동안 혼란을 겪었다. 이제 우리 세대에서 해답을 내놓아야 한다. 그리고 우리 세대가 내린 결정은 후세에 지대한 영향을 미칠 것이다.

진정한 산업 혁명의 꿈

블록체인 같은 다른 최신 기술들과 달리, 오늘날 기업 입장에서 AI 도입은 고민거리조차 되지 않는다. AI는 피할 수 없는 흐름이다. 인공 지능의 경제적 혜택이 너무나 강력하기 때문이다. 다행히 우리가 이 흐름에 어떻게 대응할지 결정하기에는 전혀 늦지 않았다.

AI에는 부정적 측면이 분명히 존재하지만 긍정적인 면 또한 아주 많다. 특히 사회적 요소까지 고려할 수 있다면 진정한 산업 혁명의 꿈이 실현될지도 모른다. 개인에게 더 많은 자유 시간이 생겨 각자의 관심 분야에 집중할 수 있는 세상이 펼쳐지는 것이다. 누가 주 50시간을 일하고 싶어 하겠는가? 나라면 잔디깎이 로봇에게 정원을 맡기고, AI 비서에게 이메일 작성을 맡기고서 가족과 더 많은 시간을 보낼 것이다.

앞으로는 농사일을 완전히 자동화할 수 있을 뿐만 아니라 화학 약품에 대한 의존도 줄일 수 있다. 군사 작업 역시 간소화될 것이며 인간 사상자의 수는 줄어들 것이다. 지상에서 제품을 제조하는 과정도 얼마든지 자동화가 가능하다. 그럼 운송비와 함께 탄소 배출량 또한 감소할 테고, 공정에 인간의 개입이 크게 줄어 이윤이 더 많이 남을 수도 있다. 폰 켐펠렌과 달리 우리는 결국 투르크에서 사람을 꺼낼 수 있게 됐다. 이제 역사상 처음으로 탈희소성 사회가 펼쳐질지도 모르겠다.

3장

새로운 문명이 건설된다

[확장 현실 비즈니스]

가상 현실과 증강 현실, 그리고 메타버스 너머

DEEP TECH

Demystifying The Breakthrough Technologies That Will Revolutionize Everything

우수함은 훈련과 습관으로 얻을 수 있는 작품이다.
반복해서 할 때 그것은 우리 것이 된다.

윌 듀런트(철학자)

실패작으로 취급받던 기술이
거대 기업들의 주력 신사업이 되다

2020년 3월 16일, 오리건주는 다른 나라 및 미국의 다른 주와 마찬가지로 코로나19 팬데믹에 대응하여 자택 대피령을 내렸다. 사무실은 물론이고 학교와 길 건너 공원까지 모두 문을 닫았다. 다행히 우리 가족은 무사했다. 식량과 휴지도 넉넉했다. 그런데 언제부턴가 우리에게 점점 벽이 다가오는 듯 느껴졌다. 전 세계 여느 사람들처럼 우리도 답답해 미칠 지경이었고 너무나도 밖에 나가고 싶었다. 하지만 우리 집에는 구세주가 돼 줄 한 가지 최첨단 기술이 있었다. 바로 가상 현실 VR 이다. 가상 현실 덕분에 우리는 인간이라는 존재를 오랫동안 잊고 지내다가 조금이나마 사회 활동을 할 수 있었으며 사방을 가로막는 벽을 넘어 해방감을 느낄 수 있었다.

VR은 우리의 마음을 가상 세계로 순간 이동시킨다. 일반적인 비디오 게임이나 비디오 채팅이 한두 개의 신경 전달 물질을 자극하는 것과 달리 VR은 더 많은 신경 전달 물질을 자극한다고 알려져 있다. 그렇기 때문에 다른 기술은 구현하지 못하는 뇌와 신체가 현존하는 감각을 VR에서는 느낄 수 있다. 연구자들은 이런 특성을 가리켜 '깊은 체화deep embodiment'라고 한다. 사용자는 이것으로 더 강한 소속감을 느끼고 대규모 격리 사태 속에서도 고립감을 완화할 수 있다.

VR의 힘은 글로 묘사하기가 어렵다. 마치 음식의 맛이나 음악의 소리를 '읽는' 것과 비슷하다. 언어만으로는 설명이 불가능할 때가 있기 마련이다. 그래도 간단한 사례를 통해 VR이 우리의 일상생활에 얼마나 깊이 영향을 끼칠 수 있는지 살펴보자.

가상 현실 안에서 일하면 무엇까지 가능할까

코로나19 팬데믹 동안 나 역시 재택근무라는 대세에 합류했다. 내가 속한 팀의 구성원은 대부분 소프트웨어 엔지니어였기 때문에 일상적인 업무를 원격으로 처리하는 데 별다른 어려움이 없었다. 이미 오래전부터 사내 메신저로 슬랙Slack을 썼으며 디지털 칸반 보드Kanban board를 이용해 작업 흐름을, 깃허브Github로 소스 코드를 관리하고 있었다. 유일한 큰 변화를 꼽자면 애자일 스크럼Agile Scrum의 일환으로 진행되던 데

일리 스탠드업 미팅이 줌Zoom을 이용한 화상 미팅으로 대체됐다는 점이다.

그러나 아무리 많은 툴을 도입해도 무언가 채워지지 않는 부족함이 남아 있었다. 업무는 문제없이 처리했지만 동료들과의 유대감이 점점 옅어진 것이다. 이 말로 설명하기 어려운 감정은 동료들과 함께 지내며 잡담도 나누고 소통해야만 생기는 법이다. 그저 화면을 통해서 이야기를 나누다 보면 자연히 사라질 수밖에 없는 감정이다. 물론 이메일보다는 화상 회의가 낫겠지만 여전히 실제 인간의 존재감을 대체하기에는 역부족이다. 그래도 문제 해결 전문가들이 모인 팀으로서 우리는 해결책을 마련했다.

처음으로 시도한 대책은 근무 시간 내내 화상 채팅방을 열어 두는 것이었다. 하지만 예상치 못한 소음이 생길 때마다 사과를 하고, 잠시 자리를 비울 때마다 용무를 설명하다 보니 모두가 금세 지치고 말았다. 원격 점심 회식은 좋은 의도로 시작됐으나 게걸스럽게 먹는 팀원들의 얼굴이 화면을 가득 채우니 입맛이 떨어지는 기분이었다. 게다가 팀원 대부분이 술이라면 입에도 대지 않아서 해피아워happy hour: 회사에서 동료들과 술과 음식을 즐기며 캐주얼하게 이야기를 나누는 시간-역주는 꿈도 꾸지 못했다. 혹시 더 좋은 해결책은 없을까?

팬데믹이 터지기 한 달 전, 순전히 뜻밖의 행운으로 나는 최고급 VR 고글을 팀원 모두에게 선물했다. VR과는 관련 없는 프로젝트 하나를 완수하여 받은 보상이었다. 자연히 우리는 VR을 후보로 올리게 됐고, 몇 차례 시행착오를 거친 뒤 결국 이머스드Immersed라는 VR 서비스를 찾아 냈다. 이 앱을 사용하니 팀원 모두가 각자를 표현한 아바타의 모습으로 다함께 가상 공간에 접속할 수 있었다. 화상 회의에 참석한 동료의 모습 이 가상 데스크톱 화면에서 보이고, 현실 세계에서 동료의 어깨 너머로 함께 모니터를 보듯 서로 모니터 화면을 보여 주면서 협업하는 일도 가 능했다.

무엇보다도 가장 유용한 것은 가상 칠판이었다. 물리적인 사무실 공 간이 없어도 우리는 가상 칠판 주위에 모여서 프로젝트의 콘셉트를 그 려 보고 의견을 나눌 수 있었다. 가장 재미있는 사실은 따로 있었다. 우 리는 가상 세계에서 실제 랩톱에 접속했기 때문에 이메일 답장을 보내 는 일은 물론이고 가상 현실 속에서 줌 화상 회의에 참여하는 괴상한 짓 도 가능했다. 당연히 우스꽝스럽게 보였을 테다. VR을 사용하지 않은 참석자들은 웹캠 화면 속에서 나와 팀원들이 거대한 오큘러스 퀘스트 고글을 당당히 착용한 모습을 보고 '이들이 도대체 뭐하고 있나' 어리둥 절했을 것이다. 원래 미래는 처음에 조금 괴짜처럼 보이다가 점점 근사 해지는 법이다. 우리의 시점에서 보면 우리는 우주에서 줌 회의 호출을 받고 있었다.

정규 근무일은 시작에 불과했다. 우리는 가상 현실에서 콘퍼런스에 참석하기 시작했다. 콘퍼런스 장소까지 이동하는 시간과 비용을 아낄 수 있을 뿐만 아니라 싸구려 호텔에서 홀로 밤을 보낼 필요도 없어졌다. 우리는 콘퍼런스장을 자유롭게 돌아다니며 다함께 더 많은 세션에 참 석했고 실시간으로 감상을 나눌 수 있었다. 세계적인 연사의 발표를 들기도 했으며 이후 이어지는 가벼운 잡담 시간도 놓치지 않았다. 유연한 VR 덕분에 다른 미팅이나 토론을 왔다 갔다 하는 것도 가능했다. 동시에 열리는 두 콘퍼런스 사이를 오고 가는 경우도 있었다. 세계 최대 규모의 가상 바자회인 V-마켓V-Market도 함께 구경했다. 우리는 모두 집에 박혀 있었지만 어디든 갈 수 있었다.

전대미문의 팬데믹이 대중의 판타지를 현실로 앞당기다

서른 살이 넘은 이들에게 VR은 SF 소설에서 독보적인 소재였다. 시작은 닐 스티븐슨의 1992년 작품 《스노 크래시》에 나오는 VR 메타버스Metaverse였다. 메타버스는 그보다 10년 전 윌리엄 깁슨이 고안한 사이버스페이스cyberspace보다 더 풍성한 가상 세계가 도입된 개념이었다. 얼마 후 〈론머 맨〉과 〈코드명 J〉, 그리고 〈매트릭스〉를 거쳐 '오아시스The OASIS: 어니스트 클라인의 소설 《레디 플레이어 원》에 나오는 가상 현실 게임의 이름-역주'까지, 소설이나 영화 속 가상 세계는 그저 꿈일 뿐이었다.

하지만 2012년, 양대 산맥이라 할 만한 오큘러스 리프트Oculus Rift와 구글 글래스Google Glass가 출시되면서 가상 현실이 가까워지기 시작했다. 두 제품 모두 가상 현실, 확장 현실, 증강 현실AR을 전부 아우를 수 있는 실시간 컴퓨터 생성 세계를 구현했다. 물론 연구소에서 사용하거나 값비싼 니치 비즈니스를 겨냥한 상급 제품도 있다. 하지만 위의 두 제품은 품질과 고객 접근성을 모두 충족하며 대중의 상상력을 사로잡는데 성공했다.

가상 현실의 오랜 꿈을 부활시킨 사람은 19살의 팔머 럭키였다. 그의 삶은 곧 집요함의 연속이었다. 팔머는 캠핑 트레일러에 살면서 한 연구 팀에서 일했다. 어느새 그의 지식수준은 저렴한 사물 인터넷 부품을 이용해 최고급 VR 헤드셋 시제품을 만들 수 있을 정도에 이르렀다. 그는 3D 전문가 팀과 함께 크라우드 펀딩으로 자금을 확보하여 프로젝트를 진행했다. 이런 노력은 삼성이나 HTC 같은 거대 기업들의 눈길을 금세 사로잡았다. 그리고 2014년, 페이스북이 오큘러스를 20억 달러에 인수함으로써 공식적으로 VR 혁명을 촉발했다.

비슷한 시기에 구글이 증강 현실인 기기 구글 글래스를 출시하면서 커다란 파동이 일었다. 가격이 1,500달러 수준이었기 때문에 오큘러스만큼 시장을 개척하지는 못했으나, 안경 크기의 폼팩터 form factor 만으로도 무엇이 가능한지 힌트를 주는 제품이었다. 2014년에 나는 오직 구글 글래스와 시각적 번역 앱만 이용하면서 중국을 돌아다녔다. 중국어와 문자를 전혀 모른 채로 말이다. 중국어 간판을 볼 때마다 구글 글래스 번역 앱이 즉시 번역을 하여 간판 위에 중국어 대신 영어 단어를 표시해줬다. 현재 이 기능은 구글 번역 Google Translate 에 구현돼 있다. 그래도 당시에는 정말로 압도적이었다.

실패한 기술로 취급받던 VR과 AR은 9년이라는 짧은 시간 동안 가장 흥미로운 범용 기술로 거듭났다. 도대체 어떻게, 왜 이런 변화가 가능했던 걸까. 이 질문에 답하기 전에 먼저 무엇이 지금의 확장 현실 산업을 만들었는지, 그리고 확장 현실로 우리가 무엇을 할 수 있는지부터 살펴보자.

현실에서 가상으로,
비즈니스의 한계를 허물다

초기의 가상 현실, 증강 현실, 혼합 현실MR이 대중 시장에 침투할 수 있었던 건 모든 사람이 이미 갖고 있는 기기를 활용했기 때문이다. 바로 스마트폰이다. 삼성 기어 VRSamsung Gear VR과 구글 카드보드Google Cardboard는 얼굴에 쓸 수 있는 저렴한 기기로, 사용자의 눈 가까이에 스마트폰을 장착해야 사용 가능하다. 스마트폰의 뛰어난 카메라 렌즈, 소프트웨어, 그리고 가속도계 등의 내부 기능에 힘입어 제법 괜찮은 VR을 누구나 경험해 볼 수 있었다.

초기 VR 기기 중에는 다른 플랫폼을 활용하는 사례도 있다. 예를 들면 소니Sony는 자사 최초의 VR 게임을 플레이스테이션PlayStation 콘솔에서 구동하고자 했다. AR로 눈을 돌리면 iOS의 AR키트ARKit, 안드로이드 진영의 AR코어ARCore가 대표 주자다. 둘 다 하드웨어 및 소프트웨어 키트로 전문 지식이 없더라도 누구나 모바일 AR을 경험할 수 있도록 돕는다. MR 쪽에서는 2020년부터 애플 제품들이 라이다LIDAR 기능을 지원하기 시작했다. 주변을 탐색하고 측정할 수 있는 기능으로 자율 주행차의 실현에도 핵심이 되는 기술이다.

이런 핵심 라이브러리들은 유니티Unity나 언리얼Unreal 같은 3D 개발 엔진과 함께 쓰인다. 예를 들어 사용자가 스마트폰 카메라로 어떤 포스터나 QR 코드를 가리켰을 때, 3D 에셋asset: 3D 작업에 사용되는 모든 종류의 요소 및 도구를 뜻함-역주을 불러와 의도한 대로 사용자 경험을 이끌 수 있다.

만약 프로그래밍이 너무 난해하게 느껴진다면 누구나 마우스 드래그와 클릭만으로 MR 및 AR을 개발할 수 있는 어도비 에어로Adobe Aero를 고려해 봐도 좋다.

이제 VR, AR, 그리고 MR을 하나하나 살펴볼 때다. 이 기술들 사이에 어떤 공통점과 어떤 차이점이 있는지 알아보자.

가상 현실: 현실과 달라도 공감할 수 있는 세계

"여러분은 그녀에게 더 깊게 공감할 것입니다."

크리스 밀크가 TED 강연에서 청중에게 건넨 말이다. 그는 '공감 기계'의 공동 제작자다. 공감 기계란 VR을 통해 실제로 촬영된 가슴 아픈 비디오이며, 세계적 리더들이 보다 깊은 실재감을 갖고 시리아 난민 캠프의 한 소녀를 접하도록 고안된 일종의 실험이었다. 다보스 포럼의 참석자를 비롯해 TED, 그리고 UN의 결정이 수백만 명의 생명에 영향을 미친다는 점을 고려하면, 공감을 이끈 이 단순한 행위가 실질적인 결과를 만들어 낸 셈이다.

VR이란 무엇인가? 간단히 말하면 가장된 경험이지만 엄밀히 정의하자면 고려해야 할 사항이 많다. VR 경험은 시각과 청각에만 국한되는가? 후각이나 촉각 같은 다른 감각은 어떤가? 영화 〈매트릭스〉 이후로 감각의 한계와 현실의 본질에 관한 의문은 큰 화두가 됐다.

사실 지금 시대에 기본적인 VR은 아주 쉽게 접할 수 있다. 특히 스마트폰 덕분에 적당한 센서를 저렴하게 구할 수 있어서 조금만 인터넷 검색을 하면 10대 청소년도 괜찮은 VR 헤드셋을 만드는 게 가능하다. VR 헤드셋에 필요한 기본적인 요소로는 고화질 비디오 디스플레이, 접안렌즈, 가속도계가 있으며, 사용자의 시선에 따라 화면을 돌리는 소프트웨어나 하드웨어도 있어야 한다. 이것으로 우리의 양쪽 눈이 보는 영상이 약간 다른 것, 즉 시차parallax를 표현하여 3차원 입체감을 구현하게 된다. 이렇게 간단한 VR은 세 가지 방향의 자유도를 제공하며 이를 3자유도 또는 3DoFdegrees of freedom라고 표현한다.

더 많은 요소가 포함될수록 VR 경험은 더 풍성해진다. 가장 간단한 형태의 VR, 이를테면 구글 카드보드와 스마트폰을 사용했을 경우에 사용자는 자리에 앉아 3D 화면을 둘러볼 수 있을 뿐이다. 바로 앞에서 말한 3자유도 VR의 경우이며 사용자는 x축, y축, z축 기준으로 회전만 가능하다. 반면 소니 플레이스테이션 VR이나 오큘러스 퀘스트는 선 채로 이동까지 가능하며 이를 6자유도 또는 6DoF라고 한다. VR이 점차 6DoF를 향해 발전하면서 룸 스케일 VR 개념이 등장했고 사용자는 현실 공간에서 움직이며 VR을 경험할 수 있게 됐다.

룸 스케일 VR을 즐기려면 베이스 스테이션base station 또는 라이트하우스lighthouse라고 불리는 공간 감지 장치를 이용해 공간 안에서 헤드셋의 위치와 방향을 정확히 추적하거나, SLAMSimultaneous Localization And Mapping이라는 공간 매핑 기술을 활용해야 한다. 제로레이턴시Zero Latency 등 여러 게임 제작사는 공간 제약을 우회하기 위해 사용자가 원이나 지그재그를 그리며 움직이도록 가이드한다. 그럼 벽에 부딪히지 않고도 넓은 공간에 있는 듯한 감각을 느낄 수 있다. 더 보이드The Void에서는 작은 미로 같은 공간에서 비슷한 트릭이 사용된다.

VR의 실재감을 향상하려면 더 큰 스크린과 더 나은 광학 기술을 통해 시야각FoV을 넓혀야 한다. 90도 수준의 좁은 시야각으로는 터널을 보는 듯한 느낌이 들 것이다. 시야각이 180도 정도까지 넓어져야 헤드셋의 측면이 보이지 않아 비로소 현실처럼 느껴지기 시작한다. 일반적으로 시야각은 수평 방향으로만 측정되지만 경우에 따라 대각선 방향이나 수직 방향으로도 측정된다.

VR 경험을 개선하는 또 다른 방법은 픽셀과 픽셀 사이에 선이 보이는 스크린 도어 현상SDE을 해결하는 것이다. 오래된 컴퓨터 모니터에 얼굴을 가까이 대 본 적이 있는가? 멀리서는 깔끔하게 보이던 화면이 점점 픽셀들의 격자처럼 보일 것이다. VR 스크린은 사용자의 눈과 매우 가깝기 때문에 픽셀이 하나하나 보이게 하지 않으려면 픽셀의 밀도를 높여야 한다. 바꿔 말하면 픽셀이 물리적으로 더 작아져야 한다. 화면의 해상도가 수백 픽셀 수준이라면 마치 그물망을 통해 화면을 보는 느낌이 든다. 우리나라에서 스크린 도어라고 하면 지하철에 설치된 안전장치가 떠오르지만 미국에서는 방충망이 달린 문을 screen door라고 함-역주

4K 해상도는 물론이고 8K 고해상도를 지원하는 헤드셋이 새롭게 등장하면서 스크린 도어 현상은 점점 완화되는 중이다. 포비티드 렌더링foveated rendering이라는 고급 트릭을 활용할 수도 있다. 사용자의 시선을 추적하여 실제로 응시하고 있는 부분만 고화질로 렌더링하는 기법으

로, 그래픽 연산 부하도 크게 줄어들고 더 현실적인 VR 경험이 가능해진다. VR지니어스VRgineers가 개발한 엑스탈XTAL은 4K 해상도와 포비티드 렌더링을 모두 도입하여 아주 실감나는 VR 경험을 제공한다. 직접 사용해 보니 가상 조종석 내부의 작고 희미한 글자도 쉽게 읽을 수 있는 정도였다.

다가올 10년 동안 VR은 여러모로 진화를 거듭할 것이다. 현실에 더 가까워지도록 충실도가 개선되고 왜곡 등의 화면 문제가 완화될 것이다. 기기의 크기나 무게 같은 사용의 편의성 문제도 해결되고 컴퓨터에 연결할 필요가 없는 독립형 헤드셋이 대중화되어 이동성도 좋아질 것이다. 물론 지금보다 가격은 내려가고 애플리케이션의 수는 많아질 전망이다. 선글라스만큼이나 편안한 고글을 쓰고 실제 세상과 아주 비슷한 가상 현실을 즐길 날이 머지않았다.

증강 현실: 현실에 정보를 중첩하며 보여 주는 가이드

구글 글래스가 처음 출시되고 나는 1년 내내 이 불편한 안경을 얼굴에 걸치고 살았다. 분명 이 증강 현실 기기는 세그웨이Segway나 크룸라우프Krummlauf처럼 세상 모든 것을 뒤바꿀 잠재력이 있었다. 나는 구글 글래스가 일으킬 혁명에 관해 책을 두 권이나 썼으나 예상했던 혁명은 일어나지 않았다. 그래도 희망이 전혀 없지는 않다. 공업용과 의료용으로 새로운 쓰임새를 찾았기 때문이다.

증강 현실은 가상 현실과 여러모로 다르다. 어떻게 보면 정반대라고도 할 수 있다. 가상 현실의 목적이 현실과 다르면서도 몰입감이 뛰어난 세계를 만드는 것이라면, 증강 현실의 목적은 우리가 살고 있는 현실 세계에 정보를 더하는 데 있다. 이 서로 다른 두 방식을 쉽게 이해하려면 각 기술의 대표 주자를 예로 드는 게 좋겠다. AR 글래스의 창시자인 구글은 정보의 원천이자 현실 세계의 가이드 역할을 하고자 한다. 반면 오큘러스 VR을 가진 페이스북은 소셜 패브릭social fabric, 커뮤니티 안에서 사람들이 함께 어울리는 것-역주으로 가득한 별개의 세계를 창조하려고 한다.

AR을 이야기하자면 헤드업 디스플레이HUD를 빠뜨릴 수 없다. 이 장치는 사용자가 보는 실제 현장과 독립적으로 정보를 사용자 시야에 비춘다. 예컨대 미술 작품을 볼 때 작품 주위로 작품명과 작가의 이름이 표시되는데, 이 부가 정보가 특정 위치에 고정되지는 않는 경우를 상상해 보면 된다. 증강 현실이 현실과 더 완벽하게 섞이면 혼합 현실이라 불리기도 한다. 더 자세한 내용은 조금 뒤에 다루겠다.

자전거 이용자를 겨냥한 뷰직스Vuzix 부터 스마트 물안경 스윔 고글Swim Goggle을 제작한 폼Form까지, 증강 현실 시장에 뛰어든 업체는 아주 많다. 이 기업들의 제품은 모두 핸즈프리 형태로 사용자에게 정보를 전달하도록 설계됐다. 전투기 조종사는 HUD를 수십년 동안 이용해 온 직업이다. 사실 HUD의 기반 기술은 비교적 간단한 편으로, 저전력 소형 센서와 초고화질 마이크로 디스플레이를 얼마나 잘 만드는지가 관건이다.

AR은 얼굴에 장착하는 시스템뿐만 아니라 카메라를 사용하는 스마트폰 애플리케이션으로도 구현된다. 여기에는 안드로이드 AR코어나 iOS AR키트 같은 내장 소프트웨어 개발 키트SDK가 활용된다. 같은 기술이 사용될 수 있는 다른 곳으로는 전면 유리나 스마트 디스플레이 케이스 또는 거울이 있다. 투명한 디스플레이 위에 정보가 표시되어 화장을 하거나 운동을 할 때 도움이 될 수 있으며, 자동차의 사이드 미러에 속도와 방향이 표시되기도 한다.

지금까지 비교적 단순한 형태의 AR에 사용되는 요소들을 살폈다. 이 요소들은 보다 심화된 형태의 증강 현실, 즉 혼합 현실의 구현에도 매우 중요하다. 현재 AR과 MR에 가장 많이 사용되는 기기는 바로 스마트폰이다. 앞으로 수년 동안 풀어야 할 숙제 중 하나는 스마트폰의 AR과 MR 능력을 활용하여 웨어러블 MR을 만드는 것이다. 다행히 AR과 스마트폰의 만남으로 인해 AR에 능통한 개발자와 회사가 수없이 많이 탄생했다. 아직 AR 기술이 무르익지 않았음에도 불구하고, 이들은 AR 애플리케이션을 개발하고 실제로 사용자 경험을 테스트하는 데 전혀 어려움을 느끼지 않는다.

HUD는 끊임없이 기술의 한계를 넓혀 가고 있다. 폼팩터는 더 작아지고 고화질 화면이 사용자의 눈앞에 펼쳐지는 한편, 배터리 수명은 늘어나고 무게와 발열은 줄어든다. 구글이 2020년 중반에 인수한 노스North는 포컬스Focals 같은 스타일리시한 스마트 글래스 제작에 몰두하고 있다. 애플 역시 특허와 각종 루머로 미루어 볼 때 독자적인 AR 글래스 프로젝트를 진행하고 있는 것으로 보인다. 궁극적인 목표는 스마트폰을 들고 다닐 필요 없이, 단지 보고 듣는 기기를 통해 AR을 경험하는 것이다.

혼합 현실: 확장 현실의 종착지

증강 현실과 혼합 현실의 차이는 헷갈릴 법도 하다. 특히 증강 현실이 혼합 현실을 포함하는 더 포괄적인 용어이기에 더욱 그렇다. 일반적으로 AR이라고 하면 현실 세계에 더해지는 모든 디지털 증강을 포함한다. 여기에서 MR이 별개의 분야로 여겨지는 이유는 MR 기술이 현실 세계를 더 상세하게 인식하기 때문이다. 헤드업 디스플레이처럼 비디오 화면을 공중에 띄우는 정도가 아니라, MR은 벽 위에 비디오 화면을 고정하여 보여 준다. 말 그대로 실제 세계와 가상 세계를 혼합한다. MR의 목표는 디지털 물체가 진짜 현실과 구분이 안 될 정도의 감각을 만들어 내는 것이다.

MR을 구현하려면 VR과 비슷한 요소들만으로는 부족하며 더 많은 것이 필요하다. MR은 실현하기가 특히나 더 까다로운 기술이며 어떻게 보면 확장 현실xr의 종착지라고도 볼 수 있다. 먼저 MR과 VR이 공통적으로 갖추어야 할 점으로 넓은 시야각이 있다. 시야각이 확보되지 않으면 디지털 물체가 쉽게 화면 밖으로 사라지고 말 것이다. 그리고 6DoF를 지원하여 사용자가 디지털 물체를 향해 걸어가면 물체가 더 커지는 식으로 현실감을 부여해야 한다. 마지막으로 인위적 원근법을 활용하여 3D 물체가 바로 눈앞에 있는 듯 표현하는 기술도 필요하다. 그렇다면 어떤 차이점이 MR을 더욱 흥미로우면서 어렵게 만드는 걸까?

디지털 물체가 현실 세계 위에 그럴듯하게 배치되기 위해서는 헤드셋을 통한 현실 세계의 화면 위로 디지털 물체가 잘 겹쳐져야 한다. 이를 구현하는 3D 디지털 렌더링은 투명한 디스플레이 위나 카메라가 전송하는 영상 위에서 이루어진다. 후자의 경우에는 MR 시스템에 두 개 이상의 카메라가 필요할 수 있다. 그리고 하나의 스크린으로 화면을 표시하기도 하며, 각 눈에 보이는 화면을 다르게 표시해 시차 효과를 활용하는 것 또한 가능하다.

공간 속에서 MR 기기가 스스로 자기의 위치를 파악하도록 하려면 아주 정교한 SLAM 기술을 적용해야 한다. 언뜻 쉬워 보이지만 실제로 구현하기는 결코 만만치 않다. 카메라, 자이로스코프, 가속도계, 나침반이 모두 여러 대가 있어야 하며 레이더나 레이저처럼 특수한 기능이 포함돼야 할지도 모른다. MR 기기의 위치 파악 기능이 중요한 이유는 사용자 주변의 실제 물체를 고려하여 3D 디지털 물체를 조화롭게 덧붙여야 하기 때문이다. 그렇지 않으면 사용자는 움직일 때 어색함을 느낄 수밖에 없다.

테이블 위에 디지털 공을 올려 둔 상황을 생각해 보자. 잠시 뒤를 돌아봤다가 다시 테이블을 봤을 때 공이 원래 위치에 그대로 있어야 할 것이다. 소파에 앉아서 봐도 공은 테이블 위에 알맞게 위치해야 한다. 공이 의자 등받이 안에 있거나 테이블 표면보다 몇 센티미터 위에 떠 있으면 안 된다. 어떤 물체가 눈에 보이지 않아도 그 대상이 계속 존재한다는 사실은 영유아도 안다. 이런 자각을 대상 영속성이라고 한다.

여기에 더해 MR 기기는 사용자가 공간 안에서 어떻게 이동해 왔는지도 파악할 줄 알아야 한다. 결국 MR 기기가 실제 3차원 세계를 얼마나 잘 인식하느냐가 디지털 영상을 정확히 표현하는 데 가장 중요한 열쇠다. 라이다 같은 다양한 센서를 활용하여 끊임없이 주변을 스캔하고 내부 정보를 업데이트해야 가능한 일이다.

혼합 현실의 또 다른 어려움은 오클루전occlusion으로, 실제 존재가 가상의 존재를 가리는 기술을 말한다. 스포츠 중계를 본 적이 있다면 아마이 개념이 익숙할 것이다. 미식축구 중계 화면에서는 필드 위로 가상의 라인을 표시할 때가 많다. 어떤 선수가 가상의 라인을 가로지를 때 선수 위로는 라인이 그려지지 않는다. 바꿔 말하면 드류 브리스NFL 뉴올리언스 세인츠 소속으로 미국 미식축구를 대표하는 쿼터백 중 한 명-역주의 몸이 가상의 텐야드 라인을 가린다는 뜻이다.

사실 초록색 필드 위로 가상의 직선을 긋는 일은 그리 어렵지 않다. 하지만 크리스마스 트리 아래에 렌더링된 가상의 기차놀이 장난감을 진짜 꼬마 아이가 가린다면 이를 어떻게 처리할지는 전혀 다른 문제다. 일단 MR 기기는 기차가 실제 공간에서 정확히 어디에 위치해야 하는지 파악해야 하며(SLAM) 그다음에 화면을 그려야 한다(투명 디스플레이). 물론 꼬마 아이를 계속 추적하여 아이의 실루엣이 기차놀이 장난감을 가리도록 함으로써 아이가 마치 기찻길 앞으로 걸어 다니는 듯 보이게 해야 한다(오클루전).

매직리프Magic Leap의 라이트필드light field 기술, 2020년 애플이 출원한 프로젝터 특허, 마이크로소프트의 홀로렌즈HoloLens가 1세대에서 2세대로 넘어가면서 보여 준 확실한 성능 향상은 빙산의 일각에 불과하다. MR의 세계에서 해결해야 할 문제는 여전히 많이 남아 있다. 그래도 우리는 아주 빠르게 앞으로 나아가고 있다. 지나친 완벽주의는 대중화에 걸림돌이 될 뿐이다.

확장 현실 시장의 빅3 기업, 그리고 우리 생활의 변화

구글과 페이스북, 그리고 마이크로소프트 모두 확장 현실에 관심을 갖고 있다. XR 분야에 뛰어든 다른 회사도 많지만 이 세 기업이 가장 거대한 건 틀림없다. 흥미롭게도 이 거대 기업들의 문화와 목표가 각자의 제품에 어느 정도 녹아들어 있다.

구글은 현실 세계의 가이드가 되고 싶어 한다. 플래그십 증강 현실 기기인 구글 글래스는 구글의 목표인 "전 세계의 정보를 체계화"하기를 충실히 반영한다. 구글 글래스는 분명 일반 소비자를 대상으로는 흥행에 실패했다. 그러나 여전히 기업용으로 명맥을 유지하고 있으며, 가격도 차차 저렴해지면서 좀 더 쉽게 사용이 가능해질 것이다.

구글 글래스는 음성 명령으로 작동하는 AR HUD 기기로, 사용자의 시야 위에 이미지나 비디오를 투영한다. 물론 화면에는 사용자가 보고 있는 대상에 관한 정보들이 덧붙는다. 모두 구글의 방대한 데이터와 AI 플랫폼이 있기에 가능한 일이다. 구글 글래스 덕분에 구글은 효과적으로 현실 세계에 진출했다. 구글은 사용자의 관심을 바라지 않는다. 그저 빈틈없는 개인 비서 역할을 함으로써 사용자가 현실 세계에 더 깊이 몰두할 수 있도록 도울 뿐이다.

XR 세계에서 페이스북은 구글과 완전히 대척점에 서 있다. 구글과 달리 페이스북은 사용자의 관심을 갈구한다. 특히 페이스북은 사용자가 현실에서 벗어나 쉴 수 있는 오아시스 같은 세상을 만들어 주고자 한다. 그곳에서는 게임과 일을 할 수 있을 뿐만 아니라 자신만의 소셜 패브릭Social Fabric도 가능하다. 소셜 패브릭은 하나의 플랫폼에서 사람들과 함께 소통하며 어울리는 것을 뜻하는데, 마크 저커버그가 페이스북 호라이즌을 설명하면서 언급했다.

이 목표를 향한 여정에서 페이스북의 오큘러스 인수는 확실한 진전이었다. 지난 10년 동안 페이스북은 가상 현실의 규모를 키우기 위해 다른 어떤 기업보다도 공격적으로 투자해 왔으며, 이제는 이 도박이 슬슬 성공을 거두는 듯하다. 오큘러스 퀘스트는 최초의 완전한 독립형 VR 헤드셋이다. 즉 VR 헤드셋을 사용할 때마다 게임용 컴퓨터에 연결할 필요가 없다는 의미다. 관련된 도구나 즐길 수 있는 게임의 수도 많았으며 세세한 기술적 이슈들 또한 꾸준히 해결됐다. 게다가 아이들이 사용할 수 있을 정도로 간단하다. 결국 오큘러스 퀘스트는 대중을 겨냥한 VR 기업들이 기준점으로 삼는 대표 기기로 자리 잡았다.

마이크로소프트는 구글과 페이스북 사이에 있다. 사용자에게 현실과 가상이 통합되는 경험을 제공하려는 것이다. 구글, 페이스북과 마찬가지로 마이크로소프트 역시 제품에 자사의 문화를 깊이 반영한다.

2020년 출시된 홀로렌즈2는 그 어느 경쟁 업체의 혼합 현실 기기보다 훨씬 탁월한 성능을 자랑했으며 마이크로소프트가 우위를 점하고 있는 기업 시장을 겨냥했다. 앞으로는 자동차를 제작하고 프린터 헤드를 대체하는 등 더 방대한 디지털 요소들이 현실 세계에 가미될 것이다. 이런 흐름에서 마이크로소프트는 MR이 장래에 반드시 커다란 수익을 안기리라고 판단했다. 〈포레스터Forester 보고서〉에 따르면 2025년에는 미국의 노동자 중 1,400만 명 이상이 스마트 글래스를 착용할 것으로 추정된다. 이렇게 중요한 시장에서 마이크로소프트는 확실한 플랫폼이 되고자 한다.

이 빅3 기업이 각기 다른 방식으로 확장 현실을 대하는 것과 별개로, 아주 다양한 세부 분야에서 대중은 물론이고 틈새시장에까지 확장 현실이 침투하고 있다. 게임처럼 이미 눈에 띄는 분야가 있는 한편 정신 건강 같은 분야는 아직 초기 단계에 불과하다. 그러나 한 가지 확실한 점이 있다. 다음 10년 동안 어떤 방식으로든 XR이 영향을 미치지 않는 산업은 거의 없을 것이다.

XR 비즈니스의 일등 공신, 게임의 르네상스가 열리다

VR 게임과 함께라면 우리는 뭐든지 가능하다. 심해에 다이빙하기, 새처럼 하늘 날기, 이국적인 장소에서 낚시하기, 우주선을 타고 외계 행성

탐사하기, 좀비 사냥하기는 물론이고 심지어 비 오는 날 조용한 평원에 홀로 앉아 있기까지 가능하다. 수많은 가상 관객을 앞에 두고 무대 위에서 밴드 공연을 펼치는 것은 그저 오래전의 록밴드 게임과 별로 다르지 않다. 하지만 전 세계의 게이머들이 각자의 얼굴을 한 채로 함께 게임에 접속한다면 보다 현실에 가까운 게임이 된다. 물론 약간의 긴장과 공포도 더해질 테다.

나는 이미 XR은 설명하기 어렵다고 이야기한 바 있다. 그래도 최대한 간단히 설명하자면 한마디로 '테트리스 효과'라고 표현할 수 있겠다. 테트리스 게임을 오래 즐기다 보면 게임의 패턴이 우리가 생각하는 방식이나 세상을 바라보는 방식에 각인될 정도로 영향을 끼친다는 뜻이다. XR 또한 우리의 생각과 감각을 바꿀 만한 잠재력을 갖고 있다. 이제 이런 잠재력이 게임의 중독성과 결합된다고 생각해 보라.

비디오 게임 산업을 꿰고 있는 사람이라면 이 비즈니스 자체는 게임이 아니라는 사실 또한 잘 알 것이다. 비디오 게임 산업은 2019년에 매출이 1,200억 달러를 넘어섰으며 일반 경제보다 더 급격히 성장 중이다. 현재 XR 산업 르네상스의 일등 공신은 비디오 게임이었으며, 이것이 적어도 게임에 활용되리라는 가능성으로 기대감을 불러일으켰다. 오큘러스 리프트 VR 헤드셋을 떠올려 보라. 그 시작은 VR 게임에 목말라 있던 게이머들이 주도한 크라우드 펀딩이었다.

한편 마이크로소프트는 혼합 현실 기기 홀로렌즈의 첫 공개 데모를 통해 사용자가 현실 세계와 결합된 게임을 즐길 수 있음을 강하게 어필했는데 워싱턴주 레드먼드 본사의 무대 위에서 MR의 미래를 엿볼 수 있었다. 시연자의 손은 곧 총이 됐고 어느 공간에서든 괴물이 등장했다. 필요한 건 알맞은 렌즈뿐이었다. 내가 처음으로 경험한 AR 게임은 구글 글래스로 플레이하는 팩맨Pac-Man 이었다. 가상의 알갱이와 유령이 보이는 포틀랜드의 도심이 게임판이 돼 주었다.

시장이 성장하면서 많은 게임 스튜디오가 XR 전용 게임을 출시하거나 고전 게임을 VR 버전으로 제작하기 시작했다. 전자의 대표적인 예로 업계 최고의 히트작인 비트 세이버가 있다. 양손에 라이트 세이버를 들고 음악의 리듬과 다가오는 노트의 모양에 맞게 휘두르는 게임으로 'Z세대의 기타 히어로'라고 부를 만하다.

고전 게임을 재발매하는 경우들을 보면 VR과 그리 친숙하지 않은 제작자들조차도 이 흐름을 따르는 모양새다. 닌텐도Nintendo 는 대표작인 슈퍼 마리오 오디세이를 VR 모드로 즐길 수 있도록 업데이트했다. 이는 기존의 3D 게임에 VR을 가미하는 게 얼마나 쉬운지, 그리고 사용자가 말 그대로 게임 속에 들어가는 게 얼마나 쉬운지 증명하는 사례였다. 2020년 초에는 밸브Valve 가 하프라이프 알릭스를 출시했으며 VR 게임으로 따지자면 분명 흥행에 성공했다. 발매 첫날부터 동시 접속자 수가 4만 3,000명에 이르렀고 30만 명 이상이 트위치Twitch 에서 게임 방송을 시청했다.

타임머신 없이도 과거, 현재, 미래를 가로지르는 방법

여행은 재미있고 교육적이며 주요 글로벌 산업 중 하나다. 덧붙여 우리 가족이 진지하게 즐기는 여가이기도 하다. 해외여행의 장점으로는 가족 간의 결속을 강화함은 물론이고 다양한 문화에 대한 이해를 함양하며 준사회적 연결을 가능케 한다는 점이 있다. 하지만 안타깝게도 낯선 장소를 느끼고 싶은 이들에게는 언제나 커다란 장벽이 존재한다. 바로 공간적 제약과 시간적 제약이다.

다른 나라에 가는 것을 쉽다고 느끼는 사람은 많지 않다. 우선 여행 비용이 만만치 않고 법적인 제약이나 건강 문제도 발목을 잡을 수 있다. 이런 면에서 가상 현실의 확실한 장점 하나는 바로 누구나 어느 상황에서든 실제 장소에 방문한 듯한 기분을 느낄 수 있다는 점이다. 에스케이프Ascape는 세렝게티 사파리나 두바이 헬리콥터 투어 등을 360도로 경험할 수 있도록 가상 현실 여행 서비스를 제공한다.

보다 실용적인 여행 서비스도 있다. 유비짓YouVisit은 전도유망한 학생들에게 가상의 캠퍼스 투어를 제공하는 회사이며, 블러바드Boulevard는 세계적인 미술관에서 귀중한 작품들을 감상할 수 있게 하는 게임이다. 당연히 사용자는 인파에 치일 필요도, 소파 위를 떠날 필요도 없다. 물리적이든 금전적이든 해외여행에 별다른 제약이 없더라도 사용할 만한 VR 앱이 또 있다. 바로 호텔이나 리조트를 예약하기 전에 360도 VR 영상을 활용하여 가상으로 숙소를 미리 둘러볼 수 있는 앱이다.

여행의 시간적 장벽은 공간 문제와는 약간 다르다. 하지만 시간적 제약을 해결하는 가상 현실은 단지 가상으로 끝나지 않는 그 이상의 경험을 선사할 수 있다. 우리 아이들의 경우 홈스쿨링 첫 주부터 이집트 기자에 있는 대피라미드를 방문했다. 딸아이는 즐거워하며 스핑크스의 발위에 올라섰고 코가 없다는 사실에 놀랐다. 네 살배기 아들은 낙타 밑에 서는 걸 좋아했다. 아이들에게 고대 이집트는 진짜처럼 다가왔다. 교실에서 어떤 수업을 듣더라도, 그리고 영상이나 설명을 아무리 많이 쏟아 부어도 느낄 수 없는 감각이었다. 덕분에 아이들 마음속에 적어도 몇 달은, 어쩌면 평생 사라지지 않을 흥미가 생겼다.

가상 현실뿐만 아니라 혼합 현실 또한 우리의 현실 경험을 과거로 확장하는 훌륭한 도구다. 혼합 현실을 활용해 디지털 방식으로 정보를 제공한다면 폼페이 같은 역사적 장소가 안내문과 표지판으로 과도하게 뒤덮이는 일을 막을 수 있다. 이런 새로운 형태의 여행이 도입되면 고대 유적지를 원래 모습 그대로 경험하면서 당시의 사람들과 더 가까워지는 기분을 느끼게 될 것이다.

소비자의 실패를 줄이는 디지털 리테일

가상 현실, 증강 현실, 그리고 혼합 현실의 좋은 점 중 하나는 디지털 세계와 현실 세계가 결합되어 가상의 존재를 진짜처럼 느낄 수 있다는 점이다. 이 특징은 당신이 가상의 물체로 둘러싸인 세상에 있다면 별 문제가 되지 않는다. 하지만 우디 앨런은 이렇게 말했다.

"저는 현실이 싫습니다. 그런데 맛있는 스테이크를 먹을 수 있는 유일한 곳이기도 하죠."

누구나 때로는 실재하는 것이 필요하며, 누구나 때로는 쇼핑을 해야한다. 옵세스Obsess는 쇼핑 플랫폼으로 가상 스토어 안에서 사용자에게 인터랙티브한 브랜드 경험을 제공한다. 가상 스토어에는 실제 매장에서들을 법한 재즈 음악이 흘러나온다. 사용자는 가상 스토어를 돌아다니면서 제품을 집어 정보를 확인할 수 있으며 할인 제품을 따로 검색할 수도 있다. 심지어 헤드셋에서 바로 제품을 구매하는 것도 가능하다. 아마존 역시 비슷한 서비스가 있다. 그러나 단지 가상 스토어에 국한되지 않고 사용자에게 가상의 열기구 체험까지 제공한다.

이제는 수많은 리테일러가 오프라인 매장에 AR 애플리케이션을 결합하여 더욱 다양한 정보를 제공하거나 맞춤형 가격 정책을 펼친다. 전통적 리테일과 디지털 리테일 사이의 경계가 점점 흐릿해지는 것이다.

이케아IKEA도 MR 쇼핑 애플리케이션을 출시했다. 사용자는 스마트폰을 이용해 집 안 곳곳을 스캔하면서 가상의 가구를 배치해 볼 수 있다. 실제 의자를 여기저기 끌면서 옮기는 것보다 쉬운 일이다. MR 애플리케이션 덕분에 사용자는 가구를 들였을 때 방이 어떻게 보일지 감을잡을 수 있다. 이에 뒤질세라 나이키Nike도 신발 수요층을 겨냥하여 MR 경험을 제공하기 시작했다. 조던 신발이 당신의 청바지와 얼마나 어울리는지 알 수 있다는 뜻이다.

증강 현실은 쇼핑뿐만 아니라 브랜드 강화를 위해서도 쓰인다. 리걸시네마스Regal Cinemas의 AR 애플리케이션으로 영화 포스터를 비추면 포스터 속 인물이 살아 있는 듯 움직이거나 짧은 트레일러 영상을 확인할 수 있다. 2010년대의 AR은 대부분 스마트폰에 의존했다. 그러나 머지않은 미래에는 웨어러블 AR 글래스를 통해 언제 어디서나 AR을 즐길 수 있을 것이다.

일하는 사람의 감각과 첨단 기술이 만드는 시너지

산업계에서는 스페이스X가 XR 사용을 독보적으로 선도했다. 2013년 일론 머스크는 영화 〈아이언맨〉에 나올 법한 가상의 프로토타입 고속 제작 툴을 선보였다. 머스크는 손짓만으로 3D 가상 물체를 조작한 뒤 이를 3D 프린터로 전송했으며 실제 시제품이 티타늄으로 제작되기까지 했다. 물론 데모 시연에 가까웠지만 3D 산업 디자인의 미래가 엿보인 순간이었다.

몇 년이 지난 뒤에는 포드 자동차 연구소에서 VR을 이용해 자동차를 설계하는 모습을 공개했다. VR을 활용하면 엔지니어는 마음껏 부품을 제작하고 수정할 수 있으며 디자이너는 실물 없이도 운전자나 승객의 반응을 파악할 수 있다. 자연히 사용자 중심으로 더 뛰어난 설계를 하게 되고 실물 모델링에 들어가는 막대한 비용도 절감된다. 이 모든 게 VR 헤드셋과 소프트웨어 몇 가지만으로 가능하다. 한편 홀로렌즈로 MR 기술을 활용하는 디자이너도 있다. 이들은 실제 자동차 위로 가상의 디지털 가공을 더해 기존 제품을 수정한다.

우리는 전문가가 넘쳐나는 세계에 살고 있다. 점점 더 많은 일이 분업화되고 있으며 그만큼 각 분야의 전문가들 사이에 협업이 필요하다. 만약 함께 일하는 사람들이 물리적으로 떨어져 있는 상황이라면 확장 현실이 간단하지만 훌륭한 해결책이 될 수 있다. 산업 디자이너는 제품을 개발할 때만이 아니라, 전 세계의 동료들과 실시간으로 소통하기 위해서도 XR을 사용한다. 페이스북의 오큘러스 고Oculus Go가 좋은 예다. 이 기기를 이용하면 저렴하고 간편하게 가상 세계에서 팀원들을 만나고 함께 일할 수 있다.

이외에도 산업계에서의 XR 이용 사례는 수없이 많다. 이제는 비행기 조종사가 지상의 VR 환경 안에서 훈련을 받고, 정비사가 MR 고글을 착용하여 정비에 도움이 될 만한 기술적 정보를 실제 기계 위에 표시하며, 창고 노동자가 거대한 창고를 탐색하는 데 AR의 보조를 받는다. 어쩌면 일상생활에서보다 직장에서 XR을 처음 경험하는 사람들이 더 많을지도 모르겠다.

건강 관리의 진화를 위한 디지털 치료제

AR 헬스케어 스타트업에 몸담고 있던 친구 한 명이 내게 연락해 자기 회사로 합류하기를 권했을 때 솔직히 녀석이 미쳤다고 생각했다. AR 기술 때문은 아니었다. 당시 나는 이미 1년 내내 구글 글래스를 썼던 사람이고 구글 글래스 AR에 관한 책까지 낸 정도였다. 문제는 헬스케어 산업이 서비스하기 매우 어려운 분야라는 점이었다. 헬스케어 산업은 온갖 우려, 그리고 각종 규범과 규제가 뒤섞인 미로 같은 세계다. 게다가 조금이라도 잘못되면 거센 후폭풍이 기다린다. 하지만 우리는 헬스케어의 세계에 뛰어들었다.

우리는 한 의사가 수술을 할 때 다른 의사가 원격으로 수술 과정을 프록터링proctoring: 수술법을 전파, 교육, 관리 및 감독하는 국제적 전문가를 프록터라고 하며 이들이 실제로 수술을 지도하는 일을 프록터링이라고 함-역주 할 수 있는 제품을 만들었다. 이것은 집도의가 고화질 카메라를 이용해 비디오 피드를 스트리밍하면 프록터 의사는 화면을 통해 상황을 모니터링하는 방식이었다. 물론 두 의사는 실시간으로 대화도 나누었다. 프록터 의사는 화면 위에 글씨를 쓰거나 그림을 그릴 수 있었으며, 이를 집도의 측으로 전송하여 집도의의 AR 글래스 화면에 '여기를 자르세요' 같은 지침을 띄울 수도 있었다.

프록터링은 일반적으로 실제 자문에 드는 시간은 15분 정도에 불과하지만 일정을 잡고 참관을 위해 이동하는 데만 며칠이 소요된다. 이 프로젝트 덕분에 전 세계 최고의 의사들이 하루 동안 수십 명의 동료 의사들을 지도할 수 있었다. 기존 방식대로라면 한 달에 한두 명을 지도하는 데 그쳤을 테지만 말이다. 비용 역시 훨씬 저렴했다.

아쉽게도 우리의 작은 스타트업은 결국 헬스케어 산업의 어려움을 이겨 내지 못했지만, 프록시미Proximie 같은 비슷한 기업들이 여전히 존재한다. MR 영역에서는 어그메딕스Augmedics가 눈에 띄는데, 이들의 수술 보조 시스템을 사용하면 환자의 몸 위로 부위에 따라 해부학 정보가 표시된다.

VR은 협업이나 수술을 보조하는 것뿐만 아니라 데이터 시각화, 의학 교육, 그리고 새로운 장비나 기술 교육에서도 유용하게 쓰인다. 궁극적으로 환자 치료의 질이 높아지고 치료 결과 역시 좋아진다. 그리고 해부

실습 때 가상의 카데바를 사용하는 등 XR을 통해 친환경 효과를 기대할 수도 있다.

디지털 치료제DTx는 환자 치료에 사용되는 기술들을 총칭하는 개념이다. 단연 흥미로운 분야는 바로 정신 건강이다. 여러 VR 프로젝트가 사용자의 정신 건강을 돌보기 위해 마음챙김과 명상을 장려하고 안도감과 연대감을 불러일으키는 데 전념하고 있다. 실제로 가이디드 메디테이션 VR Guided Meditation VR은 VR 스토어에서 상위권을 차지하는 애플리케이션이다. 사용자는 명상 장소를 직접 선택할 수 있으며 앱의 안내를 따라 고요한 환경에서 호흡과 마음챙김을 수련할 수 있다. 개인적으로는 비 내리는 환경이 좋았다.

각종 공포증이나 트라우마를 극복하기 위해 보다 집중적인 치료가 필요한 사람들에게 VR은 안전한 몰입 요법을 제공할 수 있는 새로운 대안이다. 예컨대 당신에게 고소 공포증이 있고 이를 극복하고 싶어 한다고 가정해 보자. 당신은 삼성의 비피어리스#BeFearless 캠페인을 통해 가상 세계 안에서 높은 곳을 체험해 볼 수 있다. VR을 활용해 치료하는 중에는 실제 노출 요법과 달리 자극이 과도하면 언제든 헤드셋을 벗어 던져도 된다. 스스로 정신 건강을 챙기는 방식 외에, 심리 전문가를 보조하는 VR 도구 또한 존재한다. 사이어스Psious는 VR과 생되먹임을 활용하는 키트로, 인지 행동 치료같이 전문가의 가이드가 필요한 치료법을 제공한다.

1990년대 중반에 거대한 웹 비즈니스를 시작한 모습을 상상해 보라.

당시의 웹 비즈니스가 지금으로 치면 확장 현실 비즈니스라 할 만하다. 게임에서부터 여행, 새로운 쇼핑 경험, 그리고 헬스케어까지, 확장 현실의 가능성은 이제야 조금씩 발견되는 중이다. 아마도 새로운 시대의 아마존이나 구글이 등장하여 다가올 10년을 이끌어 갈 것이다.

메타버스 그 너머를 향한 인간과 기술의 결합

지금까지 XR을 구성하는 요소부터 시작하여 XR의 전망과 실제 적용 사례까지 다루어 봤다. 이제부터는 XR 경험을 확장시키기 위해 개발 중인 최신 기술들을 살펴보려 한다.

제록스Xerox의 팰로앨토 연구소 로비는 작은 기술사 박물관이다. 두꺼운 유리 케이스 뒤로는 "모든 데모의 어머니"로 불린 데모에서 영감을 받아 초기의 그래픽 사용자 인터페이스GUI와 마우스가 전시돼 있다. GUI가 발명되기 전까지 가장 나은 인터페이스는 키보드를 통해 CRT 모니터에 표시된 텍스트를 다루는 것이었으며, 그마저도 얼마 전까지는 천공 카드를 사용하곤 했다.

이렇게 인간이 컴퓨터와 상호 작용하는 방식이 변하면서 애플과 마이크로소프트 모두 자극을 받아 1980년대 초반 PC 혁명을 일으켰다. 현재 우리가 일으키는 XR 혁명은 여전히 초기 단계로 아직은 부족한 점이 많다. 하지만 XR의 전성기는 금방 찾아올지도 모른다. 2020년만 해도 수

많은 XR 기술이 활발히 연구되고 있기 때문이다.

안경 쓰는 사람이라면 콘택트렌즈 회사에 주목하라

2006년 발표된 버너 빈지의 근미래 SF 소설《Rainbows End》에는 모두가 혼합 현실 콘택트렌즈를 낀 채 살아가는 세상이 그려졌다. 그는 가상의 컴퓨터 화면이 끊임없이 현실 세계 위에 겹쳐지는 세상에서는 광고는 물론이고 건물의 파사드, 심지어 컴퓨팅 기기까지 가상화될 것으로 봤다. 필요하다면 어느 영상이든 눈앞에 띄울 수 있는데 굳이 왜 스마트폰을 들고 다니겠는가? 회색 콘크리트 벽 위에도 프랑스풍 디자인으로 아름다운 영상을 쉽게 투사할 수 있는데 굳이 왜 수고를 들여 건물 벽을 칠하고 간판을 설치하겠는가?

이런 SF 세계가 생각보다 머지않은 듯하다. 2014년 구글은 스마트 콘택트렌즈를 이용해 당뇨병 환자의 혈당을 측정하겠다는 프로젝트를 발표했다. 비록 해당 프로젝트는 2018년에 폐기됐지만, 전자 장치가 콘택트렌즈에 삽입될 정도로 충분히 작아졌다는 사실을 입증하기에는 충분했다.

그로부터 6년이 지나 모조비전Mojo Vision에서 스마트 콘택트렌즈 시제품을 성공적으로 선보였다. 무려 1만 4,000ppi인치당 픽셀 수 디스플레이에 더해 각종 센서가 포함됐고 시선 추적과 영상 흔들림 방지 기술이 지원됐다. 그리고 고밀도 디스플레이의 힘으로 눈앞에 흑백 이미지를 직접 투사할 수 있었다. 아쉽게도 2020년 시점에는 외부 배터리로 전원을 공급해야 했고, 양산까지는 아직 시간이 많이 남았지만 충분히 커다란 첫걸음이었다.

그렇다면 이런 렌즈를 어떻게 조작할 수 있을까? 모조비전이 데뷔하기 직전에 샌디에이고대학교 연구 팀에서는 눈의 깜빡임으로 줌 기능을 사용할 수 있는 콘택트렌즈를 개발했다. 사실 핸즈프리 제스처야말로 일찍이 여러 XR 기기에 적용돼 왔다. AR, MR 콘택트렌즈가 상용화될 때쯤이면 다들 능숙하게 가상의 물체를 공중에서 스와이핑할 수 있지 않을까? 아마 AR, MR 콘택트렌즈에도 얼마든지 핸즈프리 제스처를 적용할 수 있을 것이다.

뜨겁고 차갑고 짜릿하다, 촉각 산업을 깨운 햅틱 혁명

소설 《레디 플레이어 원》을 논하지 않고서 VR의 미래를 이야기하기란 불가능에 가깝다. 스티븐 스필버그가 영화로도 제작한 이 소설에서는 사람들이 하루의 대부분을 초현실적인 멀티플레이어 가상 현실 세계에 접속하여 생활하는 세상을 묘사했다. 특히 가상 현실에서의 경험을 더 실감나게 만들기 위해 VR 고글 외에도 햅틱 슈트나 전 방향 트레드밀 같은 장치가 등장했다.

오늘날 VR 세계에 몰입하는 데 방해되는 요소가 두 가지 있다. 먼저 촉각 반응이 아직 부족하다는 점, 그리고 VR 세계가 무한한 것과 달리 현실에서는 사용자가 언젠가 벽에 가로막히거나 금속 벤치에 정강이가 부딪힐지도 모른다는 점이다.

후자를 해결하기 위해 처음 고안된 방법은 커다란 창고 크기의 장소를 사용하는 것이었다. 라스베이거스의 제로 레이턴시가 좋은 예다. 그러나 이제는 전 방향 트레드밀이 가장 쉬운 해결책으로 자리 잡았다. 2020년 초 캣VR KatVR 은 경쟁사들보다 앞서 동그란 그릇 모양의 소형 트레드밀을 개발하는 데 성공했다. 벨트식 고정 장치가 있어서 사용자의 몸이 제 위치를 벗어나지 않게 해 주며 특수 신발까지 제공된다. 전 방향 트레드밀을 이용하면 어느 방향으로든 걷고 뛰는 게 가능하며, 가상 세계에서는 실제로 이동했다는 느낌을 받는다. 물론 물리적으로는 이동하지 않기 때문에 VR 세계에 존재하지 않는 실제 장애물을 마주칠 위험은 없다. 처음 사용할 때는 다소 어색하게 느껴지겠지만 금세 적응하여 자연스럽게 움직일 수 있을 것이다. 가격은 1,000달러도 채 되지 않는다. 하지만 가상 위치 추적 기능을 사용하며 움직이는 건 절반의 해결에 불과하다.

가상 현실의 종착지는 완전한 햅틱 피드백이다. 이미 소수의 기업들이 VR 물체에 따라 적절한 촉각과 포스 피드백을 제공하는 웨어러블 기기를 연구하고 판매까지 하고 있다. 포스 피드백이 지원된다면, 가령 가상의 야구 방망이를 손으로 잡으려 할 때 손이 방망이를 그대로 통과하지 않고 표면에서 물리적으로 멈춘다. 방망이로 공을 칠 때는 실제로 손이 밀리는 감각과 약간의 진동이 더해져 무언가를 쳤다는 느낌을 뇌에 전달한다.

햅틱 혁명의 선두에 있는 기업은 햅트엑스 HaptX 로 햅틱 피드백 장갑을 만드는 회사다. 나는 실제로 햅트엑스의 제품을 사용해 본 적이 있다. 가상 현실에서 마치 내 몸을 떠나 신이 된 듯 조그마한 농장 위를 맴

돌던 때였다. 작은 대지 위로는 곳간, 트랙터, 농작물을 비롯해 온갖 요소가 만화처럼 놓여 있었다. 하늘에는 하얀 솜털 같은 구름이 떠 있었는데, 하나를 손으로 쥐자 종이 뭉치를 만지는 느낌이 들었다. 그 구름이 전원 스위치라도 된 걸까, 구름이 회색빛이 되더니 천둥 번개가 치며 비가 내리기 시작했다. 나는 손을 내려 빗방울 하나하나가 선사하는 간지러움을 느꼈다. 뒤이어 만화로 그려진 번개 표시가 전기 자극을 일으켰다. 가상 현실 세계를 보는 것도 좋지만, 그 세계를 느끼는 일은 전혀 다른 차원의 경험이 될 것이다.

하지만 우리는 세상과 상호 작용할 때 두 손만 사용하지는 않는다. 테슬라슈트Teslasuit는 사용자의 몸통, 팔, 그리고 다리까지 모두 뒤덮는 풀바디 햅틱 슈트다. 햅틱을 통해 사용자가 촉각을 느끼도록 할 뿐만 아니라, 모션 캡쳐 기능도 뛰어나서 더욱 현실에 가까운 VR 모델을 만드는 데에도 유용하다. 게다가 심장 박동 수 또한 측정이 가능해서 신체 훈련이나 생되먹임 치료 시에 사용자의 움직임에 따라 XR 환경이 적절히 반응하도록 할 수도 있다.

뉴럴링크가 '생각만으로 게임하는 원숭이' 연구를 한 이유

일본 애니메이션 〈소드 아트 온라인〉 속 미래 세상에서는 VR 기술이 완벽하게 발전하여 더 이상 트레드밀, 햅틱 슈트, 고글, 헤드폰처럼 큼지막한 기계가 없어도 사람들이 가상 세계에 완전히 몰입하여 VR을 즐길 수 있다. 작품에서는 이 고도의 VR을 딥다이브deep dive라고 부르며, VR이 사용자의 뇌파를 직접 수신한 뒤 가상 세계의 정보를 전기 신호

형태로 직접 사용자의 뇌로 송신하는 방식이다. 사용자는 시각, 청각, 촉각은 물론이고 후각과 미각까지 모두 느끼게 된다. 이런 아이디어로 하드 SF 소설을 쓰는 건 어렵지 않다. 하지만 몇몇 기업은 이 아이디어를 실제로 구현하기 위해 노력하고 있다.

신경 신호를 읽는 기술에 관해서라면 2020년 소비자 가전 전시회에서 가장 두각을 보인 브레인코BrainCo를 빼놓을 수 없다. 이 회사가 선보인 헤드밴드는 수천 개의 뇌파 신호를 측정할 수 있다. 특히 하이드로겔 센서와 AI를 활용하기 때문에 뇌파를 읽을 때 여느 실험용 장치보다 높은 정확도를 자랑한다. 가장 흥미로운 점은 별다른 훈련 없이 단 몇 분 만에 오직 두뇌 활동만으로 가상 세계에 접속하는 방법을 배울 수 있다는 것이다.

이제 신경 신호를 읽을 수 있다는 건 알겠는데 그렇다면 쓰는 일도 가능할까? 아무래도 좀 더 도발적인 기술임은 틀림없다. 일론 머스크의 특이한 행보는 한둘이 아니지만, 뉴럴링크Neuralink라는 뉴로테크놀로지 회사를 설립한 일 역시 제법 파격적이었다. 뉴럴링크는 인간 두뇌와 컴퓨터의 양방향 커뮤니케이션에 집중하여 광대역 뇌-기계 인터페이스BMI: Brain-Machine Interface를 개발하고 있다. 이들의 목표는 뉴럴레이스neural lace라는 초소형 칩을 뇌에 심어 신경 세포와 직접 연결한 뒤, 최종적으로는 신경 신호의 송수신이 모두 가능한 기기와도 연결해 사용자의 신경 세포를 활성화하는 것이다.

이런 인간과 기계의 통합으로 인해 트랜스휴머니즘이나 사이보그가 조명받기 시작했으며, '인간이란 무엇이고 기계란 무엇인가'에 관한 모든 종류의 실존적 질문이 수면 위로 떠올랐다. 어찌 됐든 간에 확실한 점은 웨트웨어wetware: 컴퓨터의 하드웨어와 소프트웨어에 대응하여 인간의 두뇌를 표현하기 위해 고안된 단어-역주와 소프트웨어가 완전히 통합되기까지, 바꿔 말하면 현실 세계와 가상 세계의 경계가 허물어지기까지 한 걸음 더 나아갔다는 사실이다.

모든 것이 강력해지는 세상에서
해야 할 고민

확장 현실은 분명 장점이 많지만 대중화에 방해가 될 만한 요소 역시 아직 많다. 1년 동안 구글 글래스를 사용해 본, 소위 글래스홀glasshole로서 단언컨대 증강 현실을 언제 어디서나 사용하도록 사회가 용인하기까지는 아직 갈 길이 멀다. 사생활 침해, 각종 사회적 합의, 디지털 자산의 소유권 등에 대해 법적으로 명쾌하게 결론이 나지 않은 상태이며, XR 기술이 아직 안정화된 게 아니라서 끊임없이 요동친다는 변수 또한 존재한다.

우리는 XR 기술의 예술적 표현을 장려하되, 지나치게 자유방임주의적인 태도로 이 기술이 정신적 고문에 사용될 수 있다는 가능성을 못 본 체하면 안 된다. 기술이 그 자체로 선이나 악으로 여겨지는 일은 거의 없다. 기술은 그저 모든 것을 더 강력하게 만들어 줄 뿐이다. 사회적 영향력 측면에서 XR은 프로파간다 이후로 가장 강력한 기술일지도 모른다. 다가올 10년 동안 우리가 내리는 결정은 어쩌면 앞으로 전 인류의 100년을 뒤바꿀 수도 있다.

어떻게 대중에게 선택받을 것인가

2017년 LA에서 아이맥스IMAX가 VR 센터를 열자, 수많은 VR 팬은 '드디어 VR이 메인스트림에 진출했다!'며 열광의 도가니에 빠졌다. 하지만 불과 1년 뒤 아이맥스는 조용히 VR 센터 운영을 중단했다. 당신이 세계 시장을 지배하고자 하는 야심찬 사업가라면, 아마 사람들에게 XR을 통해 새로운 세상에서 전혀 다른 방식으로 살아 보라고 권할 것이다. 하지만 그런 사업가 앞에서 프로그래머들은 종종 우스갯소리로, 제품을 대규모로 양산하는 건 어렵지 않고 진짜 문제는 대중에게 관심을 이끌어 내는 데 있다고 말하곤 한다. 농담 같지만 틀린 말이 아니다. 다른 기술과 마찬가지로 XR에도 적용되는 말이다. 예를 들어 오큘러스는 2019년까지 사용자를 10억 명 이상으로 늘리고자 했으나 실제 판매량은 30만 대에 그쳤다.

XR 콘텐츠와 애플리케이션 라이브러리는 분명히 점점 성장하고 있다. 그러나 사용자의 관심과 조직 프로세스가 계속 변하기 때문에 콘텐츠도 그에 발맞춰 움직여야 사용률을 높일 수 있다. 이 모든 요소가 잘 맞물려 돌아가지 못한다면, XR 사용자와 콘텐츠 제작자가 서로 보조를 맞춰 상호 작용하지 못하게 되고, 결국에는 XR 생태계가 위축되고 말 것이다.

어떻게 중독과 현실 도피를 막을 것인가

요즘 모임의 특성을 한마디로 표현하자면 '몸은 같은 곳에 있지만 머리는 서로 다른 곳에 있다'고 할 수 있다. 다들 각자 스마트폰만 들여다보면서 감정적으로 고립돼 있기 때문이다. VR은 아마 이 현상을 더 악화시킬 것이다. 《레디 플레이어 원》은 즐거운 미래를 그림과 동시에 디스토피아적 미래를 경고한다. 이야기에서 주요 등장인물은 모두 온라인으로 친구를 사귀고 같이 놀며 심지어 학교도 다닌다. 게다가 사람들은 가상 세계 '오아시스'를 현실 도피용으로 사용하며, 현실 세계에서 벌어지는 기상 이변, 빈곤, 합법적 계약 노예 등 각종 문제에 침묵한다.

헤드셋 하나로 현실에서 도피할 수 있다면, 머지않아 비슷한 사회 문제가 발생할지도 모른다. 이미 세계보건기구는 게임 중독을 질병으로 분류한 바 있다. 중국은 SNS의 중독성이 너무 강하다고 판단하여 주요 소셜 미디어 기업에 중독 방지 알고리즘을 사용하라고 요청했다. 물론 이렇게 정부가 엄격하게 개입하지 않고도 최적의 해결책을 도출할 수 있다면 더할 나위 없다. 그러나 광범위한 사회 문제를 해결하기 위해서는 사회적 측면과 기술적 측면이 빠짐없이 모두 고려돼야 한다. 수많은 개인이 자발적으로 책임감을 발휘하리라 기대한다면 너무나 순진한 생각이다.

가상 세계와 비디오 게임뿐만 아니라 가상 현실 포르노 역시 떠오르는 산업이다. 사진술부터 비디오테이프까지 포르노 업계는 언제나 신기술을 빠르게 도입했고 가끔은 기술 발전을 주도하기도 했다. XR도 예외는 아니다. VR을 통해 원격 성관계 기술이 향상되면 해외 파병 부대를 위해 쓰이는 등 긍정적인 용도가 늘어날 것이다. 하지만 가상 성관계에 따른 강렬한 쾌락은 이미 중독성이 심각하다고 입증되는 실정이다. XR로 인해 발생할 중독 문제에 대비하여 반드시 적절한 치료법이 함께 준비돼야 한다.

어떻게 극단적인 폭력 상황을 방지할 것인가

VR을 이용하면 안전하게 통제된 환경에서 노출 요법을 적용하여 공포증을 치료할 수 있다. 그런데 반대 상황이 벌어지면 어떨까? VR 게임에서 겪은 트라우마는 현실에서까지 악영향을 미칠 가능성이 있다. 예컨대 전쟁 게임에 장기간 노출될 시 가상의 전쟁 신경증으로 인해 실제 참전 군인과 유사하게 외상 후 스트레스 장애 증상을 겪을 수 있다. 통제된 환경에서 게임을 할 테니 이 정도 리스크는 사소하게 느껴질 만도 하다. 하지만 공황 발작이나 심장 마비처럼 정말로 위험한 상황이 발생할지도 모른다. 아무리 희박한 확률이라도 실제로 사망에 이를 수 있다는 것이다. 관련 연구에 따르면 극단적인 상황에 처해도 사용자는 VR 헤드셋을 벗어던져야 한다는 생각조차 못 할 수도 있다고 한다. 강렬한 감정에 사로잡히면 '도마뱀 뇌'가 머릿속을 장악하기 때문이다. 정신 건강 면에서 보면 XR은 분명 양날의 검이다.

관련 규정이 없다면 누구나 현실과 흡사한 가상 세계를 만들어 판매할 수 있다. 그곳에서 실제 인간이 가상의 아바타에게 정신적 충격을 가할 수 있더라도 말이다. 사드 후작마저 낯 뜨거워할 법한 성적 판타지를 이제는 가상 세계에서 얼마든지 시도해 볼 수도 있다. 또한 범죄 조직이나 테러리스트 집단은 VR을 통해 안전한 방식으로 새로운 구성원을 대규모 모집하여 길들이고 세뇌하고 있다.

사실 이런 종류의 위험은 범죄 조직에서만 발생하는 게 아니다. 군경에서 자체 통제만으로 장기간에 걸쳐 VR을 사용해도 현재로서는 이를 막을 법이나 조약이 존재하지 않는다. 어쩌면 극단적인 시각, 청각, 촉각 자극을 가하는 가상의 고문실이 마련될지도 모르겠다. 이제부터라도 국제적인 합의하에 실제 고문과 가상 고문의 경계를 정해 나가야 한다. 진짜 현실과 가상 현실 사이에 경계가 점점 흐릿해지고 있기에 그 필요성이 더욱 절실하다.

어떻게 가상 자산을 지킬 것인가

2020년 5월, 래퍼 트래비스 스콧이 포트나이트Fortnite 게임 안에서 가상 콘서트를 열었다. 관람한 유저의 수는 무려 1,200만 명에 달했다. 참고로 새로운 세대를 정의할 정도였던 우드스톡 페스티벌에는 40만 명이 모였다. 게임 내 섬에 대형 무대가 마련되어 현장에 입장한 유저는 누구나 공연을 볼 수 있었다. 스콧의 아바타는 키가 150미터에 이를 만큼 거대했으며 백업 댄서와 화려한 폭죽이 무대를 빛냈다.

스콧이 자신의 히트곡뿐만 아니라 미공개 신곡을 선보이는 동안, 온 하늘이 번쩍이고 우주선이 비행하는가 하면 수많은 별이 하늘에서 떨어지기까지 했다. 정말 볼 만한 광경이었다. 스콧의 대형 아바타는 가상의 시그니처 나이키 에어 조던 1s를 신고 있었는데 그 크기는 아마 건물 한 채보다 더 컸을 것이다. 게임 유저들 또한 13달러에서 20달러 사이의 가격으로 가상의 트래비스 스콧 신발을 구매하여 아바타에게 신길 수 있었다. 소유자에게 이런 디지털 상품은 분명히 가치 있는 존재다. 그저 문화적으로만 귀중하다는 게 아니라 금전적 가치가 있다는 뜻이다. 여러 플랫폼에서 실제 통화로 거래가 이루어지는 물건이기 때문이다.

앞으로 우리가 VR, AR, 그리고 MR에 들이는 시간이 길어질수록 가상 자산에 새로운 의미가 부여될 것이다. 누군가가 가상 자산을 훔쳐 가면 어떻게 해야 할까? 게임 플랫폼에는 어떤 법적 책임이 있는 걸까? 아직까지는 게임 제작자의 서비스 약관이 전부라고 할 수 있다. 하지만 언젠가는 사회적으로 합의된 질서가 필요해질 것이다. 몇 세대가 지나면, 가령 우리의 증손자가 디지털 반달리즘으로 인해 할머니의 디지털 사진 모음을 잃어버린다거나, 아버지가 게임 대회에서 사용해 우승했던 아주 특별한 아바타를 해커에게 도난당할지도 모를 일이다.

디센트럴랜드Decentraland는 디지털 소유권과 XR이 교차하는 블록체인 플랫폼이다. 이곳에서는 누구나 가상의 토지를 소유하거나, 자신의 아바타에 가상의 옷을 입히거나, 오픈 마켓에서 자산을 되팔 수 있다. 이런 기술적인 해결책 외에도, 더욱 명백하게 법적 관리가 이루어지고 형사 조치가 취해짐으로써 광범위한 디지털 권리가 물리적 소유권과 비슷한 수준으로 보장돼야 한다. 분실이나 도난 시에 소유자에게 손해를 보전하는 방안 또한 마련돼야 한다. 아무래도 보험이 유력한 방안이 될 것이다. 역사적으로 봤을 때 빈부 격차는 곧 디지털 격차로 이어지곤 했다. 초기 디지털 경제에 소외됐던 사람들에게 언젠가는 디지털 보상이 이루어질지도 모르겠다.

어떻게 기술적 한계를 극복할 것인가

VR과 AR, 그리고 MR 모두 기술적인 숙제가 아직 몇 가지 남아 있다. 이 모든 타입의 XR이 공통적으로 지닌 문제점이 있는가 하면, 각 타입마다 고유한 문제점 역시 존재한다. 예를 들어 타입을 막론하고 시야각은 넓을수록, 자유도는 높을수록 성능이 향상된다. 헤드셋을 다른 컴퓨팅 기기에 연결해서 쓰지 않는 한, 배터리 문제도 반드시 해결해야 한다. 더 보이드의 VR 헤드셋은 무선이지만 대신 사용자는 마이크로컴퓨터가 담긴 무거운 백팩을 등에 메야 한다. 독립형 VR 기기인 오큘러스 퀘스트는 2시간 정도 지속되는데, 다양한 외부 배터리팩을 함께 쓴다면 사실상 무한정 사용 가능하다. 물론 몇 시간마다 배터리를 교체하는 일을 귀찮게 느끼지 않아야 할 것이다.

하드웨어와 소프트웨어도 점차 개선되어 신체의 불편함을 완화하고 있다. 멀미는 뇌가 예상하는 움직임과 내이內耳가 감지하는 바가 일치하지 않아서 발생하는데, VR을 사용할 때 이와 비슷하게 사이버 멀미 증상을 호소하는 경우가 많다. 사이버 멀미를 일으키는 원인에는 시야각, 동공 간 거리, 지연 시간, 기기의 무게, 머리에 가해지는 압력 등이 있다. 이런 디테일한 요소들은 VR 기기가 점점 경량화되고 정밀해지면서 자연스럽게 개선될 전망이다. 물론 그럼에도 가격은 더 저렴해질 것이다. 폼팩터 역시 계속 나아지는 중이다. 개인적으로는 파나소닉Panasonic의 4K HDR VR 고글이 미래의 스팀펑크 분위기를 잘 살려서 아주 마음에 든다.

아마도 가장 거대한 기술적 장벽은 시각적인 이슈일 듯하다. 앞서 살펴본 스크린 도어 현상부터, 무라 현상Mura effect, 블랙 스미어black smear, 색 수차chromatic abberation, 백라이트 블리드backlight bleed, 고스팅ghosting, 시야각 왜곡FoV distortion, 빛 번짐God rays에 각종 눈부심 현상까지 나열하자면 끝이 없다. 하나씩 따로 보면 사소한 문제 같지만 문제가 누적될수록 사용자 경험의 질이 낮아지고 몰입도가 떨어질 수밖에 없다. 특히나 MR 쪽에서는 더 실감나는 경험을 제공하는 데 SLAM 기술 향상 또한 꼭 필요하다.

현재 XR 시장 내 업체들은 자사 제품의 특정 요소를 개선하여 부각하는 한편 개선하지 못한 부분은 굳이 드러내지 않는다. 기술 개선이 필요한 영역은 결국 어디에서 어떻게 사용되느냐에 달려 있다. 비행 훈련 시뮬레이터에 사용되려면 넓은 시야각과 8K 해상도 디스플레이가 확보돼야 하며, 게이머에게 어필하기 위해서는 적어도 6자유도를 지원하고 배터리 지속 시간이 길어야 한다. 군에서는 비용에 개의치 않고 HUD의 내구성과 물량을 우선시하는 반면 교육용 VR을 사용하려는 기업에서는 가격을 비중 있게 고려할 것이다.

어느 딥테크처럼 XR에도 장벽이 존재한다. 하지만 매우 난해하다고 여겨졌던 문제들도 하나둘 해결되고 있다. 어느 신기술이든 먼저 점진적으로 개선을 거듭하다 대규모 테스트를 원활히 마친 뒤에야 폭발적으로 성장할 수 있다. 그리고 어느 순간부터 세부 기능이 더해지면서 합리적인 가격에 품질 좋은 제품이 만들어지고 결국 대중적 성공으로 이어진다. 2020년대 초, 지금이 바로 XR의 티핑 포인트다.

결국 우리는
더욱 긴밀하게 연결된다

작가 커트 보니것은 이렇게 말한 바 있다.

"우리는 가면을 쓴 존재다. 그러니 그 가면을 조심히 다루어야 한다."

이 인용구는 확장 현실에도 그대로 적용할 수 있다. 우리가 각자의 고유한 현실 속에 빠져들 때, 상호 주관성이나 공유 내러티브에 대해 철학적 질문이 제기되고, 개인의 건강과 소셜 패브릭에 대해 심리학적 질문도 제기될 것이다. 심지어 인간과 신이 어떻게 연결되는지 묻는 종교적 질문까지 나올지도 모른다.

우리가 근본적으로 품어야 할 의문은 '과연 확장 현실이 인간의 삶을 더 풍요롭게 해 주느냐, 아니면 오히려 더 파편화하느냐'다. 우리가 더 이상 서로 현실을 공유하지 않는데 함께 일을 할 수 있을까? 직접 XR을 경험해 보니 인간관계에 몇 가지 중요한 변화가 일어났다. 부디 다른 이들도 긍정적인 변화를 겪길 바란다. 그럼 XR이 내 삶에 어떤 영향을 끼쳤는지 사례를 들어 이야기해 보겠다.

나는 무려 72시간이 지나는 동안 3시간만 눈을 붙이며 견딘 끝에 딸의 탄생을 지켜볼 수 있었다. 그 순간 일었던 벅찬 감정과 안도, 그리고 피로와 공포는 죽을 때까지 잊지 못할 것이다. 물론 내 딸들과 이 세상에 사랑을 느끼기도 했다. 당시 나는 구글 글래스를 착용하고 있다는 사실조차 잊고 있었다. 구글 글래스가 당시 모든 순간을 녹화한 덕에 나는 언제든 그 잊지 못할 기억으로 돌아갈 수 있다. 나는 그 자리에 있었을 뿐, 구글 글래스가 모든 것을 기록했다. XR 덕분에 내 삶을 한층 더 가까이서 바라보게 됐다.

한편 VR을 통해서 수없이 많은 별에 둘러싸여 진공의 우주 공간을 부유한 적도 있다. 블랙홀 위를 맴돌다 그 안으로 뛰어들기도 했다. 푸른 별들의 움직임이 점차 빨라지더니 우주에 거품이 일었다. 그러다 어느 순간 머리 위로 우주가 보였다. 내가 있던 곳은 시공간 바깥이었다. 과학적으로 엄밀히 말하자면 강력한 중력의 영향하에서는 우리의 몸이 스파게티 가락처럼 길게 늘어날 것이다. 진짜 블랙홀에서 살아남기는 불가능하겠지만 VR은 불가능을 가능으로 만들 줄 안다. VR을 통해 우주처럼 혹독한 곳을 마음껏 누볐다고 생각하니 새삼 고마운 마음이 들었다. XR 덕분에 자연에 한층 더 가까이 다가가게 됐다.

확장 현실은 우리가 더 거대한 기술 생태계와 직접 상호 작용하도록 돕는 도구가 될 것이다. 지금껏 개발된 그 어떤 기술보다 확장 현실이 이런 역할에 알맞다. 2020년대가 끝나갈 무렵이면 스마트폰을 들여다보는 사람은 찾기 어려울 듯하다. 스마트 글래스만으로도 현실에 디지털 정보를 덧붙이고, 현실 존재와 가상 존재를 함께 다루며, 나아가 실제 세상을 완전히 가상 현실로 대체할 수 있을 테니 말이다. 아마 다음 세기에는 인간과 컴퓨터가 상호 작용하는 데 스마트 글래스를 가장 많이 이용하지 않을까 싶다.

하지만 확장 현실 기술의 반대쪽 끝에는 결국 사람이 있음을 명심해야 한다. 여러 사람의 심장이 디지털 혈관으로 연결되는 셈이다. XR은 피상적인 웹 사이트나 화상 채팅보다 우리를 훨씬 더 긴밀하게 연결해 줄 수 있다. XR에서는 누구나 자신만의 세심함으로 상대의 존재를 더 실감나게 느낄 수 있으며, 의지만 있다면 우리는 얼마든지 서로 더 친근감을 느끼고, 더 깊이 공감하며, 더 강한 유대감을 만들어 갈 것이다. 분명 XR에는 온 세상 인류를 더 가깝게 만들어 줄 힘이 있다.

4장

블록체인 경제가 고개를 든다

[블록체인 비즈니스]

탈중앙화로부터 오픈 마켓으로 가는 제3 신뢰 기관

DEEP TECH

Demystifying The Breakthrough Technologies That Will Revolutionize Everything

이제 우리는 읽을 수조차 없는 알고리즘을 작성하고 있다.
인간이 만들었지만 이해하지는 못한 일종의 물리 법칙들이 우리의 아이디어, 행동, 노력의
바탕이 된다는 점에서 지금은 역사적으로 특별한 순간이라 할 수 있다.
케빈 슬라빈(MIT 미디어랩 연구원)

코인의 요동이 아니라
그 뒤의 블록체인을 보라

2017년 가을, 암호 화폐 마니아들은 전례 없는 열광의 도가니에 빠졌다. 비트코인 시세는 달까지 날아갈 기세로 치솟더니 결국 1만 8,000달러에서 고점을 찍었다. 전 세계의 수많은 사람은 암호화된 주소가 담긴 이 몇 비트짜리 데이터를 사려고 모든 재산을 처분해 가며 미친 듯이 달려들었다.

비슷한 시기에 나는 콘퍼런스에 참석하려고 라스베이거스에 방문했는데, 그때 처음으로 암호 화폐 시장의 버블이 조만간 터질 것 같다는

생각이 들었다. 가장 큰 암호 화폐 거래소였던 코인베이스Coinbase는 최초로 합법적인 암호 화폐 유니콘 기업이 되고자 박차를 가하고 있었다. 하지만 코인베이스의 비즈니스는 제대로 입증조차 되지 않은 디지털 통화를 사고팔게 하는 것뿐이었다. 거래되는 암호 화폐들은 수도 없이 해킹당할 정도로 보안이 취약했고, 실제 화폐로 사용되기 어려울 만큼 변동성이 너무 컸다.

공항에서 우버를 타고 오는 동안 기사는 내 직업을 듣더니 비트코인이나 라이트코인을 사야 하는지 물었다. 2017년 11월에 이 두 코인을 사는 건 지극히 평범한 선택이었다. 분명 이날 콘퍼런스는 클라우드 기술을 주제로 열렸지만, 콘퍼런스장에 도착했을 때 모든 사람이 소위 알트코인에 대한 이야기를 나누고 있었다. 특히 당시 시세가 25센트 정도였던 리플XRP이 화두였다. 5주가 지난 뒤에 리플은 개당 3.8달러에 거래됐다. 웨딩드레스 한 벌을 주문해서 받을 정도의 기간 동안 무려 1,500% 이상의 수익률을 기록한 셈이다.

당시 암호 화폐는 명백한 버블이었다. 문제는 버블이 꺼지기 전까지 암호 화폐가 얼마나 성장할 것인지, 그리고 버블이 터지고 나면 얼마나 위축될 것인지였다. 2010년대 초부터 암호 화폐를 거래해 오던 이들은 화폐 가치가 피크에 도달했다가 이내 기나긴 암흑기에 접어드는 현상에 이미 익숙해져 있었으나, 사이클이 거듭될수록 언제나 더 크게 반등이 일어났다.

초기 암호 화폐 거래는 폐쇄적으로 이루어졌다. 초기 거래 중 가장 유명한 사례는 1만BTC비트코인을 나타내는 기호과 피자 두 판을 교환한 일이다. 즉 당시 1BTC는 0.5센트가 채 되지 않았다. 그로부터 8년 후거품이 꺼지기 전에 1만BTC로 피자 두 판을 먹는다면 한 판에 1억 달러짜리 피자를 먹는 셈이 됐다.

2017년 12월이 되자 CNBC와 폭스 비즈니스에서 주목할 정도로 암호 화폐는 주류로 올라섰다. 기관 투자자들은 암호 화폐가 건전한 포트폴리오의 일부로 편입돼야 한다고 주장하기 시작했다. 암호 화폐 '고래(대형 투자자)'들이 주기적으로 〈월스트리트 저널〉에 소개됐고, 업계 리더들은 각종 국제 경제 포럼에 초청됐다. 하지만 시간은 흐르고 세상은 변하는 법이다. 불과 몇 달만에라도 말이다. 증권가에서 농담처럼 하는 말이 있다. 구두닦이 소년이 주식 이야기를 한다면 주식을 처분할 때라는 것이다. 마찬가지로 내게는 우버 기사와의 대화가 암호 화폐의 몰락이 머지않았다는 신호였다.

2018년 초에 버블이 붕괴하자 많은 이가 재정 파탄을 겪어야만 했고 원대했던 꿈도 무너져 내렸다. 유럽 중앙은행 이사인 브느와 꾀레는 비트코인을 두고 "버블과 폰지 사기, 환경적 재앙의 결합체"라며 폄하하기도 했다. 파티는 주인공이 무대에 오르기도 전에 끝난 듯 보였다. 금융 산업에 혁명을 일으키고 법정 화폐를 대체하겠다는 것은 말도 안 되는 소리였다.

지금까지 암호 화폐의 성장은 일종의 가내 수공업 수준에 불과했다. 그럼 그 이상으로 무얼 하려고 했을까? 누군가는 어렴풋한 희망을 품고 암호 화폐의 '곡괭이'를 팔아 막대한 부를 거머쥐고자 했다. 골드러시 시대에 금을 캐지 않고, 금을 캐려는 이들에게 곡괭이를 팔아 부자가 된 사람들처럼 말이다. 암호 화폐의 미래가 불투명하다면 그 바탕이 되는 기술, 즉 블록체인의 미래는 어떨까? 블록체인, 그리고 그에 관한 전문적인 지식과 기술이야말로 진정한 근본이었다. 스타트업 업계 용어를 빌리자면, 암호 화폐 플레이어들은 화폐에서 블록체인으로 '피보팅 사업 방향 전환'하기 시작했다.

블록체인 세계의 현재와 미래를 이해하기 위해 먼저 블록체인이란 무엇인지, 그리고 블록체인이 어디에 사용될 수 있는지 살펴보겠다. 그다음에는 기술적인 세부 사항을 다루어 블록체인이 어떻게 고유한 가치를 제공하는지 알아보고, 이어서 앞으로 해결해야 할 문제점들을 소개한다. 마지막으로는 과연 우리가 블록체인 기술을 반드시 알아 두어야 하는지, 아니면 다른 곳에서 해답을 찾아야 하는지 다시 논의하며 이 장을 마무리하겠다.

아마존이 판매 이력을 블록체인에 기록한다면

여러 거래 내역이 기록된 거대한 스프레드시트나 원장을 상상해 보라. 이 장부에는 한 당사자가 다른 당사자에게 돈이나 데이터를 보낸 내역이 하나도 빠짐없이 평생 남는다. 예를 들어 내가 치즈스테이크 샌드 위치를 사 먹고 그 값을 치르기 위해 고유한 주소를 가진 내 계좌에서 레스토랑의 계좌로 돈을 보냈다고 해 보자. 이 거래 내역은 앞서 말한 글로벌 원장에 영원히 기록된다. 블록체인은 이 원장을 관리하는 기술이며, 암호 화폐는 이 원장 위에서 사용하도록 만들어진 화폐를 뜻한다. 블록체인은 원래 비트코인이라는 일종의 '비법정 화폐'를 만들고 전송하기 위해 고안된 기술이었다. 물론 그 결과 수천 가지 암호 화폐가 각축을 벌이는 생태계가 조성됐다.

블록체인과 화폐의 결합이 흥미로운 이유는 은행이나 중앙 권력 없이도 이중 지불이 불가능한 안정적인 시스템을 구축할 수 있기 때문이다. 시간이 지나면서 돈이 오가는 것 이상으로 기술이 범용화됐고 우리는 이를 분산원장기술DLT이라 부르기 시작했다.

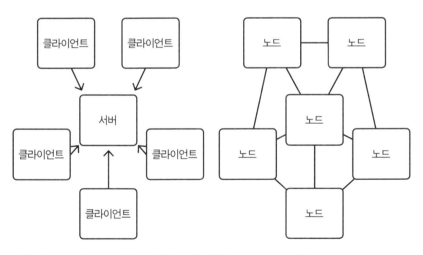

표준적인 데이터베이스(좌)와 DLT(우). DLT에는 단일 장애점(single point of failure)이 없다.

분산원장기술은 거대한 쓰기 전용write-only 데이터베이스인데, 전통적인 데이터베이스와 달리 데이터가 중앙 지점에 모여 있지 않고 네트워크상의 모든 컴퓨터에 분산돼 있다. 데이터를 다수가 블록체인으로 공유하기 위해서는 개개인에게 서버가 필요하다. 이를 노드Node라고 한다. 이런 설계로 인해 DLT는 복잡함과 강력함 사이에서 독특한 균형을 이룬다.

일반적인 데이터베이스에서는 데이터를 수정하고 업데이트할 수 있다. 하지만 DLT에서는 새롭게 기록되는 정보가 불변이기 때문에 근본적으로 비가역성이 보장된다. 즉 블록체인에 입력한 데이터는 영원히 남는다. 실수를 바로잡는 유일한 방법은 이해관계자가 그전의 행위를 구태여 되돌리는 것이다.

당신이 아마존에서 신발 한 켤레와 셔츠 한 장을 주문했다고 가정해보자. 그런데 갑자기 마음이 바뀌어서 셔츠 주문은 취소하고 싶어졌다면 어떻게 해야 할까? 아마존이 보통의 데이터베이스를 사용한다면, 당신은 얼마든지 기존의 주문에서 셔츠를 빼고 신발만 남겨 둘 수 있다. 하지만 분산원장기술의 작동 방식은 다르다. 만약 아마존이 모든 구매 이력을 블록체인에 기록하기로 했다면 당신의 변심은 평생 남게 된다. 셔츠를 사기가 싫어졌다면 주문을 되돌리는 두 번째 거래를 추가로 생성해야 한다. 이런 특징은 아무래도 온라인 쇼핑에 사용하기는 부적절해 보인다. 하지만 금융 거래나 특정한 데이터를 다룰 때에는 아주 알맞기도 하다.

블록체인과 산업이 만나면
달라지는 것들

내 신용도를 보장해 주는 기관의 수는 얼마나 될까? 내가 애견 미용사에게 수표를 지불한다면, 애견 미용사는 내가 청구된 비용을 감당할 만큼 돈이 있다고 믿는 수밖에 없다. 다행히 이 거래에는 숨은 참여자가 있다. 이 경우 나는 은행의 신뢰를 빌려 내 계좌에서 대금을 지불하는 셈이다. 혹시 은행을 못 믿겠다면 다음부터는 더 직접적인 방식을 사용해 보자. 예를 들면 슈퍼마켓에서 사과를 살 때 개인 차용증을 작성하는 것이다. 물론 뒷감당은 본인의 몫이다. 은행은 제3 신뢰 기관으로서 내 빚이 변제되리라는 사실을 보장해 주며, 중앙은행은 최종 대부자로서 일반적으로 금융 기관들의 제3 신뢰 기관 역할을 한다. 한편 법정 화폐는 국가에 대한 신뢰를 통해 그 가치가 보장된다.

이번에는 다른 예시를 들어 보겠다. 당신이 부동산을 매수할 때는 에스크로 대리인이 제3 신뢰 기관이 된다. 이들의 역할은 당신이 매도인에게 지불해야 할 대금을 보관하다가 계약 조건을 완전히 만족하고 나면 그 돈을 매도인에게 보내는 것이다. 공증인은 제3자로서 당신이 계약서에 서명했다는 사실을 증명한다. 당신이 대출을 알아보러 금융 기관 웹 사이트를 방문한다면 인증 기관이라는 제3 신뢰 기관이 웹 페이지상의 데이터를 암호화하여 확실하게 보안을 유지한다.

블록체인은 이 모든 상황에서 제3 신뢰 기관이 되어 당신과 상대방 사이에서 중개인 역할을 수행할 수 있다. 사람이나 회사, 또는 기관을 신뢰하는 대신 모두가 참여하는 분산 기술 네트워크를 신뢰하는 것이다. 이 원리를 이해하고 나면 기업뿐만 아니라 일반 소비자가 어디에서 블록체인 같은 분산원장기술을 사용하는지 파악할 수 있다.

임팩트 투자를 위한 블록체인, IXO

지속 가능성은 최근 DLT 분야에서 가장 주목받는 토픽이다. 워낙 많은 시장 참여자가 지속 가능한 시스템 속에서 서로 신뢰하며 경쟁하고 있기 때문이다. 지속 가능성을 보장하려면 업계 내부적으로든, 또는 외부 감사나 대중에 의해서든 상품을 투명하게 추적할 수 있어야 한다.

스니커즈에 사용된 가죽이 어디에서 생산됐는지 전부 추적할 수 있다면, 그중 열대우림 파괴에 앞장서는 곳에서 생산된 가죽이 있는지 쉽게 알 수 있다. 또는 명품 핸드백이 공장에서 제조되는 과정을 하나하나 모두 파악할 수 있다면, 노동자들에게 임금이 적절하게 지급되는지도 추적 가능하다. IXO는 지속 가능성을 표방하는 대표적인 기업으로, 탄소 배출량 및 크레디트 등 개인이나 기관이 환경에 미치는 영향을 추적한다. 이렇게 실제 세계와 디지털 세계를 넘나들면서 추적하는 일이 어떻게 가능한지는 사물 인터넷 챕터에서 더 자세히 다루겠다.

글로벌 해운 트렌드의 중심, 트레이드렌즈

2018년 여름, 기술 기업인 IBM과 물류 기업 마에르스크Maersk가 새로운 공급망 소프트웨어 플랫폼인 트레이드렌즈TradeLens를 함께 만드는 데 합의했다고 발표했다. 이렇게만 놓고 보면 웬만한 사람들은 눈 하나 깜짝 안 할 평범한 소식 같다. 하지만 이 플랫폼이 IBM의 분산원장기술 하이퍼레저 패브릭 Hyperledger Fabric 을 핵심 기반으로 하여 만들어졌다면 이야기가 달라진다. 국제 물류 업무에는 선하 증권이나 세관 신고서 등 막대한 양의 서류가 필요하다. 트레이드렌즈의 목표는 이런 종이 서류를 모두 디지털화하는 것이었다. 이들은 여기에서 그저 세계 시장을 휘어잡는 디지털 시스템을 만들고자 하지 않았다. 이들이 원했던 진정한 혁신은 바로 하이퍼레저 패브릭으로 연결될 네트워크였다.

당신의 임무가 정부를 설득해 모든 법률 문서를 디지털화하는 것이라고 상상해 보라. 예를 들면 세관 신고서를 모두 일반적인 컴퓨터 서비스에 입력하도록 러시아 정부에 요청하는 상황이다. 그렇다면 서버 컴퓨터들이 어딘가에 물리적으로 존재해야만 한다. 러시아 입장에서는 당연히 자국 영토 내에 서버를 두고 싶을 테다. 비단 러시아뿐만 아니라 모든 국가가 똑같이 바랄 것이다. 그런데 DLT 노드는 클라우드 데이터 센터와 달리 어디에나 존재할 수 있기 때문에 위치적 제약은 얼마든지 해결 가능하다. 게다가 모든 내역이 안전하고 불변이며 쉽게 검사할 수 있다는 장점도 있다.

마지막으로 서비스 네트워크는 단일 장애점이 없어야 하고 국가 수준의 해킹으로부터 안전해야 하는데, 다행히 모두 블록체인이 갖춘 기술이다. 그러므로 정부가 국제적인 데이터 교환을 신뢰하도록 하려면 DLT가 현실적이면서도 아주 탁월한 선택지가 될 수 있다. 아무래도 종이 서류에 파묻힌 정부를 구원하는 데 한 걸음 더 성큼 다가간 듯하다.

병원은 환자에게 어떻게 신뢰를 줄 수 있을까

대학교를 졸업 후, 나는 미국 외딴곳에 위치한 대형 헬스케어 소프트웨어 회사에 프로그래머로 취직했다. 첫 직장 생활이었다. 사실 입사하자마자 여러모로 충격을 받았다. 먼저 헬스케어 산업의 비효율성에 놀랐고, 여러 개별 병원이나 네트워크에 흩어져 있는 건강 기록을 그 누구도 선뜻 통합하려 하지 않길래 또 한 번 놀랐다. 통합에 필요한 표준 규약은 충분했다. HL7이 나온 지도 20년이 넘었기 때문이다. 하지만 미국에서 국가적으로 관리하는 건강 기록 데이터베이스는 없었다. 환자들이 강력히 요구하지 않는 한 앞으로도 존재할 일은 없어 보였다.

헬스케어 산업이 성장하면서 개인 환자가 자신의 건강 기록을 추적하는 일이 점점 더 중요해지고 있다. 이 경우에도 제3 신뢰 기관이 필요해진다. 아니면 인증된 건강 기록을 DLT에 저장하는 것도 가능하다. 그럼 환자는 의료 서비스 제공자나 정부 기관과 상관없이 어떤 기록을 누구와 공유할지 마음대로 선택할 수 있다. 이런 블록체인 시스템을 구현하려고 하는 곳이 메디컬체인Medicalchain 이다. 메디컬체인이 더욱 흥미로운 이유는 사용자가 개인 건강 기록을 연구 목적으로 판매할 수도 있기 때문이다. 이제는 개인 건강 기록이 더 이상 '개인'의 것으로만 머무르지 않는다.

미국에서는 의료 비용의 34%가 행정 비용에 속한다. 처방전을 작성하거나 의료 절차 일정을 잡아 본 사람이라면, 치료 진행을 결정한 뒤로 실제 의료 행위가 이루어질 때까지 대기 기간이 있다는 사실을 잘 알 것이다. 이런 대기 기간의 상당 부분이 보험 때문에 발생하는데, 사전 허가에 필요한 데이터가 제대로 존재하는지 확인하거나 보험으로 보장되는 절차를 정확히 코딩하는 등의 과정이 있기 때문이다. 공적으로 인증된 시스템을 통해 의료 관련 데이터를 즉시 전송할 수만 있다면 의료 비용은 합리적인 수준으로 줄어들 것이다. 그리고 환자들에게 의료 비용의 투명성과 일관성이 보장되면서, 동일한 의료 절차임에도 병원이 다를 시에 비용이 천차만별이던 문제 또한 해결될 수 있다.

내 신분이 도용당할 위험이 사라진다

나도 미국인이기에 사회보장카드를 갖고 있다. 물론 여기저기 얼룩이 지고 누더기가 된 채로 말이다. 다른 많은 국가처럼 미국도 국가적인 신분 정보 시스템이 제대로 갖춰져 있지 않다. 그리 안전하지도 않은 데다가 내가 죽고 나면 재활용될 이 종이 쪼가리에 내 신분 정보가 담겨 있다. 이 정보는 신용 카드를 발급받거나 새로운 직장을 구할 때 등 다양한 경우에 신원을 확인하기 위해 사용된다.

이처럼 신원 확인이 가능한 이유는 신분 정보가 거대한 데이터베이스와 연계돼 있기 때문이다. 데이터베이스에는 신용 등급이나 범죄 기록처럼 개인을 파악할 수 있는 정보가 기록돼 있다. 만약 이렇게 개인적이고 민감한 정보가 분산원장에 안전하게 보관되어, 개인이 언제든 확인 가능하고 본인의 전자 허가가 있어야만 타인과 공유할 수 있다면 어떻겠는가? 금세 더러워지고 관리도 어려운 종이 문서와 비교하면 천양지

차다. 이 같은 디지털 신분 시스템이 정립되면 내가 진짜 '나'라는 사실을 누구에게든 인증할 수 있다. 본인 인증이 무결해지면 신원 확인뿐만 아니라 그에 따른 권한 관리 또한 더 용이해질 것이다.

비단 사람뿐 아니라 사물 역시 진짜인지 입증돼야 할 때가 있다. 그리고 이를 입증하는 권한은 특정 기준을 만족한 개인이나 시스템에게만 부여된다. 최근 들어 블록체인을 통한 디지털 권리 관리가 새로운 연구 분야로 떠오르고 있다. 스포츠 스타의 사진을 보거나 뮤지션의 음악을 들었을 때 소정의 비용을 지불해야 하는 세상을 상상해 보라. 디지털 원장 기술은 디지털 파일이 열람될 때마다 이를 감지하여 파일 접근 권한에 해당하는 비용을 부과할 수 있다. 지불 계약은 순전히 실제 사용과 관련한 항목으로 구성되며 정해진 비용을 지불하지 않을 시에는 파일에 접근하지 못한다. 전체가 아닌 일부만 사용하는 것도 가능하다. 3분 길이의 노래 중에 1분만을 듣고 싶다면 스마트 계약을 통해 오디오 스트림에 대한 소액 결제를 처리하면 된다. 물론 부과되는 비용은 전체 비용의 3분의 1 수준일 것이다.

수수료가 없는 아케이드 시티와 오픈 바자

에어비앤비Airbnb는 호텔 한 채 없이도 세계적 수준의 호텔 체인으로 우뚝 섰다. 업종은 다르지만 우버나 리프트Lyft도 비슷한 중개 업체라 할 만하다. 흥미롭게도 블록체인 역시 유사한 맥락으로 사용될 수 있다. 개인이 소유한 장비를 블록체인을 통해 남에게 빌려주는 게 가능하기 때문이다. 수수료를 챙기려는 중개인도 없다.

아케이드 시티Arcade City는 블록체인 기반의 승차 공유 서비스를 제공하면서 우버를 위협할 만한 경쟁자로 발돋움했다. 누군가가 차량을 운행하겠다는 의사를 표시하면 다른 사용자들이 플랫폼에 직접 토큰을 지불하여 해당 기사의 차량을 이용하는 방식이다. 여기에서도 중개인이라고는 블록체인뿐이다. 오픈바자OpenBazaar의 포부는 조금 더 크다. 누구나 상품을 판매하고 구매할 수 있는 온라인 쇼핑몰로 언뜻 보면 아마존, 이베이eBay, 엣시Etsy와 다르지 않은 듯하다. 하지만 아마존이 판매자들에게 각종 수수료를 요구하는 것과 달리 오픈바자는 완전한 오픈 플랫폼이다. 상품 및 서비스 거래에 필요한 코드를 유지하는 데 소액의 비용이 부과될 뿐이다.

신뢰와 관련하여 DLT를 적용할 수 있는 곳은 수도 없이 많다. 적용 가능성이 있는 사례까지 모두 적다 보면 책 한 권도 모자랄 것이다. 가령 분산원장을 활용하여 선거 시스템을 구성할 수도 있다. 투표인은 고유의 비밀 ID를 지급받아 투표하게 되며, 투표 내용은 추적이 가능하지만 되돌릴 수 없고 익명성 또한 보장된다. 그러면서도 투표 결과는 공개적으로 확인할 수 있어야 한다. 또는 분산원장기술 기반 시스템으로 상태 좋은 물품만 취급하는 중고 거래 플랫폼을 만들 수도 있다. 중고차 거래도 충분히 가능할 것이다. 이런 플랫폼이 나오기만 한다면 바로 사용해보고 싶다.

지금까지 나는 블록체인 기술이 신뢰할 만하다고 이야기했고 당신은 내 이야기를 그저 신뢰해야만 했다. 이제부터는 이 기술을 향한 신뢰가 정확히 어떻게, 그리고 왜 보장될 수 있는지 더 자세히 살펴보겠다. 먼저 이 모든 것의 시작점으로 돌아가야 한다. 바로 비트코인 블록체인과 작업 증명PoW 메커니즘이다.

제2의 인터넷
블록체인의 핵심 원리

기술을 이해하는 데 전문적인 세부 사항까지 필요한 경우는 그리 많지 않다. 하지만 블록체인은 예외다. 본질 자체가 기술적이며 그 가치를 이해하려면 찬찬하고 세밀한 연습이 필요하다. 그래도 구현이 복잡한 것에 비해 개념은 간단하다.

네트워크에서 어떤 거래가 발생했다고 가정해 보자. 예를 들면 엄마의 계좌에 비트코인 2개를 보냈다. 그럼 채굴자miner라고 불리는 컴퓨터 노드들이 복잡한 수학 퍼즐을 풀어 최신 거래 내역들을 모아 새로운 블록block으로 구성한다. 스프레드시트의 행이 거래 내역에 대응된다고 하면, 블록은 몇몇 행으로 이루어진 하나의 스프레드시트 파일이라 할 수 있다. 채굴자들은 거래 내역을 모아 다음 '스프레드시트 파일'을 선점하기 위해 경쟁한다. 경쟁에서 승리한 컴퓨터에게만 해당 파일을 수정할 권한이 주어지며 다른 노드들은 영원히 손도 댈 수 없게 된다. 그러니 경쟁에서 패배한 채굴자들은 체인에 새로운 스프레드시트 파일을 추가하기 위해 다시 움직여야 한다. 블록들이 하나하나 순서대로 모이면 지구상의 모든 거래 내역이 정렬될 것이다. 이게 바로 블록체인이다. 말 그대로 블록들이 연결된 디지털 체인인 셈이다.

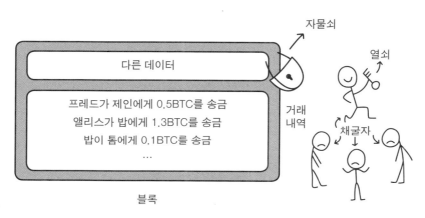

블록

채굴자들은 정확한 열쇠를 선점하기 위해 경쟁한다.

작업 증명은 암호 기술과 통계학, 그리고 현실적으로 인간이 감당할 만한 수준의 계산량을 모두 고려하여 고안됐다. 작업 증명 메커니즘이 사용되면 기록을 변경하는 데 물리적인 컴퓨팅 파워와 전력이 엄청나게 소요될 수밖에 없다.

'1,000조분의 1'의 확률, 블록체인이라는 복권 당첨

채굴자가 블록을 생성하기 위해 거래 내역 리스트를 모으고 나면, 이 리스트와 다른 데이터를 해시hash 함수를 통해 암호화한다. 해시 함수 는 임의의 데이터를 고정된 값 하나로 변환한다. 이 값은 암호화 기법에 서 흔히 보듯 매우 큰 수로 표현된다. 예를 들어 '브레이크댄스'라는 단어를 SHA-256 해시 함수에 넣으면 B0A9E90D61F43A0F5166593523C D6B661AA27AE7D871ADB3A1CF4B4C67E3C5CA이라는 해시값이 출력된다. 이 값을 다른 사람이 '브레이크댄스'라는 단어로 역변환하는 것은 절대 불가능하다. 일방통행인 셈이다. 그러나 '브레이크댄스'라는 단어가 주어진다면 이를 언제든 해시값으로 변환할 수 있으며 변환 결과는 언제나 정확히 일치한다. 채굴자는 논스nonce라 불리는 값을 하나하나 바꿔 가며 블록에 조금씩 변화를 주며, 그러다가 특정한 규칙, 예컨대 해시값이 18개의 0으로 시작해야 한다는 규칙에 부합하는 해시값을 얻으면 승리하게 된다.

동전 50개를 던져 모두 앞면이 나와야 이기는 게임을 가정해 보자. 승리할 확률은 2^{50}분의 1, 즉 대략 1,000조분의 1에 불과하다. 참고로 1,000조는 1뒤로 0이 15개가 이어진다. 이 값은 채굴자가 다음 비트코인 블록을 단 한 번에 생성할 확률과 맞먹는다. 이 정도면 복권과 다를 바가 없다는 생각이 들지도 모르겠다. 실제로 가능성이 희박하니 그렇게 생각할 수밖에 없다. 이렇듯 다음 블록을 한 번의 시도로 선점할 확률은 매우 낮다. 하지만 컴퓨터 수백만 대를 이용해 수십억 번 시도한다면 통계적으로 10분 이내에 인터넷 공간 어딘가에 새로운 블록을 만들 수 있다. 컴퓨터가 최종적으로 올바른 해시값을 생성하고 나면 이를 나머지 네트워크에 알리기 때문에 다른 컴퓨터들은 손쉽게 승리자를 파악한다.

결국 알맞은 해시값을 찾아 새로운 블록을 만드는 작업의 양이 블록체인의 무결성을 증명한다. 그래서 작업 증명이라는 이름이 붙은 것이다. 올바른 블록 해시를 찾는 데에는 컴퓨팅 파워와 전력이 어마어마하게 많이 필요하다. 블록체인 시스템의 탁월성은 여기에 있다. 해시값이 올바른지 검증하는 일보다 올바른 해시값을 생성하는 일이 훨씬 더 복잡하다. 즉 기록을 위조하거나 변조하기는 불가능에 가깝지만 기록을 확인하기는 매우 쉽다.

정보 블록이 차례대로 쌓여 블록체인이 된다

이제 블록을 만들었으니 체인을 만들 차례다. 블록은 거래 내역만 담긴 스프레드시트가 아니다. 블록에는 블록 그 자체에 관한 여타 정보와 네트워크에서의 위치 정보가 포함돼 있는데 이를 블록 헤더block header라고 부른다. 이 메타데이터는 거래 내역이 담긴 데이터만큼이나 중요하다.

블록 해시: ⋯41009C9C1A
이전 블록 해시: ⋯BA5CC4918C
논스: 1749362
그 외의 데이터(타임스탬프 등등)

블록 헤더

프레드가 제인에게 0.5BTC를 송금
앨리스가 밥에게 1.3BTC를 송금
밥이 톰에게 0.1BTC를 송금
⋯

거래 내역

블록

블록체인의 블록 내부에는 블록 헤더와 함께 몇 가지 거래 내역의 목록이 들어 있다.

블록 헤더에는 채굴에 관한 값, 예를 들어 타임스탬프timestamp나 거래 내역의 개수, 그리고 논스 등이 포함된다. 하지만 블록 헤더에서 무엇보다 중요한 정보는 이전 블록의 해시다. 한 블록은 이전 블록의 해시를 가리키며 그 이전 블록은 자신의 이전 블록의 해시를 가리킨다. 앞사람의 엉덩이가 아니라 뒷사람의 엉덩이에 손을 올리는 거꾸로 된 콩가 라인인 셈이다. 이렇게 모든 블록이 바로 이전 블록을 가리키면서 체인을 이루기 때문에 거슬러 올라가다 보면 블록체인 최초의 블록에 도달할 수 있다. 바로 제네시스 블록genesis block이다.

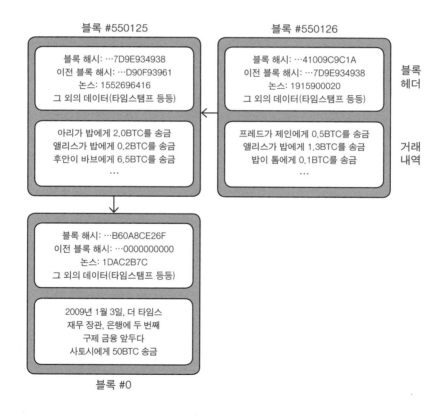

비트코인에서 제네시스 블록은 2009년 1월 3일에 생성됐다. 생성자는 사토시 나카모토라는 정체 불명의 인물이었다. 블록에 포함된 문구 "2009년 1월 3일, 더 타임스. 재무 장관, 은행에 두 번째 구제 금융 앞두다"는 실제로 2009년 1월 3일 더 타임스 1면의 헤드라인으로, 제네시스 블록이 2009년 1월 3일이나 그 이후에 만들어졌음을 보여 준다. 아마도 기존 금융 제도를 깨부술 화폐의 창시자로서 부분지급준비제도를 향해 메시지를 던진 것으로 보인다.

블록체인이 무엇인지 설명은 끝났다. 블록체인은 수많은 블록이 연결된 체인이며, 각 블록은 주인이 있어서 다른 사람들은 현대 기술을 총동원해도 조작할 수 없다. 지금까지 살펴본 내용을 전문 용어를 곁들여 요약해 보겠다.

'채굴자'는 '거래 내역'을 모아 '블록'으로 구성한다. 그리고 '논스'를 1부터 차례대로 바꿔 가며 조건에 부합하는 '해시값'을 생성하려고 한다. 생성된 블록의 '블록 헤더'에는 반드시 바로 이전 블록의 해시가 포함돼야 한다. 블록들의 연결 리스트는 순서가 있는 쓰기 전용 원장을 만들어 낸다. 여기에는 모든 거래 내역이 기록되며, 각 거래 내역에는 한 '주소'에서 다른 주소로의 '암호 화폐' 송금이 표시된다. '제네시스 블록'부터 순서대로 연결된 일련의 블록들을 '블록체인'이라고 부른다. 블록체인은 일종의 분산원장기술, 즉 DLT라 할 수 있다. 몇몇 용어가 기억나지 않더라도 걱정할 필요는 없다. 중요한 것은 전체적인 개념이다.

약속을 지키는 가장 확실한 동기는 돈이다

채굴자들이 이 작업에 참여하는 이유는 아직 설명하지 않았다. 가장 간단한 답은 돈이다. 블록을 채굴하면 보상으로 비트코인을 받을 수 있기 때문이다. 채굴의 의의는 거래 내역 원장의 무결성을 유지하는 데만 있는 게 아니다. 새로운 통화가 네트워크에 유입되는 데에도 의의가 있다. 채굴자가 블록 생성이라는 복권에 당첨되면 새롭게 만들어진 비트코인이 보상으로 주어져 채굴자 고유의 주소에 예치된다. 블록 하나를 생성하면 '당첨금'은 수만 달러 수준에 이를 수 있으며 심지어 10분마다 새롭게 추첨을 하는 시스템이다. 적어도 10억 달러 규모의 산업임에 틀림없다.

잠시 숨을 고르고 이 시스템이 얼마나 잘 만들어졌는지 살펴보자. 새로운 블록을 채굴하기가 어려운 만큼 네트워크상에 암호화된 기록을 누군가가 수정하기도 사실상 불가능하다. 어떤 블록의 정보를 수정하면 해시값도 바뀌게 되는데, 다음 블록이 현재 블록의 해시값을 갖고 있기 때문에 결국 다음 블록의 정보 역시 수정해야 한다. 이 과정은 다음 블록의 다음 블록으로 연쇄적으로 진행돼야 하며 전 세계 컴퓨팅 파워와 비용을 고려했을 때 물리적으로 불가능한 일이다. 게다가 채굴자는 거래 내역을 확실히 검증해야 비트코인이라는 금전적 보상을 기대할 수 있기 때문에 모든 거래 내역을 보호할 수밖에 없다. 금전적 동기 부여로 시스템 전체의 무결성이 확보되는 셈이다.

어떤 탐욕스러운 집단이 채굴량을 엄청나게 늘려 실제로 네트워크의 절반 이상을 차지할 수도 있지 않을까? 그럴 경우 사용자들이 더 이상

비트코인을 신뢰하지 않기 때문에 그 가치가 떨어질 것이며 네트워크의 과반을 차지해도 쓸모가 없어진다. 결국 참여자 모두가 무결성을 지킬 수밖에 없도록 시스템이 설계됐으며 네트워크상에 지분이 많을수록 무결성을 지켜야 할 유인이 커진다. 이처럼 블록체인의 기저에는 암호화 기술(채굴)과 통계학(블록 생성은 반드시 이루어진다)뿐만 아니라 게임 이론, 그리고 궁극적으로 인간 심리까지 존재한다.

이 기본적인 구조를 기반으로, 누군가는 블록체인에 더 큰 잠재력이 있다고 생각하기 시작했다. 정해진 형식의 거래 내역을 저장하는 데 그치지 않고 범용 컴퓨팅 자원의 글로벌 네트워크로 사용될 수 있다는 것이었다. 이 순간이 블록체인 이야기의 모든 것을 뒤바꾼 전환점이었다.

가상 자산에서 비즈니스 영역으로, 이더리움의 탄생

초기 암호 화폐 블록체인은 대부분 적용된 사례가 비슷하다. 탄생 배경도 대개 기존 체제에 반발해 탈중앙화를 이루겠다는 일종의 자유주의적 철학이다. 블록체인은 공개적인 네트워크이며 모든 거래 내역 기록이 철저히 투명하게 관리되고 기록의 위조나 변조도 없다. 또한 블록체인은 무신뢰trustless 시스템이기도 하다. 네트워크상의 모든 컴퓨터가 동등하며 누구나 거래나 채굴에 참여할 수 있다는 뜻이다. 특정 컴퓨터가 다른 컴퓨터보다 우위에 있는 '동물농장' 상황이 벌어지면 안 된다. 그 어떤 채굴자도 다른 채굴자보다 특권을 가질 수 없으며, 중앙 권력도 중앙 통제도 없다.

그러나 이 완전무결한 시스템도 인간이 관여돼 있기에 어쩔 수 없이 철학적인 마찰이 일어난다. 전문가들 사이에 벌어지는 의견 충돌은 대개 소스 코드 변경 또는 소스 코드를 그대로 복사한 뒤 새롭게 개발하는 '포크fork'를 통해 해결된다. 실제로 새로운 화폐가 이렇게 탄생한다. 이런 충돌과 해결은 여러 번 벌어졌는데 가장 유명한 사건은 비트코인 사용자 집단 사이에 의견이 엇갈려 비트코인 캐시BCH가 비트코인에서 포크되어 만들어진 것이다. 그러나 코드 베이스에서 포크가 일어나더라도 손실이 발생하거나 지금까지의 역사가 사라지지는 않는다. 그저 하나였던 길이 두 갈래로 갈라져 서로 다른 집단의 사람들이 서로 다른 길을 택하는 것일 뿐이다.

2013년, 19세의 프로그래머이자 비트코인 마니아였던 비탈릭 부테린은 위와 비슷한 맥락에서 아이디어를 떠올렸다. 비트코인의 핵심 프로토콜을 또 사용하기보다는 다양한 소프트웨어를 구동할 수 있는 블록체인 네트워크를 만들어 보면 어떨까? 그리고 단순히 남들보다 빨리 해시값을 찾는 게 아니라 무언가 유용한 코드를 작동하는 채굴자가 돈을 벌도록 하면 어떨까? 물론 이 시스템에서도 채굴, 송금, 블록 생성은 이루어질 테다. 하지만 여기에 더해 블록체인에 앱 데이터가 분산 저장되는 분산 애플리케이션dApp, 즉 디앱 작동에 누구나 비용을 지불할 수 있는 컴퓨팅 플랫폼이 탄생하는 것이다. 비트코인 블록체인 네트워크에서는 오직 비트코인 거래만 이루어지는 반면, 부테린의 시스템에서는 누구나 자신이 원하는 규칙을 따르는 자신만의 토큰을 개발할 수도 있다.

2015년에는 부테린의 주도하에 이더리움ETH 서비스가 시작됐다. 이 과정에서 1,800만 달러 규모의 크라우드 펀딩으로 개발 자금을 마련했다. 이더리움 고유의 암호 화폐는 이더Ether. 엄밀히 '이더리움'은 플랫폼을 가리키는 이름이지만, 실제로는 암호 화폐 또한 '이더' 대신 '이더리움'이라고 많이 불림-역주라 불리며 비트코인처럼 거래가 가능하다.

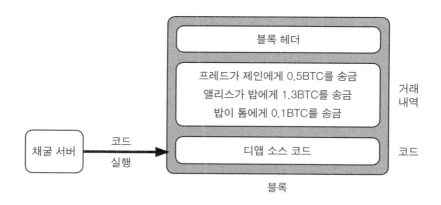

코드는 블록 내에 데이터로 저장된다. 채굴자는 코드를 실행하여 돈을 벌 수 있다.

채굴자가 보상으로 이더를 받기 위해서는 코드를 작동해야 한다. 이더리움 네트워크는 수백만 대의 실제 컴퓨터로 구성된 거대한 글로벌 가상 컴퓨터로 생각해 볼 수 있다. 사용자는 비용만 지불하면 그 위에서 어떤 코드든 실행이 가능하다. 이런 관점에서 고안된 것이 이더리움 가상 머신EVM이다. 이더리움 고유의 프로그래밍 언어인 솔리디티를 사용할 줄 안다면 EVM에서 실행할 수 있는 코드를 누구나 작성할 수 있다. 소스 코드는 금융 거래 내역처럼 불변성을 보장하기 위해 블록체인에 보관된다.

디앱은 누구에게나 공개돼 있으며 누군가가 그 코드를 실행하면 되돌릴 수 없다. 상상력이 풍부한 어떤 이들이 디앱을 두고 스스로 실행되는 법적 계약과 닮았다는 이야기를 꺼냈고 덕분에 스마트 계약이라고도 불리게 됐다. 스마트 계약은 단지 컴퓨터 코드일 뿐이다. 코드로 구현할 수 있는 세계가 무궁무진한 만큼 스마트 계약에도 사실상 별다른 제약이 없다.

예컨대 스마트 계약으로 자동차를 빌릴 수 있으며, 자동차 키를 반납할 때까지 스마트 계약에 따라 끊임없이 비용을 정산하여 차주에게 송금할 수 있다. 맥주를 따르는 탭에도 스마트 계약을 적용하여 실제로 따르는 양만큼 비용을 청구하는 것도 가능하다. 또는 스마트 계약으로 고양이 만화 이미지를 생성한 뒤 이런 만화 고양이를 키우는 사람들에게 판매할 수도 있다. 실제로 크립토키티CryptoKitties라는 블록체인 기반 고양이 육성 게임이 존재한다.

더 다오(The DAO)의 자금 조달 실험

2016년 이른 여름, 이더리움의 핵심 창시자 몇몇이 선구적인 아이디어를 제시했다. 아주 정교한 스마트 계약을 코딩할 수 있다면, 자율적으로 운영되는 대규모 조직을 만들 수도 있지 않을까? 이런 조직에서는 스마트 계약의 내용에 따라 조직과 개인 사이에 상호 작용이 이루어진다. 구성원들은 스마트 계약에 명시된 행동만 할 수 있다. 즉 정해진 규칙을 따라야 한다. 그리고 스마트 계약을 실행하여 조직에 금전적으로 투자하면 누구나 주주가 될 수 있다. 조직의 운영진은 주주들의 투표를 통해 선출된다. 조직 운영에 필요한 비용 지불은 반드시 운영진의 허가를 거쳐야 하며, 운영진은 주주 투표로 인해 언제든지 쫓겨날 수도 있다. 이런 조직을 분산형 자율 조직, 또는 다오DAO라고 한다.

이렇게 조직을 대중에 대규모로 공개하는 것은 일종의 기업 공개IPO와 비슷한 면이 있다. 기업 공개가 이루어지면 누구나 나스닥 같은 주식 시장에서 해당 기업의 주식 거래가 가능해진다. 다오의 경우에는 증권 대신 이더리움 네트워크의 토큰이나 코인으로 기업의 주주가 될 수 있다. 이처럼 블록체인 기반 비즈니스에서 크라우드 펀딩을 통해 자금을 조달하는 과정을 일컬어 암호 화폐 공개ICO라고 한다.

더 다오The DAO의 ICO는 새로운 펀딩 모델은 물론이고 새로운 형태의 비즈니스를 제시한 흥미로운 사건이었다. 경영진이 주주들을 등치고 부자가 됐던 월드컴Worldcom과 엔론Enron을 떠올려 보면, 더 다오의 완전한 투명성은 그야말로 파격적인 실험이었다. 더 다오는 1만 1,000명이 넘는 개인 투자자로부터 1,150만 ETH를 모았는데 당시 기준으로 1억 5,000달러에 달하는 금액이었다.

사실 근본적으로 더 다오는 완벽한 관료제의 답습이었다. 그 누구도 법 위에 있지 않았지만, 무언가 잘못된 일을 호소할 만한 진짜 권위 또한 존재하지 않았다. 일반적인 계약에서 벌어지는 논쟁은 법정에서 해결될 수 있다. 하지만 계약이 공개적으로 실행되며 되돌리기 불가능하다고 할 때, 계약에 근본적인 결함이 존재한다면 우리는 어디에 의지해야 할까?

더 다오의 결함은 기술이나 소프트웨어가 아닌 논리 자체에 있었다. 결국 한 사용자가 다오 계약에서 맹점을 찾아내 거의 5,000만 달러 규모의 이더를 탈취하는 일이 벌어졌다. 모두가 속수무책으로 당하고 말았다. 하지만 이 사건을 해킹이나 절도로 보지 않은 사람도 많았다. 범죄인지 아닌지 그 경계가 모호했기 때문이다. 당사자는 시스템의 규칙을 전혀 어기지 않았으며 그저 다오 계좌에 돈을 넣어 둔 수천 명의 사람보다 조금 더 눈치가 빨랐을 뿐이다. 그의 행동은 분명히 계약 범위 내에 있었다.

사건 후 커뮤니티는 빠르게 대응했다. 앞으로 어떻게 할지 논쟁이 오가고 투표가 실시됐다. 결국 이더리움 핵심 개발진은 극단적인 결단을 내렸다. 블록체인을 포크하고 피해자들에게 이더를 돌려주기로 한 것이다. 당시 포크로 갈라져 나온 이더리움이 오히려 주류가 됐고 5,000만 달러보다 블록체인의 무결성 유지가 더 중요하다고 생각한 이들이 남아 이더리움 클래식ETC을 만들었다. 얄궂게도 포크를 피하기 위해 고안된 블록체인이 포크되고 말았다.

코인 열차에 올라탄 신흥 백만장자들

더 다오의 실패는 모든 첨단 기술에 상처를 남길 만한 일이었지만, 놀랍게도 그 누구도 이 정도 손실에 아랑곳하지 않았다. 이후 이더의 가격은 18개월 동안 1만 3,000%가 상승했다. 이 사건에서 사람들이 얻은 교훈은 비이성적인 광풍을 누그러뜨리자는 게 아니었다. 오히려 아무런 제품이 없어도 막대한 자금을 조달 가능하다는 것이었다. 명확한 실험 없이 아이디어와 스마트 계약만으로 1억 5,000달러를 모았는데 더 큰 아이디어로는 얼마나 많은 돈을 모을 수 있을지 모두가 꿈에 부풀었다. 그렇게 ICO 붐이 시작되었다. 더 다오의 잿더미에서 불사조가 날아오른 것이다. 이후 2년에 걸쳐 전례 없이 막대한 자금을 손쉽게 모으려는 자들이 경쟁을 벌였다.

2018년에는 ICO 마니아들의 열광 속에 제대로 검증조차 되지 않은 스타트업들이 총 130억 달러가 넘는 돈을 모금하는 데 성공했다. 가장 두각을 보인 프로젝트는 이오스EOS였다. 이더리움을 대체할 기술로 관심을 모았으며 모금액은 무려 40억 달러를 상회했다. 새롭게 등장한 코인들이 정말로 성공할지는 누구도 알 수 없었다. 하지만 비트코인과 이더리움의 초창기 열풍에 참여하지 못했던 사람들에게는 분명히 매력적인 선택지였다. 포모FOMO: Fear Of Missing Out가 수많은 ICO의 강력한 원동력이었던 것이다. ICO로 인해 회사의 지분을 보유하는 것증권, 상품과 서비스 비용을 지불할 수 있는 토큰을 보유하는 것, 그리고 비트코인처럼 일반 통화로 사용될 수 있는 자산을 보유하는 것 사이의 경계가 흐릿해졌다.

더 다오를 시작으로 스마트 계약에 기반을 둔 기업들이 우후죽순처럼 쏟아져 나왔다. 그러자 새로운 의문이 피어올랐다. 대안 화폐를 출시한 뒤 바짝 홍보만 해도 충분한데 군이 회사를 세우느라 고생할 필요가 있느냐는 것이었다. 결국 이른바 알트코인altcoin으로 통칭되는 새로운 종류의 코인들이 탄생했다. 이더리움 가상 머신 위에서 작동되는 코인들은 서로 너무나 비슷해서 ICO 커뮤니티는 ERC20이라는 표준 규약을 만들어야만 했다. ICO 광풍이 지속되자 너도나도 더 많은 암호 화폐에 투자하려 들었고 자연히 더 다양한 종류의 알트코인이 등장했다.

2017년 알트코인이 흥하던 짧은 시간 동안, 프로그래밍 능력을 조금이라도 갖춘 사람이라면 누구나 기존의 알트코인 스마트 계약을 단순히 복사하는 수준에서 새로운 암호 화폐를 만들 수 있었다. 여기에 그럴싸한 웹 사이트까지 만들어 운 좋게 센세이션이라도 일으키면 금세 백만장자가 됐다. 물론 몇 개월이 지나자 거의 모든 ICO가 실패로 돌아갔다. 대부분 쓸모없는 코인이거나 명백한 사기였으니 당연한 결과다. 광기가 넘치던 시장은 서서히 이성을 되찾았고 새로운 코인을 분별없이 찍어내던 열기도 식어 갔다.

백만장자의 꿈이 무너지고 암호 화폐의 가치가 바닥을 찍었으니 시장 자체가 죽었다고 봐야 할까? 이 위대한 실험이 정녕 아무것도 남기지 못한 걸까? 다행히 낙심하기에는 이른 시기였다. 이미 살펴보았듯 분산원장기술을 적용할 만한 곳이 더 있기 때문이다. 하지만 분산원장기술을 더 광범위한 분야에 적용하려면 기술적인 문제 몇 가지를 먼저 해결해야 한다.

블록체인의 신뢰도를
더욱 높이는 신사업

지금까지 DLT의 적용 사례를 몇 가지 살펴보았는데 이외에도 셀 수 없이 많은 적용 사례가 더 존재한다. 그리고 DLT가 어떻게 작동하는지, 어떻게 디앱까지 이르게 됐는지도 확인해 봤다. 이제는 DLT의 수많은 결점을 짚고 넘어갈 차례다. 블록체인 산업이 이를 성공적으로 해결하기 위해 어떻게 대응하는지도 다루겠다.

블록체인과 현실 세계의 중간자, 체인링크

블록체인의 장점 중 하나는, 블록체인에 보관되는 모든 기록은 위조나 변조될 일이 없고 되돌릴 수도 없다는 점이었다. 하지만 우리는 컴퓨터 세계에서 오래전부터 내려온 격언 하나를 명심해야 한다.

"쓰레기를 넣으면 쓰레기가 나온다 GIGO, Garbage In Garbage Out".

블록체인이 데이터 비가역성을 보장한다고 해서 블록체인 시스템에 입력되는 데이터가 전부 믿을 만하다는 것은 아니다. 누군가 생명 보험료를 할인받기 위해 심장 박동 수를 기록하는 블록체인을 만들었다고 가정해 보자. 이 블록체인을 제대로 사용하려면 아주 정확한 기기로 심장 박동 수를 측정해야 하고, 측정 결과가 변조돼서도 안 되며, 결과가 똑바로 블록체인에 전달돼야만 한다. 만약 매달 블록체인에 심장 박동 수를 수동으로 기록한다면 누구나 보험료를 할인받으려고 거짓 기록을 작성하려 들 것이다. 따라서 처음부터 끝까지 한 치의 거짓이나 오차가 없어야 한다.

블록체인이 외부 세계의 기록을 보관할 때, 오라클oracle 이라는 시스템이 현실 세계에서 블록체인으로 데이터를 전달한다. 오라클 역시 유용하게 사용하려면 신뢰성이 필요하다. 신뢰성을 보장하기 위해 오라클은 주로 암호를 활용하는데, 이 암호를 해독하려면 스마트 계약을 사용하거나, 값이 변경되지 않았음을 보장하는 안전한 하드웨어를 사용해야 한다.

블록체인에 데이터를 기록하는 과정 중 조금이라도 미심쩍은 구간이 있다면 블록체인에 쓰레기 데이터가 유입될 가능성이 생긴다. 그럼 그 블록체인 자체를 신뢰하기가 어려워진다. 이런 GIGO 문제를 안전한 하드웨어를 통해 해결하려는 기업에는 체인링크Chainlink 가 있다. 사물 인터넷 데이터를 블록체인에 전달하는 것도 흥미로운 선택지다. 지금은 이렇게 현실 세계를 신뢰해야 할 것이다.

대용량 콘텐츠가 저장되는 곳, IPFS

용량이 큰 파일을 주고받을 수 있는 블록체인에 관해서 논의가 많이 이루어지고 있다. 대표적인 대상은 건강 기록이나 디지털 계약이다. 그런데 블록체인이 실제로 어떻게 작동하는지 다시 생각해 보자. 앞서 나는 블록체인을 두고 거래 내역들이 모인 스프레드시트와 비슷하다고 설명했다. 아이클라우드iCloud 나 드롭박스Dropbox 처럼 대용량 파일 저장소로 보기는 힘들다.

가상의 애플리케이션을 하나 떠올려 보면 어떨까. 제공하는 기능은 일반적인 클라우드 서비스를 통해 법률 문서를 저장하고, 해당 문서에 서명이 이루어지면 블록체인에 그 기록을 생성하는 것이다. 이 경우에는 마음만 먹으면 클라우드 저장소에서 직접 문서를 수정하거나 아예 삭제해 버릴 수 있다. 그럼 블록체인에 서명이 남아 있다 한들, 어느 문서에 서명했는지 알 길이 없어질 테다. 현실 세계를 신뢰해야 한다는 문제와 마찬가지로 우리는 용량이 큰 파일 또한 적절히 분산되고 언제나 접근 가능하며 비가역적이리라 믿어야 한다.

실제로 이 문제를 블록체인으로 해결한 케이스가 몇 가지 있다. 먼저 인터플래네터리 파일 시스템IPFS: Interplanetary File System 이다. IPFS의 흥미로운 사실은 블록체인과 유사하게 쓰기만 가능한 데이터 구조에서 출발했다는 점이다. 바로 머클 방향성 비순환 그래프Merkle DAG 다. 머클 DAG는 두 가지 기술의 장점을 취한다. DLT처럼 모든 변경 내용이 평생 유지되도록 했으며, 비트토렌트BitTorrent 처럼 파일 하나가 여러 조각으로 쪼개지도록 했다. 이 특징을 결합하면 분산돼 있는 저장소 노드들은 어떤 파일이든 복원이 가능해진다.

서버는 수많은 파일의 조각을 보관하며 희귀한 블록을 보유할수록 보상을 많이 받는다. 이런 유인으로 어느 파일의 어느 조각이든 네트워크 어딘가의 컴퓨터 안에 존재할 수 있다. 조각들을 모아 파일을 복원하려면 네트워크에 각 블록의 위치를 요청한 뒤 간단히 연결만 하면 된다.

한편 스토리지Storj를 비롯해 또 다른 대용량 파일 보관 시스템도 소수 존재한다. 중요한 점은 이 시스템들이 블록체인과 비슷하게 분산성과 비가역성을 갖추었다는 것이다. 이런 대용량 파일 보관 시스템이 존재하는 한, 블록체인은 거래되는 파일과 그 버전을 모두 추적할 수 있다.

초당 100만 건까지 처리 속도를 올린 테르니오

비트코인 블록체인에 관한 오랜 걱정 중 하나는 거래 처리 속도가 너무 느리다는 것이다. 비트코인 네트워크는 거래를 검증하는 데 10분 이상이 소요되다 보니 결과적으로 1분에 9건의 거래를 처리하는 데 그치고 말았다. 다행히 지난 몇 년간 수많은 개선책이 등장했다.

사이드체인sidechain은 고유의 규칙을 지닌 독립적인 블록체인이지만 메인 블록체인과 상호 작용하며 동작해야 한다. 라이트닝 네트워크Lightning network는 일종의 사이드체인으로 볼 수 있다. 제한된 수의 거래자들 사이에 발생하는 거래를 빠른 속도로 처리해 주며 최종 결과는 메인 체인에 편입된다. 리플 네트워크Ripple network에서는 한 번의 거래 검증에 4초가 걸린다. 질리카Zilliqa 블록체인에서는 초당 1만 5,000건의 거래를 검증할 수 있다. 참고로 신용 카드 회사인 비자Visa의 결제 시스템 성능은 초당 2만 4,000건이다.

한편 테르니오Ternio는 초당 100만 건의 거래를 처리할 수 있는 시스템을 개발했다. 이외에도 실험실 수준의 테스트에서는 더 빠른 결과가 나오기도 한다. 심지어 초당 700만 건까지 처리가 가능하다고 주장하는 곳도 있다. 이렇게 초기 블록체인의 속도 문제는 점점 해결돼 가는 분위기다. 분산성과 비가역성은 여전히 유지한 채로 말이다.

엄청난 전력 소비를 줄일 대안, 합의 프로토콜

이 문제는 쉽게 넘어갈 문제가 아니다. 블록체인 구조를 유용하게 쓸 수 있는 곳은 앞서 언급한 사례들을 포함하여 수없이 많지만, 작업 증명 기반 DLT가 환경에 좋은 영향을 끼친다고 보기는 어렵다. 2018년 기준으로 한 번의 거래를 처리하는 데 드는 에너지와 전력량은 미국 가정 25곳이 하루에 사용하는 규모와 비슷했다. 비트코인 총 거래량을 고려하면 오스트리아 전역에서 소비하는 에너지와 맞먹는다. 작업 증명 시스템에서 모두에게 블록 생성의 기회가 공평하게 돌아간다고 가정했을 때, 각 채굴자가 블록을 만드는 데 필요한 전력량을 통계적으로 계산해 보면 블록 생성이 사실상 매우 어렵다는 결론에 이른다. 하지만 다른 방식으로도 새로운 블록을 만들 수 있다. 바로 합의 프로토콜consensus protocol이다.

작업 증명의 대안 중 가장 주류를 차지하는 것은 지분 증명PoS이다. 이 방식에 따르면 암호 화폐 지분에 비례하여 의사 결정 권한이 주어진다. 그 배경에는 잃을 게 많을수록 시스템 무결성을 보장하는 데 더 적극적이리라는 가정이 깔려 있다. 해당 암호 화폐 보유량이 많은 사람이 제대로 처신하지 않았다가는 금전적으로 손해를 입고 말 것이다. 여기에서 '제대로 처신하지 않는' 것의 의미는 시스템마다 다르지만 대개 공동의 합의에 거스르는 행동을 뜻한다.

이더리움의 지분 증명 시스템인 캐스퍼Casper에는 나쁜 행위를 하는 자들에게 불이익을 주도록 슬래셔Slasher라는 개념이 도입됐다. 여기에서 탄생한 방식이 권위 증명PoA 이다. PoS에 정치적인 요소가 더해진 것으로 지분을 많이 가질수록, 그리고 올바른 행동을 할수록 권위가 주어지며 이는 곧 의사 결정 권한으로 이어진다. PoA 방식에서는 PoS와 마찬가지로 나쁜 행동을 할 시 지분을 잃음은 물론이고 그간 쌓아 온 권위까지 추락하게 된다.

인텔Intel 에서 내놓은 경과 시간 증명PoET 은 리더 선출 시스템으로, 참여자들은 주어진 시간 내에 암호화 퍼즐을 풀면서 자신의 진정성을 입증해야 한다. 퍼즐을 풀기 위해서는 신뢰할 수 있는 특수한 실행 환경이 필요하다. 인텔은 SGX라는 칩을 제조하여 신뢰 실행 환경을 구현했다. 이외에도 활동 증명PoA, 소각 증명PoB, 복제 증명PoRep 등 다양한 증명 방식이 존재한다. 이 중에 어떤 방식이 최종 승자가 될지 속단하기는 아직 이르다. 중요한 건 블록체인 세계에서 전력 소모를 줄이기 위해 다양한 작업이 진행되고 있다는 사실이다.

거대 조직이 원하는 사적인 블록체인, 코르다와 패브릭

모든 거래 내역이 공개된다는 특징은 암호 화폐의 신뢰도를 높이는 데 톡톡히 기여했지만 건강 기록처럼 개인적인 정보를 보관하는 데 적합한 특징은 아니다. 그리고 블록체인의 무신뢰성은 비트코인의 치명적 매력으로 작용했지만, 정부 간 플랫폼에서는 보안 문제로 인해 아무에게나 데이터 네트워크 접근 권한을 주기가 어렵다.

DLT의 첫 10년은 공개성과 무신뢰성을 표방하는 블록체인에 기능을 더하는 데만 집중했다. 하지만 이제는 학계와 산업계 모두 사적이면서 신뢰성에 기반한 블록체인을 고안하는 데 열을 올리고 있다. 두 종류의 블록체인이 기술적으로 어떻게 다른지는 의견이 분분할 수 있다. 하지만 기업이나 국가 같은 거대 조직이 폐쇄적인 시장 안에서 서로 데이터를 공유하기 위해 점점 사적인 블록체인을 원하는 것으로 보인다. 코르다Corda와 패브릭Fabric이 이 분야를 선도하고 있다. 이런 폐쇄형 블록체인은 대부분 기존 개발자 커뮤니티가 친숙함을 느끼게끔 이더리움 솔리디티 코드의 스마트 계약 인터페이스를 동일하게 적용하고 있다. 단지 폐쇄적인 인프라를 목적으로 조금 수정이 됐을 뿐이다.

이런 형태의 블록체인이 사토시의 철학과 상반된다는 지적은 분명 일리가 있다. 사토시는 블록체인을 통해 철저하게 투명성을 갖추고 탈중앙화를 이루고 싶어 했기 때문이다. 그러나 한편으로는 사적인 블록체인이 주도권을 잡고 장기적으로 커다란 영향을 끼칠지도 모른다. 사람들이 정부의 지원이 없는 순수한 디지털 화폐를 얼마나 바라는지는 아직 정확히 판단하기 어렵다. 오히려 거대 조직이나 국가 사이에 투명성을 보장해 주는 DLT가 전도유망한 듯하다.

오픈 마켓플레이스 위로 떠오르는 블록체인의 미래

2019년 초, 암호 화폐의 가치는 바닥을 치고 있었다. 대다수의 ICO는 실패로 끝났으며 블록체인 세계에 사기가 만연했다. 작업 증명이 환경에 미치는 악영향, 그리고 미처 해결하지 못한 DLT의 기술적 문제들은 말할 것도 없었다. 게다가 기술 자체가 워낙 초기 단계이고 많은 사람에게 제대로 이해받지 못했기 때문에 DLT가 기존의 분산 데이터베이스보다 더 유용하게 사용될 만한 곳이 어딘지도 찾기 어려웠다. 블록체인 기술과 시장을 보며 누구나 무력감을 느낄 만한 상황이었다.

ICO가 촉발한 암호 화폐의 거품, 또는 일확천금의 꿈은 DLT의 근본적 기술과 별개로 떼어 놓아야 한다. 비가역 분산 원장은 개인의 편의는 물론이고 정부 차원의 시스템 개선을 위해서도 얼마든지 사용 가능하다. 특히 DLT로 인해 대규모 기업들도 소규모의 기민한 분산 네트워크에서 코드로 명확하게 작성된 계약을 사용한다니 무척이나 재미있는 일이다.

현재 블록체인의 또 다른 가치는 이 기술을 활용하여 공통의 목표를 가진 기업들이 컨소시엄을 이루는 데 있다. 기업들은 비교적 적은 리스크를 기대하며 컨소시엄에 합류할 수 있다. 예를 들어 제품이 진품인지를 추적하고 파악하는 그룹을 결성해 암시장에 유통되는 모조품에 맞서거나, 순환 경제를 실현해 목화 생산이 지속 가능하도록 힘을 합치는 것이다. 이런 컨소시엄이 일으킨 첫 번째 파동은 곧 탈중앙화로 향하는 첫 걸음이었다. 기업들은 별다른 리스크 없이 기존의 중앙 집중식 관리 방식을 벗어던졌으며, 유기적으로 구성된 협력체에 합류하여 규모의 경제를 누릴 수도 있었다. 기업 입장에서는 손해될 게 없었던 셈이다.

많은 조직이 다른 조직과 네트워크를 이루는 데 익숙해졌고 이런 협력체를 구성하는 일이 어렵지 않도록 기술적 인프라가 뒤를 받쳐 주었다. 앞으로는 수직 통합을 뒤로 하고 오픈 마켓플레이스를 타깃으로 삼는 새로운 방식의 협력이 많아질 듯하다. 구매자들은 자신들의 사업을 상세히 공개하여 공급자가 제공하는 서비스의 질을 높일 수 있다. 한편 판매자들을 위한 멤버십의 경우 기존에는 경쟁 우위를 확보하기 위함이었다면 이제는 필수적인 서비스로 발돋움했다.

　운송업을 예로 들어 보자. 식료품 가게는 더 이상 대규모 운송 회사 한 곳과 계약을 맺을 이유가 없다. 운송업체 컨소시엄 시장에서 업체를 구하면 가격은 더 저렴하고 품질은 더 좋아지며 투명성까지 완전히 보장되기 때문이다. 운송업체들은 각자 제공 가능한 서비스와 그동안의 성과를 보유하고 있을 것이다. 고객은 컨소시엄의 스마트 계약을 통해 원하는 운송비와 자격 조건을 제시한 뒤 저렴하면서 자격도 갖춘 업체를 선택하기만 하면 된다. 이런 오픈 마켓플레이스에서라면 우버 운전사는 굳이 우버와 일하지 않아도 탑승자와 직접 일을 할 수도 있다. 결과적으로 우버는 컨소시엄에 합류하거나 아니면 다른 주요 업체들과 함께 직접 컨소시엄을 만들어야 할 테다. 세분화된 네트워크의 흐름이 너무나 강력하여 이제는 그 어떤 회사도 이런 흐름을 거스르기가 어려워 보인다.

　더 다오의 실험적 행보는 결과적으로 초기 투자자들에게 상처를 남겼지만 근본적인 개념까지 버려져서는 안 된다. 조직들은 점점 분산될 것이며 이런 분산은 자율적인 운영에 의해 유지될 것이다. 오늘날 국제적으로 로봇 프로세스 자동화가 일어나고 있으며 여기에 그치지 않고 인공 지능 기반의 인지 자동화까지 실현되고 있다. 내부적인 운영 과정이 점차 지능적인 방식으로 자동화될수록 외부 조직과 맞닿는 작업 또한 자동화가 이루어질 테다. 기업 입장에서는 자동화된 시스템이 옳지 않은 행동을 하지 못하도록 막는 규칙이 필요해진다. 분명 속임수가 끊이지 않을 것이다. 안타깝지만 AI는 역사상 가장 뛰어난 협잡꾼이라 해도 손색이 없다. 그러니 시스템이 스스로 운영 기록을 비가역 원장에 남겨야 하고 규칙도 확실하게 적용해야 한다. 아마 스마트 계약이 정답이 돼 주지 않을까?

어쩌면 블록체인은 지금까지 살펴본 적용 사례들에 들어맞는 기술이 아닐지도 모른다. 그러나 우리는 지금도, 그리고 앞으로도 제3 신뢰 기관의 역할을 해 줄 시스템이 필요할 것이다. 개인이든 조직이든 그 사이에 데이터가 공유되면 누군가는 악의를 품을지도 모르기 때문이다. 결국에는 시스템 스스로 고유의 규칙을 만들어 적용해야 한다. 물론 이런 시스템이 돌아가려면 사용자의 신뢰를 구해야 한다. 그 신뢰를 보장하는 주체는 모두가 동의하여 권한을 위임한 어떤 대표 집단, 예를 들어 이사회일 수도 있고, 근본적으로 특정 행위만을 허용하는 기술 시스템, 예를 들어 스마트 계약이나 디앱일 수도 있다.

우리가 현재 블록체인이라 부르는 기술은 수년 내에 구닥다리 기술이 될지도 모른다. 그래도 일종의 스마트한 분산원장기술을 필요로 하는 목소리는 앞으로도 꾸준할 테니 지금도 관심을 가질 만한 가치는 충분하다. 어차피 조직의 미래는 조직 사이에 관계를 형성하고 네트워크를 구축하는 방향으로 기울 것이다. 이 피할 수 없는 변화 속에서 블록체인은 적어도 보조 바퀴 역할을 해낼 수 있다.

5장

전례 없는
기회들이
쏟아진다

[사물 인터넷 비즈니스]

완전한 유비쿼터스 컴퓨팅을 향한 정신과 기계의 융합

DEEP TECH

Demystifying The Breakthrough Technologies That Will Revolutionize Everything

당신의 직장 동료 중 90%는 눈에 보이지 않는 기계가 될지도 모른다.
당신의 업무 대부분이 기계 없이는 불가능할 것이며 당신의 업무와 기계의 업무 사이에 경
계 또한 흐릿해질 것이다.

케빈 켈리(미래학자)

나이키 어댑트 BB부터
오큘러스 퀘스트 VR 고글까지

나와 비슷한 일을 하는 사람들은 무언가 예측하기를 좋아한다. 그럼
에도 불구하고 지금의 IoT 혁명이 이처럼 거대하고 빠를지 5년 전부터
예상한 사람은 별로 없을 듯하다. 실로 많은 이가 충격에 빠졌다. 자동
화를 향한 꿈은 산업 혁명 이래로 수도 없이 도전과 실패를 반복했다.
1960년대에 방영된 우주 SF 애니메이션 〈우주 가족 젯슨〉을 잠시 떠올
려 보자. 영상 통화가 가능한 손목시계나 3D 프린팅된 음식은 굉장히
특별하면서도 한편으로는 터무니없어 보였다. 이제는 스마트 도마나 스

마트 물병처럼 컴퓨터화된 기기들이 물론 평범한 것도 아니지만 더 이상 공상 과학의 전유물만은 아니다. 사물 인터넷은 바로 지금 이곳에 존재하며, 우리 눈에 보이지 않을 뿐 일상의 수많은 곳에 침투해 있다.

우리 집에서는 매일 아침 5시 30분이 되면 스마트 전구가 천천히 불을 밝힌다. 잠에서 깨면 먼저 아내에게 인사를 하기도 전에 아이폰을 쥔 채로 이른 아침에 도착한 메일이나 회의 일정이 없는지 확인하고 애플 워치를 손목에 찬다. 그다음에는 자동으로 신발 끈이 묶이는 나이키 어댑트 BB를 신고 아침 러닝에 나선다. 아리온Arion 스마트 인솔에는 압력 센서가 있어서 발이 땅에 어떻게 닿는지 측정 가능하며 이 측정 결과를 통해 걸음걸이를 조절할 수 있다. 러닝을 하는 동안에는 무선 이어폰 에어팟을 낀다. 스마트워치에 LTE 통신 칩이 내장돼 있어 음악이나 오디오북을 자유롭게 들을 수 있다. 이때 스마트폰은 필요하지 않으며 스마트워치가 달리기 속도와 경로, 그리고 칼로리 소모량까지 측정해 준다. 물론 시계 기능은 말할 것도 없다.

집에 돌아오면 위딩스Withings 스마트 체중계에 올라 몸무게를 잰다. 체중계와 연동된 헬스케어 앱에는 매일 체중이 어떻게 변하는지 기록된다. 샤워를 마치고 옷을 입은 뒤에는 오르캠OrCam을 장착한다. 이 웨어러블 스마트 카메라는 내가 만나는 모든 사람의 얼굴을 추적한다. 이름을 잘 기억하지 못하는 나에게는 매우 유용한 장치다. 주방으로 자리를 옮겨 스마트 스피커 홈팟HomePod에게 러닝하면서 듣던 플레이리스트를 이어서 재생해 달라고 요청한다. 아침용 시리얼 바를 먹기 전에 먼저 마이피트니스팔MyFitnessPal 앱으로 포장지의 바코드를 스캔한다. 이 앱은 칼로리 섭취량을 추적해 줄 뿐만 아니라 그날의 체중과 러닝에서 태운 칼로리를 모두 고려하여 권장 칼로리 섭취량을 조정해 준다. 같이 식사하던 아내는 1년 전 이 시간에 우리가 뭘 하고 있었는지 타입홉Timehop 앱을 이용해 보여 준다. 사용자 개인에 맞춰 자동으로 '과거의 오늘'을 추적하는 서비스다. 가족이 모두 외출하여 집이 비면 네스트Nest 스마트 온도계가 HVAC 가동을 멈춘다. 미처 꺼지지 않은 스마트 조명 역시 자동으로 꺼져 에너지를 절약해 준다.

이제 출근길이다. 교통 정보 앱 웨이즈Waze는 기존 경로에서 교통사고가 났을 경우 이를 알리고 우회 경로를 제시한다. 잠시 들른 스타벅스에서는 커피값을 스마트워치의 QR 코드를 이용해서 결제한다. QR 코드가 스타벅스 계정과 연동돼 있고 결국 애플페이Apple Pay 계정과도 연동돼 있기에 가능한 일이다. 드라이브스루로 주문해서 차에 앉은 채로 유럽에 있는 동료들과 줌 원격 화상 회의를 진행한다. 시차를 감안하면 그들에게는 저녁 인사를 건네야 한다. 회의록은 자연어 처리 앱인 보이시아Voicea가 음성을 인식하여 자동으로 작성해 준다.

회사 주차장의 여유 공간은 희미한 초록색 불빛으로 표시되며 이미 주차된 영역은 붉은색 불빛으로 표시된다. 회사 건물 출입은 보안 회전문으로 관리되며 출입 권한은 사원증에 내장된 근거리 무선 통신NFC 칩으로 입증된다. 업무 중 집 현관에 택배가 도착하면 스마트폰에 알림이 온다. 링Ring 스마트 카메라가 택배 기사의 사진을 보내 주기까지 한다.

점심을 먹으러 캐주얼한 느낌의 로컬 체인 레스토랑에 간다. 테이블에 있는 터치스크린을 이용해 샐러드를 주문한다. 식사를 마친 뒤 스마트워치를 스크린에 대고 탭하면 내장 NFC를 통해 결제가 이루어진다.

집에 돌아가면 짐을 싸고 타일Tile 기기에 연동하여 어디서든 짐의 위치를 추적할 수 있도록 한다. AI 비서 시리에게는 공항으로 가는 리프트Lyft 서비스를 호출해 달라고 요청한다. 공항에 도착하면 짐을 체크한 뒤 클리어Clear라는 생체 인증 시스템에 지문과 얼굴을 인식시킨다. 덕분에 보안 검색 절차가 아주 간소화된다. 클리어 계정은 라운지 계정과도 연동돼 있어서 라운지 외부의 지문 인식기에 손가락만 대면 라운지 출입이 가능하다.

마음이 편해지려는 찰나 별안간 다른 걱정이 휘몰아쳐 얼른 아이폰으로 이것저것 체크해 본다. 먼저 스마트 도어락 앱 어거스트August로 현관문이 잘 잠겼는지 확인한다. 혹시 모르니 잠금 버튼을 한 번 더 누른다. 다음으로는 BMW 커넥티드BMW Connected 앱으로 자동차 문이 잘 잠겼는지도 확인한다. 보딩 타임이 되면 스마트워치를 이용해 비행기에 탑승할 수 있다. 스마트워치 월렛에 디지털 보딩 패스가 연동돼 있기 때문이다. 종이 티켓을 사용하지 않은 지 벌써 몇 년이 지났다.

좌석에 편하게 앉은 뒤 좌석 옆의 승무원 호출 버튼을 눌러 물을 한 잔 받는다. 이 버튼도 사물 인터넷일까 궁금해진다. 타일을 통해 위탁 수하물이 제대로 실렸는지도 확인한다. 이륙하기 전 아이들과 페이스타임FaceTime으로 영상 통화를 한다. 아이들이 즐거워하도록 잠시 증강 현실 모드로 전환하여 내 얼굴이 강아지처럼 보이게도 해 본다. 아이들과 작별 인사를 나누자 곧 비행기가 이륙한다. 휴대용 가방에서 오큘러스

쿼스트 VR 고글을 꺼내 얼굴에 착용한다. 그 즉시 다리 뻗을 공간이 1미터도 채 안 되는 통조림 같은 공간에서 드넓은 가상 공간으로 이동하여 편안한 마음으로 가상 낚시를 즐긴다. 일생을 폐쇄 공포증에 시달렸던 나로서는 천국에 다다른 기분이다. 그러다가 가상 세계 속 개구리 울음소리, 귀뚜라미 소리, 나무를 간질이는 바람 소리에 이끌려 잠이 든다.

지금껏 묘사한 기기나 앱은 허구의 존재가 아니다. 물론 12시간 동안 이토록 밀도 있게 사용하는 시나리오는 꾸며 냈지만 실제로 2020년 현재 우리 집에서 모두 사용 중인 것들이다. 그렇다고 우리 가족이 유난히 첨단 기기에 열광하는 건 아니다. 그래도 전부 합치면 수십 가지는 족히 될 테니 스마트폰 하나에 앱 몇 개만을 사용하던 10년 전보다 확연히 늘어나긴 했다. 아무래도 미래학자 케빈 켈리의 예측이 점점 실현되는 듯하다. 이미 사물 인터넷은 지금 이곳 우리의 일상에 스며들어 있다. 1943년 IBM 회장 토마스 왓슨이 "전 세계 컴퓨터 시장의 규모는 5대 정도에 불과하다"라고 한 말은 시간이 지날수록 더 민망해진다.

5,000억 개의 IoT 기기가 만들 스마트한 세상

사물 인터넷, 즉 IoT를 이해하는 일은 바둑을 배우는 것과 비슷하다. 규칙만 놓고 보면 간단하지만 배우면 배울수록 더 깊고 복잡해진다. '일반적으로' IoT라고 하면 인터넷에 연결할 수 있는 디지털 기기를 뜻한다. 따옴표를 친 이유는 IoT를 확실하게 정의하기가 어렵기 때문이다. 어떤 정의는 디지털 기기를 엄밀히 따져 스마트폰 같은 기기만을 포함하는 반면, 어떤 정의는 여권에 내장된 무선 인식RFID 태그처럼 수동적인 사물까지 포함하기도 한다.

그런데 스마트폰이 IoT라고 하면 사실상 크기가 큰 스마트폰인 태블릿 PC도 IoT라 할 수 있는 걸까? 태블릿 PC가 IoT라면 랩톱이나 데스크톱은 또 어떠한가? RFID가 IoT라면 똑같이 외부 센서가 필요한 QR 코드는 어떻게 봐야 할까? 이러다 끝이 나기는 할까?

IoT에 포함되는 기기와 각종 요소들은 뒤이어 더 자세히 다루기로 하고, 일단 IoT를 확실히 정의 내리는 일은 잠시 내려놓도록 하자. 대신 보다 신중히 접근하여 사물 인터넷을 패러다임으로 바라보자. 우리는 IoT 시대에 살고 있다.

때는 2009년이었다. 글로벌 행사인 메이커 페어에서 나는 사물 인터넷의 개념을 처음으로 접했다. '메이커'란 여러 오픈 소스무료로 사용 가능한 툴과 문서와 저렴한 전자 장치를 결합해 무언가를 만드는 애호가를 뜻한다. 이들은 비전문가 얼리 어답터들로 개인적인 용도로든 예술적인 목적으로든 똑똑한 사물을 만들고 싶어 한다. 예컨대 인터넷에 연결된 콜라 자판기나 불이 들어오는 모자를 제작하는 것이다. 메이커들의 손을 거치면 멍청해 보이던 기계도 금세 스마트해진다. IoT가 추구하는 방향도 근본적으로 다르지 않다. IoT의 핵심은 오늘날의 기술을 현실 세계에서 쉽게 느끼고 사용할 수 있도록 더 확장하는 것이다. IoT는 이 과정에서 데이터 공유를 위해 와이파이나 클라우드 등 네트워크 인프라를 활용한다.

그렇다고 메이커들이 IoT 흐름을 선도한다고 하기는 어렵다. 21세기 초반에 유행했던 시대정신이 특이하게 발현됐다고 보는 게 적절할 듯하다. 하지만 메이커와 IoT 엔지니어의 등장 배경은 서로 비슷하다. 저렴한 전자 장치가 대규모로 표준화 및 상품화됐고, 웹 기술의 발달로 인해 전자 장치로 새로운 기기를 만드는 데 필요한 지식의 장벽이 낮아졌으며, 네트워크 인프라를 구축하는 것 또한 쉬워졌다. 초소형 컴퓨터 미시간 마이크로 모트Michigan Micro Mote만 봐도 크기가 2×2×4밀리미터로 쌀알에 맞먹을 정도이며 태양 전지가 전원을 공급한다.

이런 세상이라면 거의 모든 것이 '스마트'해질 수 있다. 네트워크에 연결된 IoT 기기의 수는 2016년 50억 개에서 2018년 100억 개로 증가했으며 2020년에는 220억 개에 이르렀다. 전 세계 인구를 모두 고려해도 한 명당 2.7개꼴이다. 이런 증가율이 지속된다면 2030년까지 5,000억 개는 쉽게 넘을 듯하다. 남녀노소 불문하고 한 명당 75개의 IoT 기기를 갖는 셈이다.

IoT 전문가 브루스 싱클레어가 말하기를 "세상은 더 효과적인 쥐덫을 원하는 게 아니라 쥐가 없는 환경을 원한다"라고 한다. 사람들은 제품보다 결과를 더 중요시한다. 성공적인 IoT는 더 나은 결과를 얻기 위해 기술을 활용하는 반면 실패작들은 확실한 이점 없이 기술에 지나치게 얽매인다. 스마트 온도계가 제안하는 가치는 명확하다. 에너지를 절약하고 그에 따라 돈도 절약한다. 디지털 물병이 내용물이 무엇인지만을 보여 준다면 가치가 불분명하다고 할 수 있다. 단순히 투명한 물병도 내용물은 보여 주기 때문이다. 그러니 IoT 세계를 이해하기 위해서 미시적 차원에서 거시적 차원까지 우리가 진정으로 원하는 결과가 무엇인지에 집중할 것이다. 즉 우리가 다룰 내용은 웨어러블과 같은 개인 IoT 기기부터 시작하여 스마트 홈, 나아가 스마트 시티와 스마트월드, 그리고 그 너머까지 이어질 것이다.

캡슐 내시경을 삼키는 최초의 사이보그 세대

웨어러블은 사물 인터넷에 속한다. 착용자가 '사물'이 되어 '인터넷에 연결'되는 셈이다. 우리는 스마트워치를 손목에 차거나, 스마트 목걸이를 목에 차거나, 스마트 섬유로 제작된 옷을 입거나, 스마트 신발과 스마트 안경과 스마트 귀마개 등을 착용할 수 있다. 만보계, 카메라, 또는 마이크처럼 어딘가에 꽂고 다닐 수 있는 기기도 웨어러블이다. 웨어러블 기기 대다수는 걸음 수나 심장 박동 수, 산소 포화도 등을 측정하기 위해 만들어졌다. 이런 자가 건강 측정에 열광하는 이들이 자신의 건강 데이터를 열심히 수집하고 있다. 현재 가장 큰 웨어러블 기기 시장은 바로 소비자 건강 시장이다. 심방 잔떨림 탐지나 산소 포화도 측정처럼 기존에는 의료 기기가 주도하던 영역에서 규격품 웨어러블 기기들이 점점 두각을 나타내고 있다.

일반적인 소비자가 가장 많이 사용하는 범용 웨어러블은 스마트워치다. 애플워치, 삼성 기어, 핏빗Fitbit이 대표적이다. 손목시계 폼 팩터는 사람들에게 이미 익숙하다. 다른 IoT에 비해 비교적 부피가 크기 때문에 전자 장치나 적당한 크기의 배터리를 넣기에도 좋다. 건강을 측정하는 용도 외에도 스마트워치는 스마트폰의 확장 기기로써 소규모 앱을 구동하는 데 사용할 수 있다.

예컨대 코로나 팬데믹 시기에 나온 한 스마트워치 앱은 사회적 거리 두기를 장려하기 위해 반경 2미터 이내에 2명 이상의 사람이 접근하면 진동으로 알려 주는 기능을 제공했다. 캘리포니아대학교 샌프란시스코 캠퍼스의 템프레딕트 연구 팀은 스마트 링 제작 업체 오우라Oura와 협력했다. 이들은 다양한 바이오마커biomarker를 이용해 코로나 바이러스 감염을 조기 진단할 수 있는지 연구했다. 웨어러블 기기가 원래 설계 의도보다 더 다양한 곳에서 사용될 수 있음을 보여 주는 사례였다.

캄 테크놀로지calm technology 연구자이자 작가인 앰버 케이스는 우리가 "최초의 사이보그 세대"라고 주장한 바 있다. 사이보그란 사이버네틱 유기체cybernetic organism의 합성어로, 기술과 아주 매끄럽게 조화를 이루어 기술이 신체의 중요한 일부로 자리 잡은 생명체를 말한다. 사이보그에게 내재된 기술은 마치 전문가 손 안의 공구처럼 자연스러운 일부분이 된다. 사람들 대부분이 스마트폰을 휴대하고 끊임없이 사용하고 있으니 이미 우리도 일종의 사이보그가 된 셈이다. 이제는 새로운 IoT가 등장하면서 사이보그 개념에 점점 더 친숙해지고 있다.

일종의 웨어러블 기기 중에서 최근 주목받는 것은 삼킬 수 있는 기기ingestible다. 안콘 메디컬 테크놀로지스Ankon Medical Technologies에서는 알약 모양의 내시경을 제작해서 인체 내부를 확인하고 병을 진단할 수 있도록 했다. 쓰리 스퀘어 마켓Three Square Market은 직원 40명의 자원을 받아 신체에 마이크로칩을 이식하여 화제를 모았다. 이 칩은 기본적으로 사원증 역할을 하며 사내 결제 등에도 사용된다고 한다. 자가 건강 측정에 극단적으로 열광하는 자들은 앞서 언급한 메이커와 신체 조작 서브컬처의 접점에서 새로운 시도를 하고 있다. 이들은 바이오해커biohacker라고 일컬어지며 마이크로칩이나 센서를 자신의 피부 밑에 심는다. 지금 21세기에는 무척 기이하게 보이는 일이지만 22세기쯤 되면 이 정도의 신체 조작은 귀를 뚫는 일처럼 흔해질지도 모른다.

사실 웨어러블만으로도 책 한 권은 족히 쓸 수 있다. 개인용 GPS 추적기부터 어린아이나 반려 동물을 위한 로잭LoJack, 유아 돌연사 증후군을 방지하기 위해 나와 아내가 갓난아기에게 부착해 놓은 개구리 모양 베이비 모니터까지 나열하자면 끝도 없다. 여기에 더해 스마트 바이크 헬멧과 수면 및 자세 모니터도 있으며, 수술적 기법으로 인공 다리에 신경 인터페이스를 탑재하여 환자가 무릎을 구부리거나 걸을 수 있게 하는 기술도 존재한다. 이런 웨어러블 기기들은 대개 스마트폰으로 연동되며 애플 헬스키트Apple HealthKit, 구글 헬스Google Health, 나이키 플러스Nike+ 등의 플랫폼을 통해 데이터를 공유한다.

헤이 구글, 내일 낮 12시 미용실 예약해 줘

내가 처음으로 사용한 가정용 IoT 기기는 아마존의 대시버튼Dash Button이다. 첫 딸을 낳고 얼마 지나지 않아서 나와 아내는 기저귀와 아기 손수건을 꾸준히 주문하고 있다는 사실을 깨달았다. 대시버튼은 우리 집 와이파이로 인터넷을 연결할 수 있었으며 우리의 아마존 계정과 연동됐다. 기저귀를 갈아 주는 곳 근처에 버튼을 두었다가 기저귀나 아기 손수건이 동날 때쯤 버튼을 눌렀더니 며칠 안에 산뜻하게 배송된 아기 용품을 받을 수 있었다. 정말이지 엄청나게 유용한 버튼이었다.

사람들은 보통 스마트 홈 또는 커넥티드 홈을 통해 IoT 기기를 처음으로 경험하게 된다. 아마존의 음성 인식 기기 알렉사, 네스트의 스마트 온도계, 또는 링Ring의 비디오 초인종 등 소비자들은 가사 부담을 조금이나마 덜기 위해 가정용 스마트 IoT 기기를 사용하고 있다. 2020년 기준으로 미국에서는 스마트 온도계 덕분에 연간 1억 달러 이상의 에너지 비용이 절감된다고 한다. 스마트 보안 시스템은 꾸준히 가격을 낮추는 한편 여전히 최고 수준의 고화질 보안 카메라와 장비를 제공하고 있다.

스마트 홈 기기는 대개 중앙 플랫폼을 통해 서로 연결되어 공통의 생태계 안에서 상호 작용한다. 구글 네스트Google Nest, 애플 홈키트Apple HomeKit, 아마존 알렉사 등이 대표적인 플랫폼이다. 이 플랫폼들은 모두 음성으로 조작되는 챗봇이며 브랜드마다 "알렉사", "헤이 구글"처럼 고유의 호출어로 작동된다. 그 뒤에 이어지는 음성 명령은 내부에서 자연어 처리를 거쳐 텍스트로 변환된다. 이 제품들은 워낙 다양한 기능을 제공하다 보니 최근 큰 인기를 얻고 있다. 애플 홈팟에 "시리야, 잘 자"라고 말하면 아래층에 있는 조명과 TV가 꺼지고 침실 스마트 조명은 25% 밝기로 켜진다. 집 외부에 설치된 스마트 잠금 장치도 모두 잠긴다.

웨어러블과 마찬가지로 스마트 홈 혁명도 아주 광범위하다. 적용 사례를 끝없이 들 수 있으며 매일같이 새로운 종류의 상품이 등장한다. 예를 들어 가정용 워터 컨트롤러 이브 아쿠아Eve Aqua, 아테나Athena의 IoT 보안 카메라, 아이베이비iBaby의 베이비 모니터가 이미 가정에서 사용되고 있다. 욕실에는 아이Ayi의 스마트 미러와 콜러Kohler의 스피커 샤워 헤드 목시Moxie가 함께한다. 위딩스Withings 스마트 체중계를 이용하면 체중 변화를 일 단위로 추적하고 BMI까지 계산 가능하다. 주방에는 삼성 스마트 냉장고와 토발라Tovala 스마트 오븐이 있다. 요리에 갓 입문했다면 저울이 내장된 찹박스ChopBox 스마트 도마가 도움이 될 것이다. 여기에 더해 스마티팬즈SmartyPans의 스마트 냄비를 사용하면 냄비 스스로 무게와 온도를 측정하고 앱과 연동하여 조리법을 제안하기도 하면서 조리 과정이 간편해진다.

IIoT 시장 규모가 14조 달러까지 커지는 이유

"산업 인터넷은 지능적인 기계, 고도화된 분석, 그리고 노동자의 창의성을 결합시킬 것입니다. 정신과 기계가 융합되는 것이죠."

GE의 수석 이코노미스트인 마르코 아눈치아타의 말처럼 산업용 사물 인터넷IIoT의 성장에 힘입어 제조, 물류, 농업, 군사 등 다양한 분야가 발전하고 있다. 약 30%로 추산되는 성장률이 계속 이어진다면 2030년 IIoT 시장 규모는 14조 달러에 달할 전망이다.

제조업은 IIoT의 가치를 실감하기에 가장 좋은 분야다. 제품을 대규모로 생산하는 데 사용되는 거대한 기계는 구입과 유지 보수에 비용이 많이 필요하다. 예상치 못하게 고장이라도 나면 기계가 제대로 돌아가지 못할 테고 결국에는 납기일을 맞추지 못하거나 품질이 떨어지는 제품이 생산되는 등 여러 문제가 발생할 가능성이 높다.

기계의 상태는 설비종합효율로 측정하곤 하는데 사실 IIoT를 활용하면 더 쉽게 파악 가능하다. 기계에 각종 센서를 부착하여 다양한 측정값을 얻을 수 있기 때문이다. 예컨대 어떤 설비에 기준치 이상의 열이 감지된다면 정비 팀은 온도 데이터 로그를 자주 확인하면서 혹시 모를 고장에 대비할 수 있다. 앞으로 시간이 지날수록 이런 설비들은 더 스마트해질 테고 대응 팀에도 점점 더 예방적인 조치를 권고할 것이다. 궁극적으로 대응 인원들은 정해진 매뉴얼을 따르고, 예측에 기반해 사전 대책을 마련함으로써 실제로 고장이 발생하기 전에 문제를 해결할 수 있을 것이다.

공장과 소매점을 잇는 공급망에서도 IIoT는 빛을 발한다. 국제 물류는 전통적으로 데이터 부족 문제에 시달렸으며 그저 달력과 종이 문서만으로 운영돼 왔다. 하지만 실시간 주문 추적 덕분에 많은 개선이 이루어졌다. 넓은 바다 위의 선적 컨테이너 위치가 GPS를 통해 개별적으로 파악이 가능해지자 기업들은 주문을 더 정확히 추적할 수 있게 됐다. 대표적인 서비스 제공 업체로는 마에르스크가 있다. 카고센스CargoSense 는 더 나아가 누구나 자신의 화물에 부착할 수 있는 IIoT 기기를 제공한다. 이 기기는 온도나 습도 같은 데이터를 측정하여 화물의 상태에 이상이 없는지 파악하며, 화물이 사고 없이 안전하게 운송됐다는 증표 역할을 해주기도 한다. 물류 업계에서 이런 기기가 제대로 사용된다면 품질과 보안이 향상되고 규정도 더 엄격히 준수될 것이다.

IIoT 기기는 대규모로 가동해도 비용이 비교적 적게 들기 때문에 필요한 곳이라면 어디에서든지 사용 가능하다. 예를 들어 야간에 초분광 카메라를 통해 창고 바닥을 모니터링하여 보조 경비 역할을 수행하거나, 지면의 습도를 측정하여 홍수를 조기에 예측하거나, 탕비실의 스낵 자판기가 비었다고도 알릴 수 있다. 칼앰프CalAmp와 팰릿 얼라이언스Pallet Alliance가 합작하여 만든 IoT 목재 팰릿은 물류 공정이 투명하여 기존 프로세스를 크게 손대지 않으면서도 저렴한 비용을 보장한다.

마지막으로 소매업계에서는 포스POS 시스템을 주목할 만하다. 이미 소비자들은 애플페이나 삼성페이 같은 NFC 시스템을 통해 스마트폰으로 결제를 하고 있으며, 소매업자들은 거대한 포스 시스템 대신에 손바닥 크기의 스캐너나 스퀘어Square의 모바일 카드 리더기를 도입하고 있다. 케이퍼Caper 스마트 카트는 보다 대형마켓에서 볼 수 있는데, 카트에 상품을 넣으면 이를 자동으로 스캔한 뒤 계산까지 완료된다.

하지만 소매업계에서 이런 적용 사례는 사실 일시적인 중간 과정에 불과하다. 앞으로는 다루기 쉬운 셀프 서비스 형태의 쇼핑 시스템이 대세가 될 것이다. 예컨대 아마존 고Amazon Go가 카메라를 기반으로 완전한 무인 점포 시스템을 이룬 것처럼 말이다. 아마존 고는 곧 다시 언급될 예정이다. 그럼 소매업 이야기는 이쯤에서 일단 접어 두고 거대한 스마트 시티의 세계로 이동해 보자.

스마트 그리드에서 스마트 시티, 스마트 월드로 가는 조건

인간의 산물 대부분은 언젠가 사라지기 마련이다. 국가나 기업도 예외는 아니다. 하지만 도시만큼은 쉽게 소멸되지 않는다. 원자 폭탄 투하로 폐허가 됐던 히로시마도 결국 다시 일어섰다. 복잡성 과학 연구자이자 산타페 연구소 공동 설립자인 지오프리 웨스트는 그 이유를 간단명료하게 설명했다.

"중요한 건 균형이 아니라 적응이다."

도시는 복잡 적응계부분의 합이 전체와 일치하지는 않는 체계 이기에 강력하다. 지금까지는 인간의 지능과 노동력이 적응을 주도했지만 이제는 거기에 새로운 요소가 추가됐다.

스마트 시티란 IoT를 대규모로 활용하여 각종 비용을 절감하고 지속 가능성 및 도시 생활의 수많은 면을 향상하는 프로젝트를 뜻한다. 세상 모든 IoT 프로젝트 중 4분의 1이 스마트 시티와 관련돼 있다. 스마트 시티라고 해서 반드시 아부다비의 마스다르처럼 계획도시여야 한다는 법은 없다. 그보다 IoT 기기를 통해 교통이나 에너지 소비 같은 중추적인 시스템을 개선하는 게 중요하다. 초창기 스마트 시티의 대표적인 예는 대한민국 서울이다. 전통이 깊으면서도 새로움을 놓치지 않은 훌륭한 도시라 할 수 있다.

스마트 시티의 발전 과정은 성숙도에 따라 세 단계로 나뉜다. 1단계는 도시의 기본 인프라, 즉 교통, 환경, 문화 등을 구축하는 단계다. 2단계는 IoT를 통해 각종 서비스를 수직 통합 및 개선하는 단계다. 팰로앨토의 교통 신호 시스템이 좋은 사례가 될 듯하다. 교통 신호와 인공 지능 메시 네트워크를 융합하여 매번 변하는 교통 흐름에 알맞게 대응하는 신호 체계가 만들어졌다. 3단계는 수직형 시스템들을 수평으로 통합하여 다양한 서비스 영역을 전반적으로 개선하는 단계다. 서울의 스마트 도시 실험에서 세 번째 단계가 의미하는 바는 모든 정보가 유기적으로 통합되고 앱을 통해 그런 정보에 접근할 수 있는 도시였다. 모든 시민이 스마트 유저smart user가 되는 도시인 셈이다. 아무리 도시마다 발전 속도가 다르더라도 대부분 이 세 단계를 충실히 거치게 된다.

그러나 진정한 스마트 도시가 되기 위해서는 반드시 지속 가능한 도시가 돼야 한다. 특히 전기와 에너지 면에서 지속 가능해야 한다. 미국을 비롯한 수많은 국가에서는 국지적인 전력 생산과 사용을 대강 합쳐서 계산하여 전기 송신을 계획한다. 2021년에도 여전히 석탄 화력 발전소가 세계 전력 생산 중 가장 큰 비중을 차지하고 있다. 석탄 화력 발전은 세계 기후 변화의 주범이기도 하다. 석탄 채굴이 가능한 장소는 많지 않지만, 석탄은 어디에나 운반하여 발전에 사용할 수 있기 때문에 국지적으로 전력을 생산하기에 용이하다. 반면 지열이나 태양열, 풍력 등 저탄소 재생 에너지는 전력을 생산할 수 있는 장소가 제한적이다. 이러면 생산된 전기 자체를 다른 곳으로 보내야 하는데 이는 지금까지도 쉽게 해내지 못한 일이다.

결국 재생 에너지가 주류로 올라서기 위해서는 IoT가 핵심인 스마트 그리드가 반드시 필요하다. 그래야만 최적의 방식으로 전력을 측정하고 관리하며 주고받을 수 있다. 심지어 미래의 전력 사용을 예측하는 것도 가능해진다. GE는 산업 인터넷 컨소시엄을 중심으로 스마트 그리드 분야를 선도하고 있다. 특히 IIoT에 과감하게 투자하여 풍력 발전기를 비롯한 각종 발전기와 스마트 그리드 기술의 발전을 도모하는 중이다. 에너지 전송과 별개로, 스마트 시티에서는 전력 사용량 자체를 줄이는 것도 가능하다. 네스트의 스마트 홈 기기처럼 우리는 기업, 도시, 나아가 국가 수준에서 에너지를 최적으로 사용할 수 있다. 에너지 절약은 지속 가능한 순환 경제를 실현하는 데 아주 중요한 열쇠가 될 것이다.

스마트 시티처럼 한정된 영역에서 스마트 그리드 같은 네트워크로 눈을 돌렸으니 이제는 스마트한 세계를 만들어 나갈 차례다. 이미 수많은 기술이 도시와 그리드를 초월해 국경을 가로지르고 있다. 어떻게 보면 규모만 커진 것 같지만, 지금도 누군가는 지구 전체의 생태계에 관한 지식을 수집하고 공유하고자 할 테니 분명 규모 이상의 의미가 있다.

미국 방위고등연구계획국의 존 워터스톤은 사물의 바다라는 프로젝트를 이끌고 있다. 이 프로젝트의 목표는 앞으로 수년에 걸쳐 IoT 센서 5만 개를 전 세계 바다에 떨어뜨리는 것이며 그 뒤로도 더 많은 센서가 투입될 예정이다. 육지보다 바다가 지구 표면을 더 많이 차지한다는 점을 고려해 보면 인류는 이 프로젝트를 통해 지구를 더욱 깊이 알 수 있을 것이다.

한편 육지로 눈을 돌려 보면 위험하고 외진 사막 지역의 인산염 광산을 모니터링하기 위해 FGR 오토메이션_{FGR-Automation}에서 태양 전지로 작동하는 IoT와 데이터 커뮤니케이션 시스템을 개발했다. FGR의 IoT 기기는 온도, 습도, 압력을 모두 측정할 수 있다. 측정된 데이터는 클라우드 시스템으로 흘러들어 가서 큐뮬로시티_{Cumulocity}의 IoT가 제공하는 날씨 데이터와 짝을 이룬다. IoT 시스템이 산업형 농장의 상태를 더욱 확실하게 추적할수록 비료의 효용성을 높이고 결과적으로 전 세계 작물 수확량이 더 안정되는 효과가 나타날 것이다.

의식하지 못하게 하라, 진정한 캄 테크의 시대

'수상하게 생긴 남자가 조심스레 마트에 들어와 바삐 눈을 굴린다. 이내 진열대에서 물품을 이것저것 집어 코트 안 깊숙이 넣는다. 남자가 출구로 나가려는 찰나, 보안 요원이 그를 부르며 다가오더니 미소를 띠며 영수증을 챙겨 가라고 일러 준다.'

1990년대 IBM의 광고에서 나온 장면이다. 현재 시애틀에 있는 아마존 고가 당시 예측한 상점의 모습이 아닐까 싶다. 아마존 고 이용자는 입장할 때 각자의 아마존 계정을 연동한다. 진열대에서 물품을 골라 그대로 매장을 나서면 아마존 계정으로 비용이 청구된다. 계산대 앞에 줄을 설 일도, 판매원에게 계산을 맡길 일도 없다. 나는 일부러 아마존 고 시스템에 혼란을 주어 맹점을 찾으려 했다. 물건의 위치를 옮기거나, 물건을 재킷 주머니에 슬쩍 넣어 보거나, 입장과 퇴장을 몇 번이고 반복해 보기도 했다. 물론 어림도 없었다. 정확하고 지체 없이 물 흐르듯 운영되는 무인 매장. 아마존이 이 어려운 일을 해냈다.

아마존 고에 사용된 기술은 아주 새로운 종류의 기술이 아니었다. 카메라, 2D 코드, 각종 센서, 그리고 AI 기술 모두 전부터 익히 사용되던 요소들이다. 쉽게 접할 수 있는 기술들을 모아 전혀 새로운 무언가를 창조하는 능력이야말로 딥테크의 정수라 할 수 있다. 앞으로 10년 동안 IoT를 활용하는 새로운 제품이 크게 늘어날 전망이다. 조합적 창의성을 발휘하여 기존 요소 몇 가지를 참신하게 결합하기만 한다면 가능한 일이다. 요한 볼프강 폰 괴테은 이런 말을 했다.

"우리는 언제나 스스로 변화하고 쇄신하며 활기를 북돋아야 한다. 그렇지 않으면 굳어지고 말 것이다."

모든 발명은 비용을 절감하고 싶은 마음에서 탄생한다. 몇몇 훌륭한 IoT 프로젝트는 값비싼 기능을 저렴한 비용으로 재현하는 데 목적을 둔다. 교수이자 발명가인 조슈아 시겔은 일찍이 카두이노Carduino 라는 IoT 기기를 개발한 바 있다. 자동차와 스마트폰 센서를 활용하여 자동차의 상태를 체크하는 텔레매틱스 기기였다. 사용자는 원하는 기능을 프로그래밍으로 직접 구현하면 된다. 예를 들면 가속도계를 이용해 타이어 압력을 측정하거나 비가 올 시에 자동으로 창문이 닫히게 할 수 있으며 인터넷을 통해 원격으로 시동을 걸 수도 있다. 사실 신형 자동차에는 이런 기능들이 이미 탑재돼 있다. 하지만 카두이노 같은 기기를 사용하면 불과 수십 달러만으로 오래된 자동차를 재탄생시킬 수 있다.

비슷한 예는 수도 없이 많다. 코로나 팬데믹 동안에 라이스 대학교는 환풍기 부족 사태를 막기 위해 아폴로BVM ApolloBVM 이라는 오픈 소스 환풍기를 공개했다. 제작 비용은 대략 200달러 정도였는데 기성 액추에이터 제품 몇 가지와 아두이노 Arduino IoT 플랫폼이 포함됐으며 구성 요소들을 체결하는 데는 3D 프린팅된 부품들이 사용됐다.

이렇게 조합적 창의성이 폭발적으로 발현되면서, 오랫동안 SF 작가들이 그려 온 유비쿼터스 컴퓨팅이 현실로 다가오고 있다. 우리 주변이 온통 스마트한 물건으로 가득 찬다고 생각해 보자. 스마트 기기들은 주변 환경을 감지하고 그에 알맞게 대응하며 측정한 정보를 다른 기기와 공유까지 할 것이다.

이런 세상에서라면 인간은 특정 기기에 대고 의식적으로 명령을 내리지 않아도 주변 세계와 자연스럽게 상호 작용할 수 있다. 기존에는 '리모컨'을 들어 '텔레비전'을 '켠' 뒤 원하는 '방송'을 보려고 '채널'을 돌려야만 했다. 하지만 이제는 음성 명령과 저렴한 스마트 월 smart wall, 그리고 AI 비서를 옆에 두는 세상이 왔다. 어느 방에든 들어가서 "오늘 발리에서 무슨 일이 있었니?"라고 묻기만 하면 작동 가능하면서도 가장 가까이 있는 기기가 라이브 비디오 스트리밍과 관련 통계를 보여 줄 것이다. 기기는 스마트 월이 될 수도, 스마트 글래스가 될 수도 있다. 컴퓨팅 기기가 무대 뒤로 물러나는 순간 우리는 더 이상 그런 기기를 의식할 필요가 없어진다. 진정한 캄 테크calm tech 시대가 열리는 셈이다.

하지만 유비쿼터스 컴퓨팅 세상에 살고 싶다면 먼저 기술을 탄탄하게 구축해야 한다. 이제 IoT의 기술적 기반을 다룰 차례다.

전통 산업 구조를 흔드는 4차 산업 혁명의 주역

본질적으로 사물 인터넷은 누구나 못 보고 지나칠 법한 평범한 기술들을 적당히 되는 대로 모은 결과라 할 수 있다. 인공 지능처럼 섹시하지도 않고 블록체인이나 자율 주행이 일으킬 파괴적 혁신과도 거리가 멀어 보인다. 하지만 IoT의 가장 큰 매력은 은행 강도 윌리 서튼이 은행을 턴 이유와 유사하다. 그가 "은행에 돈이 있기 때문"이라고 답했듯, IoT에는 데이터가 있다. 정보화 시대의 사활은 결국 데이터에 달려 있음이 드러났다. 그렇기 때문에 IoT는 현재 실현된 그 어느 딥테크보다 우리가 사는 방식과 일하는 방식을 바꾸고 있으며, 제4차 산업 혁명의 주역이 되어 기존의 산업 구조를 조용히 다시 써 내려가고 있다.

스마트 워치와 스마트폰, 그리고 태블릿 PC와 랩톱까지 이 기기들은 정도의 차이만 있고 본질적으로는 다르지 않다. 사람이 마케팅을 목적으로 구분해 놓았을 뿐이다. 스마트 워치는 범용 기기일까 아니면 특수 기기일까? 아마도 스마트 워치가 얼마나 '스마트'하느냐에 따라 답이 달라질 테다. 설령 그렇더라도 그 경계는 뚜렷하지 않다. 랩톱과 데스크톱의 경계는 어디이며, 또 데스크톱과 서버의 경계는 어디일까?

사실 IIoT 기기도 산업용 센서가 부착된 아주 작은 컴퓨터라 할 수 있다. 클라우드 컴퓨터 역시 IoT 인프라의 핵심적인 요소이며, 클라우드 컴퓨터와 밀접하게 연관된 AI, 블록체인, 양자 컴퓨터 등도 IoT 인프라를 구성한다. 스마트 워치 같은 웨어러블 기기는 IoT의 정의를 만족하는데, 알고 보면 VR 및 AR 기기도 IoT의 정의에 부합한다. 자율 주행차는 본질적으로 IoT 기기들 무리에 바퀴가 달린 것에 불과하다. 이 문단에서 나열한 각종 기술들은 대부분 그 자체로는 IoT가 아니다. 그러나 마치 칵테일처럼 모두 모아서 섞고 보면 IoT가 아닌 것이 없다.

IoT가 이토록 중추적인 역할을 할 수 있는 이유는 IoT가 애초에 범용적이기 때문이다. IoT를 적용 가능한, 또는 적용할 만한 곳을 전부 나열하자면 절대 끝이 나지 않을 것이다. 그보다는 사물 인터넷을 크게 두 파트로 나누어 '인터넷'과 '사물' 각각에 관련된 기술을 살펴보고자 한다.

사물 인터넷을 만든 인터넷의 모든 것

스콧 피츠제럴드가 "부자들은 우리와 다르다네"라고 말한다. 그러자 어니스트 헤밍웨이가 답한다. "맞아. 부자들은 우리보다 돈이 많지."

이 짧은 이야기는 '다름'의 의미가 상대적일 수 있음을 시사한다. 사물 인터넷도 예외는 아니다. IoT 기기는 평범한 사물과 별반 다르지 않지만 그저 인터넷에 연결돼 있을 뿐이다. 하지만 이 단순한 차이점만으로는 인터넷에 연결된 사물과 그렇지 못한 사물 사이에 존재하는 어마어마한 격차를 설명하기가 어렵다. 그 답을 찾기 위해 우선 '사물'이 어떻게 '인터넷'에 연결되는지 살펴보겠다.

전자 기기 사이에 데이터를 전송하겠다는 아이디어는 아주 오래 전부터 있었다. 인터넷이 탄생하기 한 세기 전에 일찍이 새뮤얼 모스가 알파벳과 숫자에 하나하나 대응하는 전신電信 기호를 고안했다. 지금이야 모스 코드를 외워서 긴 문장을 일일이 변환하여 전송하는 작업이 지루하게 느껴지겠지만, 당시만 해도 사람이 말을 타고 전보를 전달하는 포니 익스프레스Pony Express에 비하면 전송 속도가 훨씬 빨랐다.

인터넷은 연구용 컴퓨터와 컴퓨터 사이에 파일을 전달하는 데서 출발했다. 0과 1로 이루어진 신호는 모스 부호보다 훨씬 강력했다. 1969년에는 인터넷을 통해 최초로 메시지가 전송됐다. 그 내용은 "LO"였는데 실은 "LOGIN"이라고 보내려 했지만 시스템이 먹통이 되는 바람에 뒷부분을 입력하지 못했다고 한다. 함께 개발된 네트워크 프로토콜은 지금도 IoT 기기에 사용된다. 이제는 신발에 가해지는 압력 데이터를 실시간 스트리밍하여 누군가에게 말하지 않아도 택시를 호출하는 일마저 가능해졌다. 이 네트워크 프로토콜은 너무나 범용적이었기에 아직도 쓰임새가 많으며 참신한 방식으로 끊임없이 활용되고 있다.

인터넷의 강력함이 어디에서 나오는지 알고 싶다면 인터넷을 구성하는 요소인 네트워크 계층layer과 토폴로지topology를 살펴볼 필요가 있다. IoT를 만들어 내는 유연함은 이 구조에 기반한다. 이어서 전문적인 내용을 밀도 있게 설명하겠다. 그래도 네트워크 구성 요소를 이해하지 못하면 IoT의 진정한 힘과 유용함도 깨달을 수 없을 것이다.

OSI 7계층

인터넷이 작동하는 구조, 그리고 이 구조의 강력함은 프로토콜과 맞닿아 있다. 개방 시스템 상호 연결OSI 모델은 네트워크 구조를 7개 계층으로 분리한다. 아래서부터 물리physical, 데이터 링크data link, 네트워크network, 전송transport, 세션session, 표현presentation, 응용application 순으로 계층이 구성된다. 이 7가지 계층이 있으면 부호화된 정보를 전송하는 네트워크를 얼마든지 구현할 수 있다. 예를 들어 블루투스Bluetooth를 통해 스마트폰 사이에 이미지를 전송하거나, 음성 인터넷 프로토콜VoIP로 음성 신호를 전송할 수 있다. 본질을 따지자면 송신인의 제안을 수신인이 수락하는 것일 뿐이지만, 일단 지금 우리의 목적은 각 계층이 무엇인지 파악하는 데 있다.

첫 번째, 물리 계층이다. 이 계층이 유선이든 무선이든지 간에 우리는 어떻게든 한 장소에서 다른 장소로 신호를 물리적으로 전송해야 한다. 여기에서 말하는 신호는 전파나 전자 같은 물리적 현상을 디지털 신호로 나타낸 것이다. 이 신호는 높고 낮음이 오로지 0과 1, 즉 비트bit로 표현되며 물리적 매체를 통해 전송된다.

두 번째, 데이터 링크 계층이다. 여기에서는 물리적 전송 매체를 이용해 신호를 데이터 프레임으로 만들고 이 정보를 네트워크상에서 두 기기가 주고받을 수 있도록 한다.

세 번째, 네트워크 계층에서는 여러 대의 기기_{노드라고도 불린다}와 네트워크들이 서로 연결된다. 이 계층은 데이터 패킷이 전달되는 최적의 경로를 선택하는 작업, 즉 라우팅 작업을 맡는다. 그리고 인터넷 프로토콜_{IP} 주소를 활용하여 네트워크상의 다른 컴퓨터를 찾을 수도 있다. 예를 들면 네트워크 계층을 통해 아이폰이 셀 타워_{cell tower}에 연결되고 궁극적으로는 넷플릭스에까지 연결된다. 이제 노드가 여러 대인 네트워크가 있으니 신뢰할 만한 표준 방식으로 데이터를 전송해야 할 때다.

네 번째, 전송 계층이다. 여기에서의 역할은 네트워크상에서 송신자와 수신자 사이에 데이터 세그먼트_{segment}가 신뢰성 있게 전송되도록 하는 것이다. 웹 페이지나 비디오 스트리밍처럼 우리가 흔히 떠올리는 인터넷에는 주로 전송 제어 프로토콜_{TCP}이 쓰인다. TCP는 서로 다른 시스템을 가진 컴퓨터들을 서로 연결하고 데이터를 전송하는 데 사용하는 통신 프로토콜의 집합으로 인터넷 네트워크의 핵심이다.

인터넷의 핵심은 네트워크 계층과 전송 계층이며 이곳에서 사용되는 프로토콜을 TCP, IP라고 간단히 줄여 표현한다. 물론 다른 종류의 프로토콜도 존재한다. 이렇게 OSI 계층 중 몇몇은 연관성이 매우 깊어서 마치 하나처럼 묶어서 볼 수도 있다.

슬슬 네트워크가 좀 더 구체적으로 느껴지기 시작한다. 물리적으로 비트를 전송할 수 있고, 지구 반대편에 있는 기기에 비트를 보낼 때 신뢰할 만한 최적 경로를 찾는 것도 가능하다. 지구 곳곳을 누비는 비트들에 의미를 부여하는 것은 상위 계층의 몫이다.

다섯 번째, 세션 계층이다. 각종 전문적인 기술로 가득하다. 하지만 근본적인 역할은 노드 사이의 데이터 전송이 오랜 기간 동안 안정적으로 이루어지도록 하는 것이다. 우리가 전화 통화를 할 수 있는 것도 세션 계층 덕분이다.

여섯 번째, 표현 계층이다. 지금까지 이진 표현만으로 유지돼 온 데이터가 이곳에서 의미를 되찾는다. 즉 일련의 비트 정보가 이미지나 비디오, 이모티콘 등으로 변환된다.

마지막 일곱 번째, 응용 계층이다. 이곳에서 비로소 사용자가 네트워크와 상호 작용한다. 예를 들면 하이퍼텍스트 전송 프로토콜HTTP을 이용해 웹 페이지를 보거나, 시큐어 셸SSH을 통해 원격으로 명령어를 전달할 수 있다. 제1계층부터 제6계층까지는 컴퓨터를 위한 계층이며 마지막 응용 계층은 인간과 컴퓨터 모두를 위해 존재한다.

물론 IoT를 만드는 데는 네트워크 계층뿐만 아니라 더 많은 사항이 고려된다. 우리는 네트워크 토폴로지, 즉 여러 노드가 어떻게 배치돼 있는지 생각해야 한다. 피어 투 피어peer to peer, 망형mesh, 성형star 등이 대표적이다. 일관성과 가용성, 그리고 시간 지연 사이의 트레이드오프는 물론이고, 프로토콜의 인기도 같은 리스크 역시 고려 대상이다. 데이터가 과도하게 오가는 채티니스chattiness 현상은 배터리를 급격하게 소모시키기도 한다. 개방성openness은 네트워크의 속성이지만 그 자체로 우려의 대상이 되곤 한다. 이 모든 사항에 대한 답은 바로 다양한 종류의 프로토콜이다.

기기마다 다른 네트워크 프로토콜

지금까지 알아본 OSI 계층의 개념을 사용하면 강한 데이터 네트워크를 구축할 때 필요한 요소들을 일반화하여 잘 설명할 수 있다. 하지만 어떤 IoT 네트워크 프로토콜이 우리에게 유용할지 정확히 알아보려면 아직 파악해야 할 내용이 조금 더 남아 있다. 먼저 네트워크상의 기기들이 서로 어떤 배치를 이루며 연결됐는지 이해해야 한다. 이를 네트워크 토폴로지라고 한다.

'우리 집 스마트 온도계는 다른 기기와 함께 스마트 홈 허브에 연결돼 있을까, 아니면 각 기기가 망형으로 서로 연결돼 있을까?', '내 스마트 워치는 LTE 칩을 통해서 가장 가까운 셀 타워와 직접 연결되는 걸까, 아니면 블루투스를 통해 먼저 스마트폰과 연결한 뒤 셀 타워와는 간접적으로 연결되는 걸까?'

이런 질문의 답은 제품이 제공하고자 하는 사용자 경험에 따라 달라진다. 그리고 그 답에 따라 어떤 네트워크 프로토콜을 지원할지도 결정된다.

다른 퍼즐 조각은 IoT 기기의 통신 범위를 파악하는 것이다. 공장에서 가동하는 기계에 달린 산업 데이터 수집 기기는 공장 내에서만 통신이 이루어져도 충분하다. 반면 북극에서 사용되는 기압계는 측정한 값을 몇 킬로미터가 떨어진 기지에 보내야 하며, 어쩌면 지구 궤도를 도는 인공위성까지 보내야 할 수도 있다. 다행히 무선 통신 범위에 따라 IoT 네트워크 분류 체계가 잘 갖추어져 있다.

가장 범위가 좁은 건 나노 네트워크nanonetwork 인데, 아주 미세한 전자 장치들이 밀리미터 범위에서 통신하는 경우를 말한다. 그다음으로는 근거리 무선 통신이 있다. 호텔에서 열쇠로 사용하는 카드나 스마트폰 결제 시스템인 애플페이와 삼성페이 등이 대표적인 예다. 범위를 더 넓히면 웨어러블 기기를 위한 인체 영역 네트워크BAN: Body Area Network, 그리고 블루투스 마우스처럼 작업 공간에서 사용하는 기기를 위한 개인 영역 네트워크PAN: Personal Area Network가 있다. 그다음은 보다 친숙한 개념인 로컬 영역 네트워크LAN: Local Area Network다. 가정 내 스마트 TV나 직장에서 사용하는 랩톱처럼 와이파이로 연결되는 기기들이 LAN을 이용한다. 여기에서 더 넓어지면 캠퍼스 네트워크CAN: Campus Area Network와 도시권 네트워크MAN: Municipal Area Network가 있다. 가장 범위가 넓은 건 광역 네트워크WAN: Wide Area Network이며 전 세계를 연결하는 인터넷이 여기에 해당된다.

IoT 기기를 만든다면 반드시 던져야 할 질문이 있다. '이 기기의 통신 범위는 얼마나 넓은가?' 애플워치는 블루투스를 통해 스마트폰과 연결되면 충분할 테니 PAN이라 볼 수 있다. 하지만 스마트 주차장에 사용되는 기기라면 LAN이나 CAN을 통해 연결돼야 할 것이다.

지금까지 네트워크를 이루는 OSI 계층과 네트워크의 분류 체계를 살펴보았다. 이제 전문적인 개념과 용어에서 잠시 벗어나 오늘날 IoT에 주로 사용되는 네트워크 프로토콜 몇 가지를 장점과 단점 위주로 소개하겠다. 1926년 니콜라 테슬라는 이렇게 말했다.

"무선 기술이 완벽히 적용된다면 전 세계는 하나의 거대한 두뇌가 될 것이다. 실제로 모든 것은 실재하고 리드미컬한 전체에 일부로서 속한다. 우리는 거리에 상관없이 서로 즉시 소통할 수 있을 것이다. 이뿐만 아니라 수천 킬로미터를 떨어져 있어도 텔레비전과 전화를 통해 마치 얼굴을 마주한 듯 생생하게 서로를 보고 들을 수 있을 것이다. 이를 가능케 할 기기는 현재의 전화기에 비하면 놀라울 만큼 단순할 것이다. 조끼 주머니에 넣고 다닐 정도로 말이다."

전력 소모량과 네트워크 트래픽 사이에는 연관성이 존재한다. 일반적으로는 데이터 전송량이 많아질수록 전력 소모도 많아진다. 삽으로 땅을 팔 때를 생각해 보자. 삽이 클수록 더 많은 흙을 한 번에 담을 수 있지만 그만큼 더 큰 힘이 필요하다. 한편 삽이 작으면 그만큼 더 자주 흙을 떠 내야 하는데 이 또한 힘들기는 마찬가지다. 즉 흙을 더 많이 나를수록 더 많은 에너지가 필요하다. 이 법칙은 절대 피해 갈 수 없다. 하지만 특정 작업에 적합하도록 삽을 만들 수는 있다. 무선 전자 기기의 세계에서 에너지 소모와 데이터 전송 사이에 균형을 맞추는 일은 끝이 보이지 않는 싸움과도 같다. 지금도 IoT 업계의 패권을 차지하기 위해 몇 가지 저전력 무선 통신 표준이 서로 경쟁하고 있다. 각 표준 기술은 OSI 모델에서 서로 다른 계층과 대응된다.

어떤 네트워크 프로토콜이 적합할지 결정을 내릴 때는 먼저 물리적인 범위를 고려하는 게 좋다. 웨어러블 기기라면 근거리 통신이 가능해야 하고 주차장 IoT라면 광역 통신이 가능해야 한다. 이렇게 큰 범주를 결정한 뒤에 NFC나 와이파이처럼 그 안에서 가장 인기가 좋은 프로토콜을 찾으면 된다. 물론 여기에서 가용 전력이나 통신 속도 및 범위 등 기술적인 문제가 예상된다면 늘Neul 이나 로라완LoRaWan 처럼 비주류에 속하는 네트워크를 채택할 수도 있다. 그리고 되도록 개방형 프로토콜을 사용하길 권장하며, 사업적으로든 기술적으로든 독점적 프로토콜이 더 적합하다면 스레드Thread 나 지그비ZigBee 같은 기술도 고려해 봄직하다.

IoT 기기를 이야기할 때면 주로 기기의 물리적인 면이 부각되곤 한다. 하지만 IoT 기기를 인터넷에 어떻게 연결할지 결정하는 일 또한 상당히 어렵다는 점을 기억해 두면 좋겠다. "바다 한가운데에는 셀 타워가 없다"라는 한마디를 소개하고 싶다. IoT 업계에 있는 친구가 좋아하는 말이다.

IoT의 인터넷 연결 방식은 대개 상황에 따라 결정된다. 이 결정이 어려운 이유는 모든 선택지를 파악하고 적절한 기준을 세울 줄 알아야 하기 때문이다. 인터넷이나 책을 보면 실패 사례를 수없이 많이 찾을 수 있으며, 몇몇 사례는 이 장의 마지막에도 소개돼 있다. 지금까지 사물인터넷의 '인터넷'을 알아보았으니 이제는 '사물'로 넘어갈 차례다.

무형의 통신망과 연결되기 위한 최소한의 사물

"그 어떤 부품도 억지로 체결돼서는 안 된다. 여러분이 재조립하는 부품은 모두 여러분이 직접 분해했다는 사실을 명심해야 한다. 그러므로 부품이 다시 조립되지 않는다면 반드시 이유가 있을 것이다. 무슨 일이 있어도 망치를 사용하는 일은 없어야 한다."

1925년 IBM 매뉴얼에는 이런 항목이 있었다. IoT에서 '사물'을 구성하는 물리적인 요소들은 다양한 방식으로 분류될 수 있다. 하지만 다음의 세 가지로 나누는 게 제법 유용해 보인다. 바로 트랜스듀서transducer, 컴퓨터, 전원 공급 장치다. 이 세 범주는 각각 다시 하위 범주로 나뉠 수도 있지만 실질적으로 이 정도 수준의 분류가 앞으로의 논의에 적절하다.

트랜스듀서: 인풋 담당 센서와 아웃풋 담당 액츄에이터

트랜스듀서는 센서sensor와 액츄에이터actuator 두 가지 장치로 나뉜다. 센서는 이름에서 알 수 있듯 주변 세계를 감지한다. 인간의 신경도 센서의 일종으로 외부의 다양한 자극을 뇌가 이해할 수 있는 신호로 변환한다. 예컨대 빛은 색깔로, 열은 뜨거운 감각으로 변환된다. 디지털 센서도 이와 비슷하게 작동한다. 다른 점은 아날로그 신호를 컴퓨터가 이해할 수 있는 디지털 코드로 변환한다는 것뿐이다.

애플워치에는 아날로그 센서와 디지털 센서가 모두 내장돼 있다. 나침반, 위성 항법 장치, 고도계, 전기 심박 센서와 광학 심박 센서, 가속도계, 자이로스코프, 주변광 센서, 마이크, 압력 센서 등 종류도 다양하다. 나침반, 가속도계, 자이로스코프를 비롯한 대부분의 센서는 작은 콤비네이션칩combination chip이다. 복수의 표준을 지원하는 싱글칩single chip도 물론 있는데, 가령 위성 항법 장치로 GPS, 글로나스GLONASS, 갈릴레오Galileo, QZSS를 모두 사용 가능하다. IoT 기기의 보편적인 용도는 간단한 데이터 수집이다. 날씨 센서나 스마트 홈 저울을 떠올리면 쉽다. 이런 기기를 이루는 주요 부품은 인터넷에 연결된 센서다.

액츄에이터는 여러모로 센서와 대비되는 장치다. 센서가 컴퓨터로 들어가는 신호를 책임진다면 액츄에이터는 컴퓨터와 외부 세계의 상호 작용을 담당한다. 즉 센서는 인풋과, 액츄에이터는 아웃풋과 연관 지을 수 있다. 애플워치 예시를 다시 들자면, 스피커나 OLED 디스플레이, 햅틱 피드백 시스템 등이 액츄에이터에 속한다. 스마트 TV처럼 간단한 IoT 기기도 단순히 스크린만으로 구성되지는 않는다. 리모컨 사용을 위한 적외선 및 무선 주파수 센서가 있으며 주변이 어두워지면 화면도 어두워지도록 주변광 센서 또한 존재한다. 액츄에이터만으로 작동하는 IoT 기기는 거의 없다.

불가사의할 정도로 작아진 컴퓨터

IoT 기기의 내부에는 작은 컴퓨터가 자리하고 있다. 우리가 일반적으로 생각하는 컴퓨터의 구성 요소에는 연산을 위한 마이크로프로세서, 램RAM 같은 기억 장치, 데이터를 더 장기적으로 보관하는 낸드 플래시NAND flash 같은 저장소, 그리고 데이터 전송을 위한 와이파이 실드Wi-Fi shield 등이 있다. 이 모든 게 전부 필수라고 볼 수는 없지만 IoT 컴퓨터에도 흔히 포함되는 요소임에는 틀림없다. IoT 컴퓨터 하드웨어가 흥미로운 점은 그 크기가 불가사의할 정도로 작다는 데 있다. 덕분에 전력 소모가 크게 줄었으며 아주 저렴한 가격으로 대량 판매가 가능해졌다.

IoT 컴퓨터는 워낙 수요가 많아서 용도에 따라 플랫폼 형태로 판매가 이루어진다. 예를 들어 아두이노Arduino는 오픈 소스 기반 마이크로 컨트롤러계의 대부 같은 존재이며, 라즈베리 파이Raspberry PI는 사실상 완전한 컴퓨터로 운영 체제는 물론이고 다양한 온 보드 부품을 작동시킬 수 있다. 이런 제품들을 시스템 온 칩SoC이라 부르기도 한다. 아두이노는 적은 전력으로 간단한 인풋과 아웃풋을 처리하기에 적합하다. 라즈베리 파이는 더 복잡한 작업까지 수행할 수 있다. 가령 카메라를 연결한 뒤 이미지를 수집해 AI 프로그램을 실행하는 것도 가능하다.

2019년 발매된 애플워치에는 64비트 듀얼 코어 S5칩과 W3칩이 탑재됐다. 이 칩들이 연산뿐 아니라 무선 데이터 전송도 담당한 덕분에 애플워치가 셀룰러 전화 서비스LTE와 UMTS3, 와이파이802.11b/g/n 2.4GHz, BLE블루투스 5.0, 애플페이 NFC를 모두 지원할 수 있었다. 주변을 감지하는 센서, 그리고 주변과 상호 작용하는 액츄에이터 외에 IoT 기기들이 공통적으로 탑재하는 장치는 바로 마이크로 컨트롤러다. 심지어 RFID 태그에도 단순한 연산을 담당하는 칩이 들어 있다.

아직 갈 길이 먼 배터리 기술

CPU 같은 연산 처리 장치와 달리 배터리는 무겁고 거대하며 발전 속도가 더디다. IoT 기기를 설계할 때 트레이드오프는 대부분 전력 소모를 줄이려는 데서 발생한다. 배터리 크기도 작아지고 충전 요구 사항도 완화되면 좋겠지만 이에 따른 트레이드오프가 끊임없이 엔지니어를 괴롭힌다. 예를 들면 온 보드 연산 속도가 느려지거나 무선 데이터 전송 거리가 짧아지는 식이다. 결국 센서가 주변을 감지하는 주기를 늘리거나 아예 부품을 제거해야 할 수도 있다.

현대 IoT 기기는 배터리가 대부분의 공간을 차지한다. 마이크로칩의 트랜지스터 수가 2년마다 2배로 늘어난다는 무어의 법칙과 달리, 배터리 용량이 2배가 되는 데에는 20년 정도가 걸린다. 이게 무슨 말인지 알고 싶다면 스마트폰 내부를 직접 열어 보면 된다. 곁면과 디스플레이를 제거하고 내부를 보면 배터리가 대부분의 공간을 차지하고 나머지 일부 공간에 아주 작은 컴퓨터와 센서들이 자리하고 있을 것이다. 그나마도 지금껏 배터리 기술이 발전했기 때문에 가능한 일이다.

전기 회로에 관한 키르히호프의 법칙을 정확히 알지 못해도 데이터 전송량과 기기의 크기, 그리고 배터리 지속 시간 사이의 트레이드오프를 비즈니스 수준에서 고려하는 데에는 무리가 없다. 몇몇 기업은 창의성을 발휘하여 문제를 해결하고 있다. 윌리엇Wiliot은 배터리로 전원이 공급되는 블루투스 칩을 개발한다. 놀라운 점은 이 배터리를 충전하는 데 와이파이나 FM 라디오에서 나오는 주변 전파를 이용한다는 점이다. 이론적으로는 근처에 전파가 존재하기만 하면 쉬지 않고 작동이 가능한 셈이다. 개념 자체는 태양광 발전과 유사하다고도 볼 수 있다. 햇빛 없이도 작동한다는 점을 제외하면 말이다.

여전히 배터리 기술은 결점이 많고 갈 길이 멀지만, 기발하고 참신한 아이디어들에 힘입어 IoT 기기의 전력 문제가 꾸준히 개선되고 있다. 하지만 안타깝게도 IoT를 괴롭히는 문제는 여기에서 끝이 아니다.

IoT 비즈니스의 구조적인 문제를
해결할 사업

블록체인이나 양자 컴퓨터 등 다른 최신 기술들과 비교했을 때 IoT는 근본적인 결점이나 위험 요소가 거의 없는 편이다. 그래도 세상에 완벽한 건 없다. IoT가 널리 보급될수록 구조적인 문제가 고개를 들지도 모른다.

팔리지 않는 상품은 분명 이유가 있다

지금껏 살면서 깜빡하고 물을 마시지 않은 적이 있는가? 스마트 물병 하이드레이트스파크HidrateSpark를 사용하면 "물을 마셔야 할 때를 불빛으로 꾸준히 알려 수분을 보충할 수 있다"라고 한다. 아무래도 인간이 갈증을 느끼지 못하는 세상을 만들려는 모양이다. 인터넷 연결이 가능한 소금통 스몰트Smalt, 모바일 앱과 연동하여 식빵에 그림을 그릴 수 있는 토스터로이드Toasteroid는 어떤가? 아니면 밀가루 반죽을 순식간에 토르티야로 만들어 주는 플랫이브Flatev는 또 어떤가? 아직 언급하지도 않은 제품이 한가득이다. CES 2020에 등장한 스마트 감자는 방문객들을 낚으며 웃지 못 할 촌극을 벌였다. 아무 기능도 없고 그저 안테나가 달린 감자일 뿐이었는데 어떤 기능이 있나 궁금해 하는 괴짜들이 기어이 인산인해를 이루고 말았다. 스마트 감자는 IoT가 얼마나 쉽게 몰락할 수 있는지 보여 주는 확실한 증거였다.

새롭게 떠오르는 기술은 대량 도입되기 전까지 위태로운 길을 걸을 수밖에 없다. 자꾸 형편없는 제품이 출시되면 진정으로 유용한 제품들도 대중에게 신뢰를 잃고 외면당하기 마련이다. 이 정도 문제 때문에 IoT의 대중화가 실패로 돌아가는 일은 아마 없을 듯하다. 하지만 창의성이 결핍될수록 소비자와 기업은 정말로 가치 있는 아이디어마저 등한시할 테고 결국 IoT로 혜택을 누릴 시기가 몇 년씩이고 늦춰질 것이다.

외딴 곳에도 인터넷을 전파하는 기업들

IoT 기기는 아무리 좋은 컴퓨터를 탑재해도 인터넷에 연결되지 않으면 결코 제 기능을 발휘할 수 없다. 매년 나아지고 있다고는 하지만, 어디에서나 인터넷 접속이 가능한 세상은 여전히 요원하다. 원하는 만큼 통신 범위가 넓고 전력 소모도 적으며, 가용성은 뛰어나지만 비용은 저렴한, 그러면서도 기술 개선이 계속 이루어지는 네트워크를 마음껏 고를 수는 없을까. 다행히 미래의 네트워크를 개발하기 위해 몇 가지 프로젝트가 진행되고 있다.

알파벳Alphabet의 자회사 X에서 진행한 프로젝트 룬은 성층권에 풍선을 띄워 인터넷 접속이 불가능한 외딴 곳에도 인터넷을 공급하고자 했다. 이에 뒤질세라 비슷한 목적하에 페이스북은 아킬라 프로젝트를 출범했다. 아킬라가 채택한 방법은 태양광 드론을 쉬지 않고 띄워 인터넷 서비스를 제공하는 것이었다. 보다 공개적인 네트워크를 살펴보면 리눅스 재단Linux Foundation이 지원하는 프로젝트 아울에서 IoT 기기들의 망형 네트워크 덕링크DuckLinks를 개발한 바 있다. 덕링크는 재해 지역에서 네트워크를 빠르게 구축하도록 설계됐지만 그보다 더 범용적으로 사용될 여지가 충분해 보인다.

이런 목적의 프로젝트들이 꾸준히 진행되고 거기에 위성 인터넷이 더해진다면 언젠가는 지구상에 인터넷 접속이 불가능한 곳이 사라질지도 모르겠다. 만약 대역폭이 더 넓은 5G 통신 도입도 계속 밀어붙인다면 미래에는 정말 어디에서나 안정적이고 쾌적하게 인터넷을 즐길 수 있을 것이다. 덩달아 IoT 기기의 기동성도 향상되어 집이나 스마트폰에 의존하지 않고도 사용이 가능해질 전망이다.

확대가 기대되는 무선 전력 전송 시장

에너지는 피에 굶주린 뱀파이어와 같다. 그토록 유망해 보이던 프로젝트들도 결국 에너지 문제 앞에서는 그 생명력을 잃고 말았다. 구글 글래스는 한 시간 정도 적당히 사용하고 나면 방전되기 일쑤고, 그나마 낫다는 타일도 짐을 찾으려면 배터리를 교체해야 할 때가 많다. 업계의 많은 이가 IoT 제품을 설계할 때 가장 큰 이슈로 전원 공급 장치를 꼽는 데는 다 이유가 있는 법이다.

무선 전력 전송은 100년이 넘도록 인류의 과제였다. 특히 이 문제에 몰두했던 이는 바로 위대한 선구자 니콜라 테슬라였다. 근거리 접촉 상태에서의 무선 전력 전송은 그나마 성과가 있었다. 오늘날 대부분의 스마트폰이 지원하는 치Qi 표준이 대표적이다. 그러나 장거리 무선 전력 전송 문제는 여전히 해결되지 못하고 있다. 현재까지는 유빔uBeam과 에너저스Energous의 시도가 가장 잘 알려져 있으며, 워낙 어려운 문제인 만큼 이들의 도전에 결점이 많더라도 실패로 치부하지는 말아야 한다. 최근 MIT에서 와이파이를 통한 전력 전송 연구에 진전이 있긴 했으나, 현재로서는 운동 에너지 전송이 더 실현 가능한 선택지로 보인다.

결국 지금 우리가 할 수 있는 최선은 전력 소모를 줄이거나 주변 환경에서 전력을 수집하는 것이다. 수세기 전에 개발된 자동 기계식 시계가 좋은 예다. 착용자의 움직임이 생성하는 에너지가 스프링의 위치 에너지로 변환되어 자동으로 스프링이 감긴다. JBL은 최근 저전력 헤드폰을 출시했는데, 아주 약한 햇빛으로도 충전이 가능하다니 실제로 전력 소모가 매우 적은 셈이다. 한 걸음 더 나아가면 워털루대학교 연구진이 개발한 원격 입력 장치 팁탭Tip-Tap이 있다. 장갑처럼 손가락에 착용해서 사용하는 기기인데 놀랍게도 배터리가 필요 없다. 솔파워SolePower의 스마트 신발은 그냥 걷기만 해도 전력을 생산할 수 있다. 한편 IBM 배터리 랩이 바닷물에서 배터리 재료를 추출했듯 근본적인 배터리 기술도 계속 발전할 것이다. 이대로라면 수십 년 내에 배터리 문제를 해치우는 게 꿈이 아닌 듯하다.

전자 쓰레기를 만들지 않거나 리사이클하는 법

저명한 러시아 작가 안톤 체호프는 "쉬운 건 오직 엔트로피뿐이다"라고 말했다. IoT 기기는 1950년대 미래파가 꿈꾼 것처럼 멋들어지게 노후화하지는 않을 것이다. 세월이 지날수록 부식된 폐기물들이 끊임없이 버려질 뿐이다. 이 폐기물을 우리는 전자 쓰레기e-waste라고 일컫는다. 보기에도 물론 흉하지만 그보다 더 큰 문제는 전자 부품이나 배터리에 희귀 토양 금속은 물론이고 각종 휘발 물질과 발암 물질이 포함돼 있다는 사실이다. 결국 인간을 비롯한 동물에게 피해를 입히고, 토양 오염과 수질 오염을 일으키며, 궁극적으로는 지구의 식량 공급에도 악영향을 미친다. 전자 쓰레기 더미 안에서 살고 싶지 않다면 먼저 몇 가지 지켜야 할 점이 있다. 다행히 우리 모두 그 답을 알고 있다. 바로 줄이기, 재사용하기, 재활용하기다.

첫 단계는 사용하는 IoT 기기의 수를 줄이는 것이다. 원하는 대로 IoT 기기를 잔뜩 사용하지 않고 적당히 타협해야 한다는 뜻이다. 지하실에 습도 측정 기기, 온도 측정 기기, 움직임 감지 기기를 하나씩 두는 것보다 세 가지 기능이 모두 탑재된 기기 하나를 쓰는 게 더 낫다. 이렇게 하면 쓰레기를 줄일 수 있음은 물론이고 가격이나 배터리 교체 면에서도 훨씬 유리하다. 기기 하나로 다양한 기능을 누리는 가장 쉬운 방법은 스마트폰을 사용하는 것이다. 다만 이는 단일 기능 기기가 시장에 진입하기 어려운 이유이기도 하다.

다음으로는 갖고 있는 IoT 기기의 재사용을 고려해야 한다. 상태 좋은 중고 전자 기기를 다른 사람에게 나누는 프로그램이 실제로 많이 운영되고 있다. 포틀랜드의 프리긱Free Geek 프로그램이 좋은 예다. 이를 통해 기기의 새 주인을 찾고 쓰레기를 줄일 수 있을 뿐만 아니라, IoT 기기 사용이 어려운 취약 계층에 좋은 기회를 제공할 수도 있다.

전자 쓰레기 문제를 해결하는 마지막 방법은 IoT 재료를 재활용하는 것이다. 희귀 토양 금속은 대부분 공급이 제한적인데 버려진 IoT 기기에서 금속을 추출하면 새로운 부품을 제조하는 데 다시 사용할 수 있다. 그 중 몇몇은 공급 문제를 떠나서 지구 환경을 위해 반드시 재활용돼야 한다. IoT 기기가 점점 대량 제조되고 있기 때문에 우리는 그 성장세에 맞춰 재활용 방식도 규모를 키우고 미흡한 점을 개선해야 할 것이다. 배터리만 해도 리튬, 망간, 구리, 코발트 등 중요한 금속이 들어 있으며 모두 규모에 상관없이 반드시 다시 사용돼야 한다. 그렇지 않으면 언젠간 고갈될지도 모르며 최악의 경우에는 바다에 흘러들어 가고 말 것이다.

IoT와 함께 떠오르는 정보 보안 산업

2015년, 중국 공안부의 발표 하나로 전 세계가 충격에 빠지고 말았다. 중국의 13억 명 인구를 모두 데이터베이스화하여 중국 내 어디에서든지 사람들의 움직임과 행동을 3초 안에 추적하겠다는 내용이었다. 중국은 국가 차원의 IoT 카메라 네트워크를 기반으로 AI를 활용하여 시스템을 구축했다. 2019년에 들어 시스템의 모든 기능이 완성됐으며 속도와 정확성은 계속해서 향상됐다.

사실 서양에서도 감시 프로그램을 암암리에 운영해 왔으며 내부자의 폭로로 그 정체가 밝혀지기도 했다. 미국의 프리즘PRISM 프로그램, 영국의 템포라Tempora 시스템이 그 명백한 사례다. 빅 데이터와 AI가 디지털 감시 체계의 새로운 장을 연 것은 사실이지만 데이터 수집은 결국 IoT에 달려 있다. 미국 국가안보국NSA 이 당신의 이메일만을 염탐했다면, 중국은 IoT를 통해 현실 세계에서 대규모 감시를 실현했다.

안타깝게도 우리의 사생활과 보안 문제를 위협하는 요소가 더 존재한다. 2013년 타겟Target 은 HVAC IoT 시스템을 해킹당하면서 신용 카드 및 직불 카드 정보가 4,000만 건이 유출되고 말았다. 2017년에는 인터넷에 연결된 수족관을 통해 인근 카지노가 해킹을 당했고 결국 고객 데이터가 유출되는 사건도 발생했다. 그리고 이듬해, 와이파이 연결이 가능한 베이비 모니터가 해킹에 취약하여 강도들에게 원격 스파이 캠으로 사용될 수 있다는 사실에 모두가 경악을 금치 못했다.

사생활 침해 및 보안 공격은 해를 거듭할수록 늘고 있으며 그 수법도 다양하고 기상천외해지고 있다. IoT 커뮤니티에서도 보안 문제를 심각하게 인식하기 시작했다. 그 결과, 사물 인터넷 보안 재단IoTSF과 트러스티드 IoT 연합Trusted IoT Alliance이 결성되어 IoT 기기 제작자와 사용자, 그리고 보안 전문가 사이에 긴밀한 협력이 가능해졌다. 이런 흐름 속에 IoT 네트워크 보안 서비스가 주목받고 있으며, 센리오Senr.io를 비롯한 많은 기업이 의심스러운 IoT 네트워크 트래픽을 감지하고 추적하는 데 AI를 활용하고 있다. 2020년대는 IoT 보안 전문가들이 아주 바쁜 시기가 될 듯하다.

보안 취약성을 차치하더라도 IoT 네트워크는 무기화될 위험성이 있다. 정치학자들은 이 현상을 두고 이중 용도 기술dual-use technology이라 표현한다. 핵분열 기술이 전력 생산에도 쓰이고 폭탄을 만드는 데에도 쓰인 것을 떠올리면 쉽다. 방대한 양의 IoT 기기를 통해 디도스DDoS 공격이 이루어지면 웬만한 시스템은 순식간에 무력화되고 만다. 벌 한 마리에게 쏘이면 조금 다치고 말겠지만 벌 떼에게 공격당하면 치명적인 것과 마찬가지다.

IoT 기기는 오랜 기간 동안 공격의 대상이 되기도 했다. 국가 차원이든 개인 차원이든 누군가가 수년을 공들여 IoT 기기들로 봇넷botnet을 구성한 뒤 한 번에 대규모 공격을 감행할지도 모른다. 실제로 2019년 중반 유출된 러시아 연방 보안국 문서에는 국가가 운영하는 IoT 봇넷에 관한 내용이 담겨 있었다. 끝이 보이지 않는 보안 전쟁에서 IoT가 또 하나의 전선戰線 으로 자리매김한 모양새다.

표준 플랫폼이라는 퍼플 오션

구글 네스트, 애플 홈키트, 아마존 알렉사, 지그비 Zigbee, 지웨이브 Z-Wave, 스레드 Thread. 산업 인터넷 컨소시엄과 원엠투엠 oneM2M, 그리고 오브젝트 매니지먼트 그룹 OMG. 이 정도면 IoT 업계에서 각축을 벌이는 표준들의 맛보기로 손색없다. 표준이 너무 많다고 생각하는가? 그래서 인텔이 주도하는 오픈 인터커넥트 컨소시엄 OIC 과 퀄컴 Qualcomm 이 이끄는 올신 얼라이언스 AllSeen Alliance 가 결성됐다.

흥미롭게도 IoT 업계에서는 강력한 파트너십이나 컨소시엄이 부족한 게 아니라 지나치게 많아서 문제다. 이렇게 IoT 플랫폼 표준이 파편화되어 우려를 불러일으킨다면 곤란하다. 그래도 대부분의 가정용 기기가 다수의 표준을 지원하기 시작한 이래로 이 패턴은 산업용 IoT에까지 이어지고 있다. 예를 들면 어거스트 스마트 도어락은 애플 홈키트, 아마존 알렉사, 구글 어시스턴트 Google Assistant 모두와 연동된다.

동일한 네트워크에서 여러 경쟁 업체의 제품을 사용하고자 하는 소비자들은 시장에서 공통의 상호 운용 표준이 나와 주기를 원한다. 이를 증명하는 훌륭한 사례가 바로 무비 애니웨어 Movies Anywhere 다. 아마존, 애플, 구글, 그리고 부두 Vudu 까지 각 플랫폼에서 구매한 영화를 다른 플랫폼에서도 재생할 수 있는 서비스다. 이렇게 기업들이 합세하면 소비자는 자신이 구매한 영화를 실제로 소유한다는 믿음이 더 공고해진다.

비로소 2019년에는 애플과 구글, 그리고 아마존이 각자의 플랫폼을 하나의 통일된 표준에 맞추겠다고 선언했다. 해당 기업들의 제품을 사용하던 소비자들에게는 환영할 만한 소식이었지만, 이 과점 시장을 비집고 들어가려 했던 업체들에게는 청천벽력 같은 소식이었다.

다행히 이 문제들 중에 본질적으로 해결이 불가능한 문제는 없다. 오히려 이미 IoT 비즈니스에 뛰어든 이들은 물론이고 급성장하는 IoT 산업에서 문제를 해결하려는 이들에게는 개선점을 만들어 낼 좋은 기회가 제공된 셈이다. 2030년이면 IoT 기기의 개수는 1인당 75개 수준으로 늘어날 전망이니 시장에 소비자의 수는 충분해 보인다.

스스로 행동하는 사물이 가져오는 효과, 15조 달러

"우리의 새로운 로봇 대군주를 환영합니다."

제퍼디 챔피언 켄 제닝스의 말이다. 사물 인터넷은 인류가 세상과 상호 작용하는 방식을 완전히 그리고 영원히 바꿀 수 있다. 스마트한 기기에 한번 익숙해지고 나면 아마 그렇지 않은 기기로 돌아가기는 어려울 것이다. 물론 가격 문제가 해결된다는 전제가 필요하다. '스마트'가 뉴노

멀로 자리 잡으면 평범한 냉장고는 구식 자동차의 창문 손잡이나 TV 노브의 전철을 밟을 수밖에 없다. 우리는 웨어러블, 스마트 홈, 그리고 스마트 오피스를 통해 그 어느 때보다 더 깊이 세상을 이해하고 주변 환경을 제어하며 업무를 자동화할 것이다.

지금으로서는 '스마트'가 앞에 붙으면 IoT 기기라고 봐도 무방하지만 앞으로는 더욱 스마트한 기기가 탄생할 수 있다. 아마 많은 사람이 IoT를 통해 처음으로 인공 지능을 직접 접할 것이다. 지난 몇 년 동안 AI 알고리즘을 이용해 날씨를 예측하거나 개인에게 맞춤형 미디어 추천이 이루어지곤 했지만, AI가 명확하게 전면에 나서는 사례는 찾기가 어려웠다. 아마존의 IoT 스피커 에코Echo를 통해 알렉사와 이야기를 나누는 게 훨씬 더 직접적인 경험이 될 테다. 그리고 주변 환경과 상호 작용하는 IoT 기기가 점점 많아질수록 IoT 기술은 마이크로소프트의 사티아 나델라가 주창한 인텔리전트 엣지intelligent edge를 선도할 것이다. 같은 스마트 의류더라도 곧 비가 내리리라 스스로 예측하여 옷에 변화를 줄 수 있는 제품이 그렇지 않은 제품보다 당연히 가치가 높다.

구글의 회장이었던 에릭 슈미트가 세계경제포럼에 참석해서 한 말이 있다.

"인터넷은 사라질 것입니다. IP 주소가 엄청나게 많아지고, 수없이 많은 기기나 센서를 몸에 착용하게 될 테며, 수없이 많은 물건과 상호 작용하면서도 그 존재를 감지조차 못할 겁니다. 즉 인간의 일부분으로 자리 잡겠죠. 당신이 어떤 방에 들어가는 모습을 상상해 보세요. 방 안에 있는 온갖 물건과 활발하게 상호 작용하는 모습이 그려질 겁니다."

　IoT가 대중화되면 우리는 사물 지능AI of things을 향해 한 걸음 더 나아 갈 수 있다. 그리고 궁극적으로는 슈미트가 그린 완전한 유비쿼터스 컴 퓨팅을 향해 나아가는 것이기도 하다. 이미 우리는 스마트폰으로 언제 든지 날씨를 확인하는 세상에 익숙해졌다. 우리가 희망하고 기대하는 IoT 대중화를 실현하기 위해서는 전 세계의 IoT 센서를 잇는 글로벌한 네트워크가 구축돼야 한다. 이보다 더 큰 비전이 있다면 바로 멸종 위기 에 처한 종을 구하고 열대 우림 파괴를 억제하며 깨끗한 물을 공급하는 것이다. 도넛 경제학의 완벽한 예시라 할 만하다. IoT의 강력함을 활용 한다면 인류가 선을 넘지 않고 지구와 조화를 이루며 지내도록 도울 수 있다.

　IoT가 그리는 비전이 점차 구체화되면서 야망 넘치는 기업과 개인에 게 전례 없이 많은 기회가 쏟아지고 있다. 2030년에는 이 책에서 소개 하는 딥테크 중 IoT 하나만으로 연간 GWP에 15조 달러 정도가 더해질 것으로 기대된다. 앞으로 IoT 세계에는 모든 게 더 나아질 일만 남았다. 정확도와 정밀도가 높아지고 기회는 많아지며 전 세계에 IoT가 더 많이 공급될 것이다.

6장

차세대 모빌리티 가속 페달을 밟는다

[자율 주행 비즈니스]

5단계 자율 주행으로 바뀌는 인프라와 부동산 패러다임

DEEP TECH

Demystifying The Breakthrough Technologies That Will Revolutionize Everything

2035년 내연 기관 퇴출을 앞둔 자동차 업계의 진정한 게임 체인저는 전기차가 아닌 소프트웨어와 자율 주행차가 될 것이다.

헤르베르트 디스(폭스바겐 CEO)

DARPA 그랜드 챌린지에서 탄생한 웨이모

태초에 인류는 사냥과 채집을 하며 살아갔다. 작은 부족을 이루어 유목 생활을 했으며 부족끼리 서로 싸우기도 하고 자연에 맞서기도 했다. 그러는 동안 불을 발견하고 조리하는 법을 익혔으며 의복과 바퀴를 만들었다. 결국에는 농업 사회가 자리 잡았고 인류는 역사적으로 아주 위대한 발견을 해내고 말았다. 바로 동물을 이용한 준자율 운송이었다. 이 새로운 운송 수단 덕분에 농업의 효율이 상승했고 기동력과 전투력까지 좋아졌다. 게다가 동물은 한번 제대로 훈련을 마치면 관리하는 데 그리

수고가 들지 않았고, 알아서 위험을 피하는 본성이 있어 주인의 안전까지 지켜 줬다. 말과 소를 비롯하여 짐을 나르는 다른 짐승들 모두 사람이 등에 타기에 제법 괜찮았다. 이들이 있었기에 인류가 지구를 지배할 수 있었다.

1885년, 내연 기관 자동차가 발명되면서 별안간 모든 게 변하고 말았다. 운송 수단을 타고서도 계속 집중해야 했다. 그렇지 않으면 나무나 보행자를 향해 돌진하게 될 터였다. 게다가 이 새로운 운송 수단은 탄화수소로 구성된 화석 연료를 소비하고 매연을 내뿜었다. 하지만 낙타보다 빠르게 움직이는 건 분명했다. 그로부터 130여 년이 흘렀다. 이제는 기계의 속도와 힘, 그리고 동물의 자기 보호 능력과 학습 능력이 융합된 결과가 우리 눈앞에 있다. 드디어 자율 주행차를 탈 날이 머지않았다.

자율 주행차라고 하면 인간이 운전하지 않아도 어떤 장소 A에서 장소 B까지 스스로 달리는 자동차를 말한다. 21세기에 손꼽히는 파괴적 혁신 기술이지만 그렇다고 아주 새로운 아이디어는 아니다. 자동차의 수가 급격히 늘고 말을 대체하는 교통수단이 되자 사람들은 자동차 운전이 지루하고 위험한 일임을 깨달았다.

1939년, 제너럴모터스GM는 그해 열린 세계 박람회의 퓨처라마 전시를 후원했다. 1959년 세상의 모습을 상상하여 보여 주는 전시였다. 지금 이 전시를 본다면 다들 지루하다고 느낄 테지만 당시로서는 놀라움의 연속이었다. 빠른 이동을 위해 주간州間 고속 도로와 일방통행 도로를 제안했고, 자동화 고속 도로 시스템으로 도시 공해와 교통사고 문제가 해결되는 미래를 그렸다. 아직도 우리는 자율 주행차를 미래 기술이라고 이야기하지만, 80여 년 전에는 20년 뒤에 자율 주행이 실현되리라 생각했다. 벌써 60년이나 늦은 셈이다.

모두가 스스로 운전하는 자동차를 꿈꿀 때 미국 국방성 산하 고등연구계획국 DARPA는 전쟁을 염두에 두고 있었다. 한 국가가 전쟁에서 승리하려면 병력과 물자를 먼 거리까지 수송할 수 있는 능력이 반드시 필요하다. 로마가 방대한 영토를 지배하던 시기, 로마에는 당시 최고로 뛰어난 도로망이 갖춰져 있었다. 대영 제국은 막강한 해군력으로 수로를 장악했으며, 미국은 국내에 주간 고속 도로 시스템을 구축하여 냉전 시기의 안보 수단으로 활용했다.

2000년대 초반에는 사제 폭발물이 전 세계의 군사 문제로 대두됐다. 누구나 저렴한 비용으로 폭발물을 쉽게 만들 수 있어 수송 임무에 차질이 생겼고 심지어 수많은 군인이 다치고 목숨을 잃었다. 해결책을 찾기 위해 DARPA가 나섰다. 미국 내 최고의 로봇 과학자들을 모아 장거리 무인 수송 기술을 개발하기로 결정한 것이다. 이를 위해 DARPA는 경진 대회를 개최했다. 바로 DARPA 그랜드 챌린지다. 대회는 자동차 경주였으며 사막에서 정해진 코스를 인간의 개입 없이 완주하는 게 목표였다. 상금 100만 달러의 주인공이 되려면 반드시 자율 주행차를 출전시켜야만 했다.

첫 대회는 2004년 3월 모하비 사막에서 개최됐는데 아쉽게도 우승자는 없었다. 가장 먼 거리를 이동한 팀도 240킬로미터 코스에서 11킬로미터 정도밖에 주파하지 못했다. DARPA는 낙담하지 않고 2005년 10월에 두 번째 대회를 열었다. 이번에는 다섯 개 팀이 212킬로미터 코스를 완주했다. 우승 팀인 스탠포드대학교 팀의 자동차가 결승점에 닿기까지는 7시간이 채 걸리지 않았다. 평균 속도로 따지면 시속 30킬로미터 정도였다. 이후로도 DARPA는 자율 주행과 로봇 경연 대회를 계속 개최하고 있다. DARPA는 그랜드 챌린지를 통해 자율 주행의 불꽃을 일으켰고 덕분에 온 세상이 자율 주행의 가능성을 깨닫기 시작했다.

비록 당시 자율 주행의 상업화는 요원했지만, DARPA 챌린지 참가자들은 그들의 기술을 어디에 적용해야 할지 찾아냈다. 앤서니 레반도프스키가 대표적인 인물이다. 그는 제1회 DARPA 그랜드 챌린지에서 자율 주행 오토바이를 선보였으며, 대회 후에는 토요타Toyota의 프리우스를 자율 주행차로 개조하더니 샌프란시스코 베이 브리지를 건너 피자를 배달하며 대중의 이목을 끌었다. 이후 레반도프스키는 제2회 그랜드 챌린지 우승자이자 스탠포드대학교 교수인 제바스티안 트룬과 손을 잡았다. 둘은 구글이 비밀리에 진행한 자율 주행차 프로젝트 쇼퍼Chauffeur를 공동 창립했으며, 몇 년 뒤 이 프로젝트는 웨이모라는 회사로 독립하여 그 가치가 수십억 달러에 이르기도 했다.

지난 10년 동안 다른 회사들도 자율 주행 경쟁에 뛰어들었다. 예를 들어 GM의 자회사 크루즈Cruise와 아마존이 인수한 죽스Zoox가 있으며 심지어 애플까지 자율 주행차 개발을 시작했다. 인류 역사상 처음으로 우리는 자율 주행의 첨단에 서 있다. 인간이 개입하지 않아도 규모에 관계없이 신뢰할 만한 운송이 가능하며, 기차선로 같은 전용 인프라도 필요하지 않고 고객의 수 같은 상업적 제약에도 얽매이지 않는다.

이제부터 자율 주행차의 장점을 소개하고자 한다. 예를 들면 미숙한 운전자로 인한 교통사고가 줄어들 것이다. 이어서 자율 주행차의 배경이 되는 기술을 살펴본 뒤, 아직 해결하지 못하고 남아 있는 문제점 몇 가지도 짚고 넘어가겠다.

자동차 산업의 게임 체인저,
자율 주행차

단순히 자율 주행차에만 집중하면 현재 일어나고 있는 다른 수많은 혁신을 놓치는 셈이다. 광산 장비는 완전한 자동화를 목표로 계속 발전하고 있으며, 전기 차는 자동차 산업과 연료 산업 및 관련 공급망을 송두리째 바꾸고 있다. 한편 승차 공유 서비스로 인해 차량을 소유하는 문화가 점점 사라지고 나아가 관련 법률과 도시 계획마저 변하고 있다. 자율 주행차는 이런 변화를 가속시킬 뿐이다. 지상은 물론이고 공중에서도 드론을 이용한 무인 배송이 도입된다면 라스트마일 last-mile 배송이 더 발전할 테고, 장애인은 자율 주행차를 통해 혼자 힘으로도 마음껏 돌아다닐 수 있게 된다. 그리고 자율 주행차는 사람의 생명도 구할 것이다. 자율 주행차의 잠재력은 처음 생각했던 것보다 훨씬 더 크다.

스스로 주행 경험을 쌓는 자동차 집단

전 세계의 교통사고 사망자 수는 1년에 130만 명 정도로 추산된다. 부상자 수는 이보다 20배 정도 많다고 한다. 오늘날 전쟁, 약물, 강력 범죄로 숨지는 사람의 수를 모두 합쳐도 교통사고 사망자 수에 미치지 못한다. 특히 교통사고는 청소년과 젊은 성인의 사망 원인 1위에 해당한다. 실제로 당신이 이 한 문장을 읽는 동안에도 평균 5명이 다치거나 죽는다. 만약 어떤 질병이나 군사 공격으로 이렇게 많은 사망자가 발생한다면 사람들은 끊임없이 시위에 나설 테고 모든 정치인이 해당 문제를 근절하겠다고 공약으로 내걸 것이다.

다행히 교통사고가 해결 못할 문제는 아니다. 주의가 산만하거나 운전에 재능이 없는 사람이 운전대를 쥘 일이 없어질지도 모른다. 오래 전부터 인류는 위험한 일을 최대한 사람에게 맡기지 않고 기계로 대체하려고 했다. 자율 주행차의 등장은 인류의 기발함을 보여 주는 하나의 사례일 뿐이다.

평균적으로 운전자 한 사람이 평생에 걸쳐 운전하는 거리는 130만 킬로미터 정도이며, 약 30만 킬로미터마다 교통사고가 발생한다. 자율 주행차는 여러 대의 차량이 하나의 단위체를 이루어 관리 및 운영되는 차량군 방식인 플릿fleet에 속한다. 자율 주행차끼리는 모두 각자의 경험을 공유할 수 있기에, 수십억 킬로미터의 실제 주행 및 수조 킬로미터의 시뮬레이션에 달하는 경험을 학습할 수 있다. 당연히 그 어떤 인간 운전자 한 명보다 돌발 상황도 많이 접할 수 있다. 게다가 자율 주행차의 두뇌는 매년 더 똑똑해진다. 처음 운전을 배우는 사람이라면 반드시 임시 면허증을 먼저 발급받는 것과 달리, 자율 주행 학습은 계속 누적되어 바닥부터 시작할 일이 없다. 새로운 유형의 사고나 전례 없는 돌발 상황은 자율 주행 시스템을 더 영리하게 만들어 준다. 이렇게 자율 주행 시스템은 AI 모델을 꾸준히 학습시키며, 업데이트된 내용은 플릿에 속하는 전체 차량에 주기적으로 반영된다.

생명 보호라는 이유 하나만으로도 자율 주행차가 존재해야 할 이유는 충분하다. 물론 여느 범용 기술처럼 자율 주행차에는 다른 장점도 많다.

교통 체증, 시간 싸움, 유지비를 절감할 자율 주행차

자율 주행차의 쓰임새로 가장 먼저 떠오르는 건 역시 개인 교통수단이다. 로봇 운전사를 상상해 보면 쉽다. 실제로 나는 시범 운행되는 자율 주행차를 탄 적이 있는데, 마치 조심성 많은 유모가 운전하는 듯한 느낌이었다. 자율 주행차는 제한 속도를 넘지 않은 채 부드럽게 운행했고 차간 거리도 넉넉하게 유지했다. 차선은 최대한 변경하지 않았고 필요할 때마다 방향 지시 등을 꼬박꼬박 켰다. 자동으로 움직이고 방향을 바꾸며 길도 찾을 수 있는 자율 주행차라고 하면, 우리는 보통 이 차가 스스로 운전하는 능력을 갖췄다고 여긴다.

직장에 통근하는 사람이라면 출근 시간대의 교통 체증을 보며 자율 주행차에 여유롭게 몸을 맡긴 자신의 모습을 꿈꿀 수밖에 없다. 사실 자율 주행차에서 할 만한 일은 대중교통에서도 대부분 할 수 있다. 하지만 자율 주행차를 타면 타인의 시선을 신경 쓰지 않아도 되고 출발지와 도착지 사이에 도어 투 도어door to door가 가능해진다. 마음 편히 이메일을 확인하고 동영상을 시청하며 잡담을 나눌 수 있다. 좀 더 대담해진다면 잠을 자거나 술을 마실 수도 있다.

우리는 이미 자율 주행 기술의 혜택을 많이 누리고 있다. 앞으로는 스스로 운전할 수 있는 자동차 덕에 관련 서비스의 수익성은 높아지고 가격은 오히려 저렴해질 것이다. 우버나 리프트 같은 승차 공유 기업들은 2020년대 초 기준, 수익 창출에 어려움을 겪는 중이며 아직도 투자받은 돈에 크게 의지하고 있다. 이들의 비즈니스 모델은 점점 자율 주행차에 의존할 수밖에 없다. 차량 소유 비용이 계속 저렴해질 테고, 장기적으로 대중교통이나 택시 같은 기존의 경쟁자들과도 싸워야 하기 때문이다. 자율 주행과 승차 공유가 결합되면 개인의 교통 비용이 1마일당 1.5달러에서 25센트로 크게 줄어들리라 예상된다.

만약 승차 공유 서비스의 요금이 사용 횟수, 운행 거리 또는 시간 등 실제 사용량을 기반으로 부과된다면 차량을 소유할 유인 역시 크게 줄어들 것이다. 지역 커뮤니티에서 한 플릿 기업이 자율 주행차를 관리하며 이웃에게 저렴한 가격으로 대여 서비스를 제공한다고 상상해 보자. 앞으로는 누군가가 비싼 차를 소유했다고 질투해서가 아니라, 누군가가 컨버터블 차량을 독점하듯 대여하는 바람에 이웃 간에 갈등이 벌어질지도 모르겠다.

자율 주행차의 또 다른 가치는 개인 배송에 있다. 2020년 코로나 팬데믹 때문에 기업들은 어쩔 수 없이 온라인에서 구매하고 오프라인 매장에서 제품을 수령BOPIS하는 시스템을 빠르게 도입해야만 했다. 우버의 CEO 다라 코스로샤히는 "코로나19 사태로 인해 배달은 사치 서비스에서 실용적인 서비스로 변화했다"라고 말하기도 했다. 이런 흐름에 발맞춰 타겟이나 홈디포Home Depot 같은 대형 유통 업체들은 온라인 주문

고객을 위한 전용 주차 공간을 별도로 마련했다. 여기에서 BOPIS 시스템의 인프라를 조금 더 최적화하는 간단한 방법은 인간 운전자를 없애는 것이다. 그럼 순식간에 식료품 및 생활용품의 라스트마일 배송에 새로운 시대가 열릴 것이다. 누구든지 온라인 주문 후에 자율 주행차를 매장으로 보내기만 하면 물품을 수령할 수 있으며, 배송 기사가 다른 집에 들렀다 오는 시간을 기다릴 필요가 없어진다.

출퇴근이 자율 주행차로 이루어지면 사람들이 거주하는 장소에도 변화가 생길 것이다. 아마도 도심에서 교외로 이주하는 이들이 다시 늘어날 듯하다. 건물의 모습도 지금과는 달라질 가능성이 높다. 자율 주행차 안에서는 굳이 바깥을 볼 일이 없으니 옥외 광고판의 가치는 떨어질 수밖에 없다.

지금까지 살펴본 사례는 일부에 불과하다. 자율 주행차가 불러올 인프라 변화의 다른 예는 어떤 게 있을까?

자율 주행으로 갱신되는 인프라가 부동산 시장을 바꾼다

자율 주행차가 대중화된 뒤에 우리 사회와 도시 풍경이 어떻게 변할지 예상하는 건 매우 흥미로운 일이다. 일단 도로가 가장 직접적인 영향을 받을 것이다. 도로는 보통 면적으로 측정된다. 좋은 도로라면 그 면적을 결정할 때 차량이 가장 많을 때의 숫자와 차량 크기를 곱한 뒤 차량 속도에 따른 운전자의 반응 시간까지 감안해야 한다. 한 운전자가 장애물을 감지한 뒤 제동하기까지 차량 2대만큼의 거리를 더 간다면, 그 운전자는 차량 3대만큼의 거리를 확보하는 게 좋다.

부다페스트기술경제대학의 시뮬레이션에 따르면, 도로 위의 모든 차량이 자율 주행으로 운행될 시 교통 밀도를 더 증가시키면서도 오히려 교통 흐름은 20% 향상된다. 자율 주행차는 인간보다 반응 속도가 빠른 데다가 실시간으로 경로를 파악하고 수정할 수 있다. 미래에는 10차선 고속 도로가 사라지고 자율 주행차들이 한 줄로 빽빽이 모여 엄청나게 정밀하고 빠른 운전을 선보일지도 모른다. 당신이 사는 곳의 도로가 20% 줄어들어도 어디든 정체 없이 자유롭게 갈 수 있다고 상상해 보라.

도로 위에 자율 주행차만 존재한다면 도로의 폭 역시 줄어들 수 있다. 자율 주행차는 좁은 도로도 자유롭게 누비기 때문에 그만큼 차선이 추가로 확보된다. 예를 들면 카풀 활성화를 위해 다인승 차량 전용 차로를 추가로 마련할 수 있다. 아니면 오토바이나 보행자를 위한 공간, 또는 각종 상가가 들어설 공간으로 활용하는 것도 가능하다.

대부분의 도시에서 가용 공간의 3분의 1 정도가 주차 공간으로 사용된다. 하지만 공유 자율 주행차가 활성화된 도시라면 기존의 주차 공간을 다른 용도로 활용 가능하다. 자율 주행차는 사람을 내려 주고 나서 바로 물품을 배송하러 가는 등 쉬지 않고 움직일 수 있기 때문이다. 이렇게 되면 도심의 부동산 가격이 보다 합리적인 선에서 형성되고 녹지 비율이 늘어나는 효과가 나타날 것이다.

뉴욕의 하이라인은 기존에 고가 철도로 활용되던 공간을 2.4킬로미터 길이의 공원으로 탈바꿈시킨 장소다. 자율 주행이 대중화되면 이렇게 새로운 공간이 재탄생하는 사례가 늘어날 것이다. 그리고 출퇴근길에 운전이 아니라 다른 일에 시간을 투자할 수 있게 되므로 통근 시간이 거주지 결정에 미치는 영향도 희미해질 전망이다. 사람들은 점점 도심에서 멀어질 테고 결과적으로 도시의 부동산 시장에도 큰 변화가 일어날 것이다.

자율 주행차가 개인 운송 수단의 주류로 자리 잡으면 기존의 교통 관리 인프라도 대부분 사라질지 모른다. 자율 주행은 매우 효율적인 운전사다. 이 효율성이 IoT 기기와 결합되어 자율 주행차들이 서로 빛의 속도로 정보를 주고받는다고 생각해 보라. 교차로에 들어선 자율 주행차들이 직접 협의하여 움직이는 순서를 정하는 시대가 올 것이다. 그리고 모든 자율 주행차가 하나의 디지털 지도를 공유하고, 그 지도에 제한 속도를 입력해 둔다면, 더 이상 표지판이나 신호등이 필요 없어질 것이다. 자동차들이 제한 속도를 절대 넘지 않도록 프로그래밍돼 있으니 과속 단속 카메라나 교통경찰도 마찬가지로 불필요해진다. 주차 위반이나 속도위반을 단속하여 걷는 과태료가 대폭 줄어들겠지만, 교통 인프라 관리에 드는 유지 비용을 매년 수백만 달러 절감할 수 있으니 전체 재정에 큰 문제는 없을 듯하다.

한 세기에 걸친 도전 끝에 우리는 비로소 교통 기술 발전의 혜택을 누릴 수 있는 시점에 도달했다. 자율 주행이 대량 도입되면 비용과 공간이 절약되는 한편 오히려 속도는 더 빨라지고 도어 투 도어 이동이 더 원활해질 것이다.

자동차 업계가 앞다퉈 선보이는 자율 주행 트럭

옛사람들이 자동차를 "말 없는 마차"라고 불렀던 것처럼 자율 주행차를 단순히 스스로 운전하는 자동차로 국한해 버리면 자율 주행차의 진정한 잠재력을 제대로 파악할 수 없다. 자율 주행차를 로봇 기사가 운전하는 우버 정도로만 보면 곤란하다. 인간의 개입 없이 무언가를 운송할 수 있다면 온갖 종류의 운송 작업에 변화가 일어날 것이다. 특히 공업과 물류업이 큰 영향을 받을 것으로 보인다.

자율 주행이 대규모로 사용된 첫 사례는 사람을 태우는 자동차가 아니라 광산 중장비였다. 2008년 리오틴토 그룹Rio Tinto Group은 호주 필바라 지역의 광산을 무인화하기 시작했으며 그 과정을 1,000킬로미터 떨어진 퍼스에서 원격으로 모니터링했다. 캐터필러Caterpillar의 마인스타MineStar는 이미 전 세계적으로 사용되는 광업 자율 주행 솔루션이다. 또 다른 초창기 사례는 자율 주행 트랙터로, 목적은 대규모 농장에서 작물을 수확하는 것이었다. 작물 수확은 채굴과 마찬가지로 사용 범위가 제한적이기 때문에 자율 주행을 도입하기가 비교적 쉬운 영역이었다. 2015년에는 AI, 로보틱스, 자율 주행을 융합하여 그린봇Greenbot이 탄생했다. 이 로봇은 규모가 크지 않은 야외 장소에서 잔디를 깎거나 과일을 따는 등 다양한 용도로 사용이 가능하다.

무인 지상 차량UGV의 역사는 80여 년 전 러시아가 전파로 원격 조종이 가능한 탱크를 개발하면서 시작됐다. UGV는 여전히 군대에 존재하며, 다른 여러 군사 기술과 마찬가지로 정부의 지원을 받으며 계속 연구가 진행되고 있다. 잘 알려진 대로 오늘날 자율 주행차의 상업적인 적용 사례는 대부분 DARPA 그랜드 챌린지의 상금 300만 달러의 산물이다. 원래 이 상금은 UGV 연구를 지원하여 군사적인 발전을 이루려는 목적에서 제공됐지만 결과적으로는 현재 자율 주행 산업의 발전으로 이어졌다. 자율 주행차는 인터넷과 더불어 정부의 R&D 투자가 성공적인 혁신으로 꽃핀 대표적 사례가 될 것이다.

또한 자율 주행차는 4차 산업 혁명에 따른 공급망 운용에도 커다란 혁신을 일으킬지 모른다. 아마존 스타일의 자동화 물류 창고에 자율 주행 피커picker 로봇이 수천 대가 있다고 상상해 보라. 아니면 하니웰Honeywell 의 로봇이 엠바크Embark 의 장거리 자율 주행 트럭을 하역하는 장면도 좋다. 여기에 라스트마일 배송의 발전이 더해져 우버나 드론 등을 통해 소규모의 개인 자율 주행 배송 시스템까지 활성화된다면 어떨까? 물류 시스템이 완전히 자동화되는 시대는 분명 가까워지고 있다.

자율 주행차가 줄이는 이산화탄소 배출량 연간 65억 톤

이제 우리는 완전히 인류세人類世 에 접어들었다. 인간이 지구 환경에 큰 영향을 미치는 시대에 살고 있다는 뜻이다. 오늘날 지구의 이산화탄소 농도와 기온은 꾸준히 최고치를 경신 중이다. 이렇게 대기 상태가 점점 불안정해지면서 태풍은 강력해지고 홍수의 규모가 더 커졌으며, 가뭄이 길어지고 생물의 멸종도 늘었다. 모든 지표가 해수면 상승을 가리키고 있어 해변이나 섬에 거주하는 사람들은 언젠가 거처를 옮겨야 할지도 모른다.

오늘날 자동차 한 대가 1년 동안 대기에 내뿜는 이산화탄소의 양은 평균적으로 6톤에 달한다. 지구의 기후 변화를 일으키는 주요 원인임에 틀림없다. 한편 전력망에 연결하여 충전하는 전기 차는 이산화탄소 배출량이 1년에 2톤에서 4톤 수준이다. 전기를 생산하는 과정에서도 이산화탄소가 배출되기 때문인데, 이 때문에 '긴 배기관long tailpipe'이라는 별명이 붙기도 했다. 게다가 내연 기관차를 만들 때보다 전기 차를 만들 때 더 많은 탄소와 희귀 토양 금속이 필요하다. 어쨌든 이 모든 걸 감안해도 전기 차는 수명에 따라 최대 50%까지 탄소 배출량을 줄일 수 있다. 또 다른 종류의 자동차인 수소 연료 전지 차는 내연 기관차와 전기차 사이 어딘가에 위치한다. 자동차 업계에서 이렇게 기후 변환에 대응하고 있다는 점은 분명 고무적이다. 하지만 우리는 여기에서 더 나아갈 수 있다. 새로운 연료는 이산화탄소 배출을 줄이기 위한 방정식의 일부일 뿐이다.

영국 투자 은행 바클리스의 애널리스트 브라이언 존슨은 앞으로 25년 동안 일반 자동차의 판매량이 40% 이상 줄어든다고 내다봤다. 자율 주행차의 확산으로 인해 필요할 때 차량을 빌려서 타는 시대가 온다고 판단한 것이다. 결국 자동차를 불필요하게 많이 생산할 필요가 없어져 자동차의 탄소 발자국을 줄일 수 있다. 사실 일반 자동차는 대개 수명 주기의 95%에 달하는 시간 동안 가만히 서 있을 뿐이다.

애초에 자율 주행차는 인간보다 운전을 더 잘하며 연료 효율 면에서도 더 뛰어나다. 연비를 최대한으로 끌어올리며 운전하는 이들을 하이퍼마일러hypermiler라고 부른다. 이들은 과학적으로 경로를 설정하고 과속하지 않으며 앞차의 뒤에 붙어 바람의 저항을 피하는 등 여러 기법을 동원한다. AI가 자동차를 운전하면 이런 효율적인 운전 습관을 꾸준히 향상시킬 수 있다. 예를 들어 출퇴근하며 소비되는 연료의 양이 우리가 직접 운전할 때보다 자율 주행차가 운전할 때 절반으로 줄어들지도 모른다. 그럼 연료에 드는 돈도 아끼고 탄소 배출량도 줄여 일석이조 효과를 누리게 된다.

모든 절감 효과를 합치면 자율 주행차를 비롯한 새로운 기술로 자동차의 연간 이산화탄소 배출량이 65억 톤 정도 감소할 수 있다. 이는 전 세계적으로 인간이 배출하는 이산화탄소 중 17%에 해당하는 양이다. 이 감소량 중 대체 연료가 기여하는 비율은 5분의 1 정도에 불과하며 나머지는 자율 주행차가 대량으로 도입돼야 실현 가능하다. 자동차 분야에서 기후 변화에 맞서는 데 가장 효과가 큰 기술은 역시 자율 주행이다. 내연 기관차에서 전기 차나 수소 자동차로 전환된다 해도 자율 주행에 비하면 기후에 미치는 영향은 미미하다. 물론 대체 연료에도 여러 장점이 있는 건 사실이다. 하지만 대기 중 탄소량이 진정으로 우려스럽다면, 자동차 분야에서 내릴 수 있는 가장 탁월한 선택은 자율 주행차의 대중화를 이루기 위해 투자하는 일이다.

테슬라, 웨이모, 크루즈
누가 먼저 5단계 자율화에 도달할까

2020년, 웨이모는 자율 주행차 기업의 정수를 선보였다. 그들이 내놓은 자율 주행차는 마치 로봇 마시멜로 위에 흑요석 껍을 붙여 놓은 듯

했다. 이상적인 미래 자동차의 모습을 세련되고 깔끔하게 표현한 디자인이었다. 그러나 웨이모를 비롯한 여러 자율 주행차의 아이디어 자체는 오래전에 고안됐다. 앞서 언급했듯, 일찍이 퓨처라마 전시에서는 자율 주행차가 존재하는 1960년의 모습을 그린 바 있다. 자율 주행의 명백한 이점에도 불구하고 자율 주행차는 지금껏 확고히 자리 잡지 못했다.

자율 주행차의 열쇠는 AI다

그동안 자율 주행차에서 채우지 못한 기술은 바로 인공 지능이었다. 향상된 센서 기술, 완전히 전자화된 운전 시스템, 고정밀 지도 등 수많은 기술이 융합되어 자율 주행차의 가능성을 높였지만 인간 수준의 인지 능력을 갖추게 하기는 어려웠다. 인간 운전자라면 길을 건너려고 하는 진짜 사람과 사람 그림이 그려진 버스 정류장 표지판을 쉽게 구분할 수 있다. 전자 장치가 도로에 굴러다니는 비닐봉지를 감지한 뒤 엉뚱하게 강아지가 도로에 뛰어들었다고 경고한다면 운전자는 당황스러울 테다. 자율 주행차는 언제나 어린아이보다 인지 능력이 좋지 않았다.

자율 주행차의 AI는 사물을 분류할 줄 알아야 하며 해당 사물이 어떤 행동을 할지 높은 확률로 예측할 수도 있어야 한다. 가령 도로변에 사람이 서 있다면 이 자가 곧 길을 건널지 아니면 계속 서 있을지 판단해야 한다. 이런 능력이 없다면 자율 주행차는 그저 주변 환경에 무지한 채 멍하니 도로를 달리는 위험한 살인 기계에 불과하다.

과거에는 AI 없이 자율 주행차를 만들어 보려고 했다. 문제는 인프라에 막대한 투자가 필요했다는 점이다. 자동차가 얼마나 빠르게 움직여야 하고 언제 멈춰야 하는지 정보를 주고받으려면 센서가 많이 필요했고, 자율 주행차가 차선을 지키도록 하려면 노면 표시가 제대로 이루어져야 했다. 게다가 자율 주행차가 보행자를 인식하지 못했기 때문에 자율 주행차 운전 구역에는 사람의 출입이 금지돼야만 했다. 초창기 시도에서 자율 주행차를 일종의 조그마한 단칸 열차 또는 선로 없이 움직이는 시내 전차로 여긴 것은 분명 나쁘지 않았다. 하지만 인프라 투자에 그토록 돈을 쏟아부어도 이런 자율 주행차로는 작은 동네에서조차 운전이 불가능하며 출퇴근은 당연히 꿈도 꾸지 못했을 것이다. 아무리 좋게 봐 줘도 극히 단편적인 해결책에 불과했던 셈이다.

자율 주행차의 최종 목표, 자율성

자율성을 정의하기란 꽤 어려운 일이다. 센서 기반의 인프라를 구축하면 자율성을 갖췄다고 볼 수 있을까? 주차 보조 시스템은 어떤가? 아니면 차선 이탈 방지 시스템으로 운전자가 잠시나마 핸들과 페달에서 자유로워질 수 있다면 또 어떤가? 지금까지 우리는 자동차에서 '자율'이 구체적으로 무엇을 뜻하는지를 제대로 논의하지 않았다. 자율 주행차를 이야기할 때면 우리는 대개 중간 단계를 모두 뛰어넘고 바로 완전한 자율성을 떠올린다. 미국 자동차공학회가 정한 기준에 따르면 그 정도의 자율 주행은 최고 단계인 5단계에 해당한다.

- 0단계 자동화 없음: 자율성이 전혀 없고 인간 운전자가 모든 운전 작업을 수행한다.

- 1단계 운전자 보조: 인간 운전자가 자동차를 조작하지만, 몇몇 보조 기능이 설계에 포함될 수 있다.
- 2단계 부분적 자동화: 가속이나 조향 등 자동화된 기능들이 종합적으로 갖춰진다. 다만 인간 운전자는 반드시 운전에 집중하고 항상 주변 환경을 파악해야 한다.
- 3단계 조건부 자동화: 인간 운전자가 있어야 하지만, 운전자가 항상 주변 환경을 파악하고 있을 필요는 없다. 다만 운전자는 요청이 있을 경우에 언제든지 자동차를 조작할 수 있도록 준비하고 있어야 한다.
- 4단계 고수준 자동화: 특정 조건하에서는 자동차가 스스로 모든 운전 작업을 수행할 수 있다. 물론 인간 운전자가 원할 시 차량을 조작할 수 있다.
- 5단계 완전 자동화: 어떤 조건에서든 자동차가 스스로 모든 운전 작업을 수행할 수 있다. 물론 인간 운전자가 원할 시 차량을 조작할 수 있다.

2020년 기준으로 봐도 5단계 자동화는 아직 요원하다. 하지만 여러 굵직한 기업들이 5단계를 향해 이미 나아가기 시작했다. 이들은 5단계 자율 주행을 어떻게 보느냐에 따라 크게 두 진영으로 나뉜다. 한쪽은 완전한 자율 주행이 자동화의 사다리를 차근차근 오르면서 실현될 수 있다고 본다. 2단계 부분적 자동화에서 출발하여 3단계 조건부 자동화로 올라선 뒤 서서히 4단계를 거쳐 최종적으로 5단계에 다다르겠다는 뜻이다. 이 접근법을 사용하는 대표적인 기업으로는 테슬라_{Tesla}가 있다. 하지만 이 방법에는 위험이 따른다. 여러 연구에 따르면 인간이 보조를 받는다고 인식하기 시작하면 자신의 손에 달린 작업에 덜 집중하게 되어 결국 사고가 날 가능성이 증가한다는 사실이 입증됐다. 이 위험성만으로도 자동화 기능을 모든 사용자에게 제공하겠다는 아이디어는 설득력이 떨어진다. 3단계 수준의 자동화마저도 위험할 수 있다.

테슬라 외의 자율 주행 기업들은 대부분 한 번에 5단계 자율 주행 수준까지 도달하려 한다. 대표적인 예가 웨이모와 크루즈다. 이 기업들은 임시방편으로 4단계 수준의 자율 주행차에 전문 운전자를 태워 도로에 내보내고 있다. 대신 악천후 등 돌발 상황이 발생하면 전문 운전자가 직접 운전을 하며, 운행 장소 역시 특정 지역으로 한정돼 있다. 비슷한 접근법으로는 원격 모니터링이 있는데 인간이 차량을 지켜보다가 상황에 따라 자율 주행을 해제할 수 있다.

웨이모는 2018년 겨울부터 애리조나 주 피닉스에서 유료 고객을 대상으로 4단계 자율 주행차 서비스를 운영해 왔다. 차량을 픽업 장소로 호출하는 건 여느 승차 공유 앱과 같다. 하지만 웨이모는 자동차가 스스로 움직인다. 승객이 탔을 때 역시 자동으로 운전하여 목적지까지 이동한다. 차량에는 안전 기술자도 함께 탑승하여 돌발 상황으로 인해 자율 주행 모드를 해제할 경우 인간이 운전대를 이어받을 수 있다.

엄밀히 말하면 3단계 자율 주행에서 인간의 부주의로 발생할 만한 사고는 4단계 자율 주행에서도 똑같이 일어날 수 있다. 단지 그 빈도가 더 낮을 뿐이다. 그렇기 때문에 4단계에서 5단계로 넘어가더라도 여전히 인간은 꾸준히 집중력을 유지해야 한다. 적어도 사고 발생률이 용인할 만한 수준으로 떨어질 때까지는 말이다. 그런데 용인할 만한 수준은 어느 정도인 걸까? 정답이 있는 질문은 아니지만 그래도 몇 가지 합리적인 목표를 세울 수는 있다.

평균적으로 인간 운전자는 약 30만 킬로미터를 주행할 때마다 한 번씩 사고를 겪는다. 자율 주행차는 당연히 더 뛰어나야 할 테다. 그러므로 좀 더 엄격하게 기준을 80만 킬로미터로 잡겠다고 가정해 보자. 그럼 우리가 해야 할 일은 간단하다. 자율 주행차가 80만 킬로미터에 한 번 꼴로 자율 주행 모드 해제를 겪을 때까지 인간 운전자를 태운 채로 운행해 보면 된다. 그때면 자율 주행차가 사실상 5단계 자동화에 이르렀음을, 즉 진정으로 상용화가 가능하며 인간 운전자보다 더 안전하다는 사실을 인정할 수 있을 것이다. 5단계가 실현되기만 해도 교통사고 희생자 수는 절반으로 줄어든다. 이후에 기술이 더 폭발적으로 발전한다면 안전성이 2배에서 4배로, 또 순식간에 8배, 16배, 그리고 그 이상으로 향상될 수 있다. 결국 언젠가는 인간 운전자가 자율 주행차의 안전성을 결코 따라잡을 수 없는 때가 올 것이다.

자율 주행 기술 9가지

현대 자율 주행차는 각종 기술과 지식이 뒤범벅된 상태나 다름없다. 일단 인간 운전자가 수행하는 작업만 풀어 써도 책 몇 권이 나올 것이다. 게다가 그 작업을 자동화하는 데 필요한 기술까지 설명하면 분량은 더욱 늘어난다. 인간 운전자가 무의식적으로, 또는 약간의 훈련만으로 수행할 수 있는 작업 몇 가지를 간략히 나열해 보면, 목적지까지 길 찾기, 자동차의 속도 및 방향 조절하기, 타이어 미끄러짐 같은 느낌에 반응하여 운전하기, 눈으로 주변 환경 인식하기, 다른 차량이나 보행자 움직임을 예측하고 적절히 대응하기 등이 있다.

자율 주행차에서는 이 모든 입력과 출력이 더 이상 인간의 몫이 아니다. 일련의 센서들이 데이터를 필터에 입력하면 인공 지능이 의사 결정을 내리고 제어 시스템은 그에 맞게 출력해야 한다. 이 시스템 요소들이 존재하는 근본적인 이유는 급박한 질문에 실시간으로 대답하기 위해서다. "지금 제가 얼마나 빠르게, 어느 방향으로 가고 있나요?"

물론 충분히 대답 가능한 질문이다.

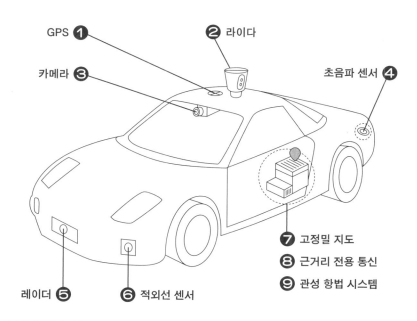

인간 운전자를 대체하려면 다양한 부품이 필요하다

① GPS범지구 위치 결정 시스템: GPS 위성들의 네트워크를 이용해 자동차의 현재 위치를 알 수 있다. 오차는 수 미터 정도에 불과하다.

② 라이다LIDAR: 빛 감지 및 거리 측정: 360도 전 방향으로 레이저를 비추어 자동차와 물체 사이의 거리를 측정한다.

③ 카메라: 광학 카메라를 통해 주변 세계를 볼 수 있다. 때로는 인간이 육안으로 보지 못하는 정보까지 확인한다.

④ 초음파 센서: 자동차에서는 보조 경고 시스템으로 많이 사용된다. 근거리 장애물을 감지할 수 있다.

⑤ 레이더RADAR: 무선 탐지 및 거리 측정: 전통적인 군사 기술로 자동차에서는 원거리 장애물을 감지하는 데 사용된다.

⑥ 적외선 센서: 카메라와 사용 목적이 비슷하다. 어두운 밤이나 안개가 꼈을 때, 또는 날씨가 흐릴 때 교통 표지판이나 보행자 등 외부 객체를 감지한다.

⑦ 고정밀 지도: 최신 지도와 여러 위치 센서 입력을 결합하여 현재 차량이 어디에 있는지 구체적으로 표현할 수 있다.

⑧ 근거리 전용 통신DSRC: 양방향 근거리 무선 통신 채널로 차량 간의 통신, 그리고 차량과 인프라 사이의 통신을 책임진다. DSRC를 이용해 노면 상태와 정체 정도 등 여러 교통 정보를 공유한다. 최근에는 5G를 도입하여 DSRC를 대체하거나 강화하려는 실험이 이루어지고 있다.

⑨ 관성 항법 시스템INS: 자동차의 내이內耳 역할을 하는 장치로 자이로스코프, 가속도계, 나침반을 이용하여 차량의 자세와 속도를 감

지한다.

왜 자율 주행차가 인간 운전자를 앞설 수밖에 없을까

차량을 조종하는 제어 시스템

먼저 우리는 컴퓨터가 어떻게 자동차를 제어할 수 있을지 생각해 봐야 한다. 자동차가 움직일 수 없다면 인식 기술이 무슨 소용이 있겠는가. 첫 번째 DARPA 그랜드 챌린지에 출전했던 차량들처럼, 초창기 자율 주행차는 전기 기계식 액추에이터를 이용해 페달을 밟고 방향을 조정해야만 했다. 즉 인간 운전자의 손과 발을 대신하려 했던 셈이다.

자동차가 점점 컴퓨터화되면서 오늘날의 자율 주행차는 제어 시스템을 관리하는 소프트웨어를 통해 직접 운전 시스템에 접속하여 차량을 조종한다. 예를 들면 비례 적분 미분 제어 기법은 연속적인 피드백 루프 역할을 함으로써 간단한 기능을 구현할 수 있다. 대표적인 기능으로 크루즈 컨트롤이 있다. 이외에도 차량의 기본적인 상태, 가령 배터리를 교체해야 하는지, 또는 앞 유리 워셔액이 부족한지 등을 확인하는 데 필수적인 차량 텔레매틱스도 여기에 포함된다.

고정밀 지도와 DSRC가 결합한 항법 장치

위치 측정은 자동차를 운전할 때 반드시 필요한 기능 중 하나로 현재 자동차의 위치가 어디인지, 어떤 도로 위에 있는지, 어느 방향을 향하고 있는지, 속도는 얼마나 빠른지 등을 모두 포함하는 개념이다. 음주 운전을 떠올려 보면 위치 측정 장애가 얼마나 치명적인지 알 수 있다. 위치 측정이 제대로 이루어지려면 차량의 물리적인 위치, 방향, 그리고 속도 정보가 고정밀 지도와 결합돼야 한다.

고정밀 지도는 각종 도로 정보는 물론이고 속도 제한, 교차로, 신호등에 관한 정보를 포함한다. 고정밀 지도를 만들 때에는 일단 상세한 위성 사진에서 시작한 뒤 더욱 구체적인 항공 사진을 덧붙인다. 그다음으로는 구글 지도 차량처럼 자동차가 거리 하나하나를 모두 돌아다니며 수집한 정보를 지도에 빠짐없이 담는다. 그리고 나면 최신 교통 상황 및 공사 정보가 추가되며, 이와 동시에 운전자 수백만 명의 스마트폰 애플리케이션, 가령 웨이즈에서 얻은 실시간 데이터도 반영된다. 자율 주행차들이 플릿 내에서 센서 데이터를 끊임없이 공유하기 때문에 고정밀 지도의 내용은 계속 업데이트될 수 있다.

항법 장치를 보조하는 기술 중 조금 오래됐지만 여전히 유용한 것들이 있다. 통틀어 근거리 전용 통신이라고 불리는 기술들이다. DSRC는 차량 대 차량v2v 통신, 그리고 차량 대 인프라v2i 통신을 모두 가능케 한다. 사실 DSRC는 퓨처라마가 열리던 당시부터 고안되었던 기술이다. 하지만 지금도 여전히 교통과 관련된 다양한 분야에서 활발히 연구가 이루어지는 기술이기도 하다. 오늘날 컴퓨터화된 차량이 점점 늘어나면서 이들의 대규모 통신이 시급한 문제로 떠올랐는데 그 해결책으로 DSRC를 염두에 둔 것이다. 위치 측정과 고정밀 지도를 함께 활용하면 자동차 주변 세계의 디지털 모델을 생성하고 그 안에서 자동차의 위치를 추적할 수 있다. 즉 점유 격자occupancy grid 생성이 가능해진다. 이제 다음 단계는 차량이 스스로 길을 찾도록 가르치는 것이다.

각국 정부에서 개발하는 GNSS

자동차 관성 항법 시스템의 기반 기술은 스마트폰에 사용된 기술과 거의 똑같다. 이제는 주행 기록계, 가속도계, 자이로스코프, 나침반, 위치 결정 기술 등을 모두 사용하고 싶다면 아무 전자 상가에 가서 몇 달러만 내면 된다. 이 기술들을 활용하면 차량의 위치는 물론이고 방향과 속도까지 추적할 수 있다. 예를 들어 관성 측정 장치IMU는 인간의 내이와 같아서 자동차의 방향과 균형을 유지하는 역할을 수행한다.

관련 기술 중에 가장 복잡한 건 범지구 위성 항법 시스템GNSS이다. 인공위성을 활용한 기술은 복잡할 수밖에 없다. GNSS를 활용하면 자동차가 이 행성에서 어디에 위치하는지 정확히 파악 가능하다. 가장 유명한 GNSS는 미군에서 개발한 GPS다. 물론 그 외에도 각국 정부에서 개발하여 상업적으로도 사용할 수 있는 기술들이 있다. 중국의 베이더우BeiDou나 러시아의 글로나스GLONASS가 좋은 예다. 물론 어느 나라의 기술이든 자율 주행차에 적용할 수 있기 때문에 통틀어 GNSS라고 불러도 문제없다.

결국 IMU와 항법 장치, 그리고 제어 시스템을 모두 활용하여 출발지부터 목적지까지 자율 주행차의 경로를 계획하고 실제로 자율 주행차가 경로를 따라 이동하도록 해야 한다. 하지만 여기에서 멈춘다면 자율 주행차는 도로 위를 달리는 흉기에 지나지 않을 테다. 이제 다른 자동차나 보행자로 가득한 역동적인 외부 세계를 자율 주행차가 인식할 수 있게 만들어야 한다.

센서 퓨전 기술로 수준을 높이는 인공 지각

제어, 위치 측정, 경로 찾기가 모두 끝났으니 이제 자율 주행차에 인공 지각을 추가할 차례다. 여기에는 다양한 비전 시스템을 한데 묶는 센서 퓨전 기술이 필요하다. 자율 주행차의 비전 시스템이 어느 정도 수준이어야 하는지는 여전히 논쟁거리이긴 하지만, 인간 수준의 카메라가 요구되는 것만큼은 확실하다. 도로 위의 표지물들은 대부분 눈에 잘 띄게 제작된다. 속도 제한이나 정지 표지에 운전자가 반응하려면 일단 해당 표식이 운전자 눈에 들어와야 하기 때문이다. 물론 자율 주행차도 다르지 않다. 그런데 라이다 같은 몇몇 전자기 센서는 인간이 파악할 수 없는 정보까지 제공할 수 있다. 업계 전문가들은 이런 지각 기술이 더해져 결국 자율 주행차가 인간 운전자를 앞설 수밖에 없다고 예상한다.

인간이 눈으로 한 번에 볼 수 있는 각도는 제한적인 반면, 라이다는 차량 주변 360도를 한꺼번에 감지할 수 있다. 게다가 안개나 먼지 같은 방해 요소를 꿰뚫을 수 있으며 어두운 밤에도 문제없이 작동한다. 자율 주행차는 비레이저 방식인 레이더 기술을 전방 충돌 경보FCW에 사용하기도 한다. 레이더는 커다란 물체를 피하는 데에도 사용되는데, 대신 보행자나 자전거처럼 비교적 작은 대상을 감지하는 능력은 다소 떨어진다. 레이더는 주차 보조 센서에도 활용된다. 차량 후방에 물체가 닿으려 하면 경고음이 울리는 것도 레이더 덕분인 셈이다.

어쨌든 수많은 센서 데이터가 모여 확장 칼만 필터 같은 센서 퓨전 시스템에 입력되며, 입력된 데이터는 점점 더 높은 단계의 인식 정보로 변환된다. 예컨대 신호가 문자로 바뀌고,' 그 문자는 의미를 가진 기호로 바뀐다. 단계가 높아질수록 외부 세계를 더 전반적으로 파악한 정보가 나타난다. 센서 퓨전을 통해 자율 주행차는 끊임없이 변화하는 외부 세계 전반을 매끄럽게 받아들일 수 있다. 마치 인간의 두뇌처럼 순간의 지각만으로 주변을 인지하고 설명할 수 있게 되는 것이다.

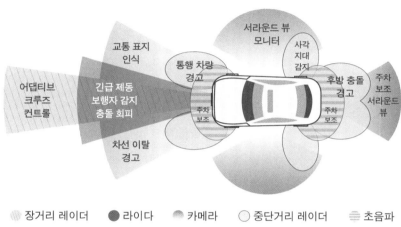

자율 주행차는 인간보다 훨씬 많은 것을 볼 수 있다.

인간에게는 당연한 것도 AI에게는 혼란스럽게 보일 수 있다. 자율 주행차의 기술적 어려움 중 하나는 인공 지능을 잘 학습시켜 불확실성을 최소한으로 줄이고 높은 확률로 정확한 예측을 하도록 만드는 것이다. 이런 기능은 센서 데이터와 고정밀 지도가 유기적으로 운영된다 해도 도달하기 어려운 영역이다. AI는 주변 환경의 객체들이 무엇을 하고 있는지 감지해야 하고, 나아가 앞으로 어떤 행동을 할지도 예측해야 하기 때문이다. 예를 들어 '자동차들은 도로 위에 서 있을 가능성이 높고, 자전거들은 잠시 옆으로 빠질 테고 보행자들은 인도에 머무를 것이다' 같은 예측을 수행하는 것이다. 물론 이런 예측은 언제든 빗나갈 수 있으므로 자율 주행차는 항상 다른 가능성까지 포착할 수 있어야 한다.

운전을 하다 보면 아주 미묘한 신호나 암묵적인 규칙을 피할 수 없다. 자동차는 어디로 갈지를 보행자에게 알려야 한다. 인간 운전자는 교차로를 만나면 속도를 늦추어 다른 이들에게 먼저 지나가도 된다는 신호를 보낼 것이다. 종종 수신호를 보낼 때도 있으며 가끔 신호등이 먹통이 되면 경찰관이 나서 교통을 통제해 주길 바라기도 한다. 운전자가 도로에서 마주치는 상황은 이토록 가지각색이다. 5단계 자율 주행이 완성됐음을 자신 있게 선언하려면, 먼저 자율 주행차를 제대로 학습시켜 도로 위 어떤 상황에서도 적절히 대응할 수 있도록 해야 한다.

모빌리티 산업이 미래에
함께 준비해야 할 것들

5단계 자율 주행이 진정한 능력을 발휘하기까지는 아직 여러모로 갈 길이 멀다. 이 기술의 필요성은 물론이고 법률적인 영향을 확실히 짚고 넘어가야 한다. 그리고 몇몇 심각한 문제를 어떻게 해결할지 또한 미리 준비해야 한다. 예를 들어 수백만 명의 전문 운전기사가 갑자기 일자리를 잃는다면 어떻게 대응할 것인가? 교통 산업 역사를 통틀어 자율 주행은 분명 엄청나게 혁신적인 기술임에 틀림없지만, 언제나 수면 아래의 빙산이 더욱 파괴적인 영향을 끼치는 법이다.

주력 사업의 주변부에 집중하라

컴퓨터 과학 분야에서는 90-90 법칙이라는 짓궂은 농담이 있다. 소프트웨어 하나를 90% 먼저 완성하는 데는 개발 기간의 90%가 소요되고 나머지 10%를 완성하는 데에 다시 90%만큼의 기간이 더 필요하다는 뜻이다. AI가 가장 풀기 어려운 문제로 자율 주행이 꼽히는 이유도 비슷한 맥락에서다. 자그마한 실수가 끔찍한 결과를 낳을 수 있기 때문이다.

인공 지능이 마주한 여느 문제들과 달리, 자율 주행에는 높은 속도와 정확성이 요구되며 동시에 인간의 목숨이 달려 있기까지 하다. 심지어 정확도가 99%를 넘어도 매일같이 사고가 발생할 것이다. 인공 지능 모델의 정확도를 99%에서 99.5%로 높이려면 그 전보다 10배 더 많은 노력이 필요할지도 모른다. 99.5%에서 99.6%가 되기 위해서는 100배가 넘는 수고를 들여야 할 수도 있다. 근본적으로 이런 이유 때문에 2020년까지도 자율 주행이 4단계에 머무를 수밖에 없었다. 자율 주행차가 사고 없이 80만 킬로미터를 주행하는 건 16만 킬로미터를 무사히 주행하는 것보다 상상도 못할 만큼 더 어렵다. 자동차가 도로를 누비는 시간이 길어질수록 예상치 못한 상황에 마주칠 확률이 높아지기 때문이다. AI는 그런 돌발 상황들을 최대한 많이 학습해야 한다. 이제부터 몇 가지 시나리오를 살펴보겠다.

기상 현상 학습시키기

먼저 날씨 문제가 있다. 화창한 날에는 자율 주행이 잘 작동하지만 조금만 날씨가 안 좋아져도 자율 주행의 난이도는 급격히 상승한다. 비처럼 비교적 단순한 기상 현상이 있는 한편, 눈이 내리고 결빙이 발생하는 등 더 복잡한 기상 현상도 있다. 오클라호마에서 토네이도를 만나면 자율 주행차는 어떻게 해야 할까? 자율 주행차가 어떤 상황에서든 최적의 선택을 내릴 정도로 완벽한 경지에 이르기란 불가능하다.

사실 자율 주행차의 의사 결정 과정에 인간이 어느 정도 개입하는 것도 그리 나쁘지만은 않다. 극단적인 상황에 처하면 인간이 여러 선택지를 따져 볼 것이다. 예를 들면 홍수가 났을 때 물살을 뚫고 지나갈지, 아니면 물살이 잠잠해질 때까지 기다릴지 고민하는 상황이 발생할지도 모른다.

모라벡의 역설 공략하기

모라벡의 역설이란 인간에게 쉬운 것은 컴퓨터에게 어려운 반면, 인간에게 어려운 것은 컴퓨터에게 쉽다는 역설을 말한다. 자율 주행차는 다른 대상들이 어떻게 행동할지 예측해야 한다.

'저 사람은 횡단보도를 건너려 하는 걸까 아니면 스트레칭을 하고 있는 걸까?', '저 경찰관은 도로 위에 서 있는 걸까? 만약 그렇다면 손짓이 교통 신호를 뜻하는 걸까? 신호등이 고장 났다는 가정이 더해지면 예측에 영향이 갈까?'

그동안 자율 주행차는 인간 수준의 판단력을 갖추지 못하는 바람에

우스꽝스러운 모습을 많이 보이기도 했다. 2019년에는 정지 상태의 자동차를 인식하지 못하거나 비보호 좌회전을 제대로 해내지 못하며 자율 주행의 한계를 여실히 증명했다. 앱티브Aptiv 의 자율 주행차는 예상치 못하게 거리에 줄지어 주차된 차량들을 마주치자 이 차들이 곧 우회전하리라 오판하고서 스스로 멈추고 말았다. 한편 비보호 좌회전은 인간 운전자에게도 골칫거리일 정도로 어려운 작업이다. GM의 자회사 크루즈는 비보호 좌회전을 집중 공략하여 꽤 의미 있는 진전을 이루었는데, 자율 주행 시장의 후발 주자들이 따라잡기에는 엄청나게 많은 시간과 노력이 필요할 것으로 보인다. 아니면 일종의 현대판 가내 수공업 방식, 즉 특정 문제에 특화된 AI 모델을 학습시켜 즉시 적용하도록 제공하는 방식도 고려해 볼 만하다.

항상 따라붙는 보안 문제 극복하기

보안은 컴퓨터 시스템을 운영한다면 반드시 고려해야 하는 영역이다. 하물며 사람이나 물건을 나르는 자동차들을 한꺼번에 관리하는 컴퓨터 네트워크라면 보안 유지의 중요성은 이루 말할 수 없을 정도다. 자율 주행을 범죄에 악용하는 끔찍한 시나리오는 굉장히 많다. 자율 주행차의 경로를 조작하여 수송 중인 물품을 탈취할 수 있으며, 일부러 교통사고를 일으켜 유명인을 납치하거나 원격으로 암살을 시도할 수도 있다. 자율 주행차를 이용하면 마약이나 시체를 운반하는 일도 더 은밀해질 테다. 이런 시나리오들은 매우 현실적이며 지금부터 예방책을 찾아야 한다. 그리고 자율 주행 악용 사고에 관한 세부 사항을 관계자들이 쉽게 파악할 수 있도록 탄탄한 인프라를 갖춰야 할 것이다.

자율 주행차를 구현할 수 있는 사람은 전 세계적으로도 얼마 되지 않는다. 그래서인지 많은 이가 자율 주행 시대에 조금이라도 발맞추고자 노력하고 있다. 유다시티 Udacity 는 온라인 강좌 플랫폼으로, 여기에서 제공하는 수업들은 대부분 엔지니어들에게 필수이자 기본적인 도구들을 다룬다. 인공 지능도 예외는 아니어서, 인공 지능 모델을 만들거나 활용하는 방법을 가르치는 수업부터 직접 코딩을 하며 기본적인 자율 주행을 구현해 보는 수업까지 존재한다. 이렇게 자율 주행 업계의 주변부에서도 자율 주행 발전을 위한 노력이 지속돼야 한다. 그리고 실제로 이런 주변부에 새로운 기회가 끊임없이 찾아올 것이다.

차보다 사람이 먼저여야 한다

자율 주행차가 대규모로 도입되면서 운송직 종사자들이 일자리를 잃으면 우리는 어떻게 대응해야 할까? 미국만 봐도 운송직 종사자들의 수가 300만 명을 넘는다. 물류 시스템이 전부 자동화될 가능성이 높으니 운송업계에서의 대량 실직은 불 보듯 뻔하다. 비록 결국에는 자율 주행차로 인해 우리도 미처 몰랐던 새로운 직업과 산업이 탄생하더라도, 과도기를 거치는 동안 많은 이가 자신의 기술을 쓸모없다고 느끼고 말 것이다. 수백만 명의 기사가 일생을 바쳐 기술을 갈고닦았는데 더 이상 아무도 이들을 찾지 않는다면 어떻겠는가. 우리는 한 사회의 구성원으로서 이런 상황에 대비해야 한다. 뉴욕시 교통국장이었던 새뮤얼 슈워츠는 "사람보다 자동차가 먼저라는 인식은 예전부터 바꾸기가 어려웠다" 라고 말한 바 있다. 이제는 비로소 이런 인식을 바꿀 때가 됐다.

자동차 제조 산업 역시 자율 주행차의 영향 아래에 있다. 필요할 때 언제 어디서나 자율 주행차를 탈 수 있는 시대가 오면 자동차를 소유하는 사람의 수는 줄어들 것이다. 자동차 수의 감소는 지구 환경에나 소비자에게나 모두 희소식일 테다. 하지만 그로 인해 자동차 제조 기업들의 판매량은 감소할 수밖에 없다. 덩달아 부품의 제조와 조립, 재료 수급, 그리고 모든 관련 공급망이 모두 타격을 입을 것이다.

미국의 작은 도시를 지나칠 때면 항상 볼 수 있는 것들이 있다. 바로 주유소, 자동차 정비소, 머플러샵, 오일 교체소다. 마진율이 점점 줄고 전기 차 같은 신기술까지 등장하면서 이런 소규모 업체들이 하나둘 자취를 감추고 있다. 즉 이 업계에서는 앞으로 새로운 고용이 창출될 일이 없다. 소규모 업체들의 몰락은 정부와 지자체의 세금 수익에도 악영향을 미친다. 게다가 교통 단속 및 주차 단속 과태료로 벌어들이던 돈도 줄어들 것으로 보인다. 이렇게 갑작스레 수익이 감소하면 온갖 곳에서 그 유탄을 맞기 마련이다. 예를 들면 경찰 공무원 채용 규모가 갑자기 줄어들거나, 공원과 휴식 공간을 위한 예산이 삭감되는 식이다.

다른 신기술과 마찬가지로 자율 주행 역시 그 장래성과 위험성의 균형을 맞춰야 한다. 자율 주행차가 대중화되면 도로 위의 자동차 수가 줄어들어 차를 통한 이동이 더 안전해질 것이다. 하지만 편법이 성행할지도 모른다. 아무도 태우지 않은 '좀비' 자율 주행차가 주차비를 내지 않으려고 같은 곳을 계속 돌기만 한다고 상상해 보라. 주차비를 통한 수익이 줄어드는 건 물론이고 그 과정에서 환경이 더 오염되기도 할 것이다. 미국에서만 740만 개의 일자리가 트럭 운전 산업과 관련돼 있다. 이는 전체 일자리의 약 5%에 해당하는 수치다. 트럭 운전사는 미국의 29개 주에서 종사자가 가장 많은 직업인 것으로 확인되기도 했다. 게다가 트럭 운전과 연관된 일자리도 안심할 수 없다. 자율 주행차 170만 대가 도입되면 트럭 휴게소의 팬케이크 가게는 그만큼 고객을 잃는 셈이다. 물류 창고 운전사, 전속 기사, 철도 기관사와 보트 운전사도 예외는 아니다. 고등학교만 졸업해도 종사할 수 있는 고소득 직종은 하나도 남김없이 자율 주행의 제물이 되고 말 것이다.

보행자를 살릴까, 운전자를 살릴까

자율 주행차로 기대되는 가장 큰 효과는 연평균 130만 명에 달하는 교통사고 피해자 수를 줄이는 것이다. 교통사고 사망자 수가 줄어드는 건 분명 환영할 일이지만 여기에도 단점은 존재한다. 장기 이식은 대부분 본래 건강했지만 교통사고로 세상을 떠난 사람들로부터 이루어지기 때문이다. 교통사고 사망자 수가 감소하면 장기 이식을 기다리는 사람들의 희망도 줄어드는 셈이다.

아니면 이런 상황을 가정해 보자. 사람을 태운 자율 주행차가 빙판으로 뒤덮인 다리 위를 달리다 눈앞에 보행자를 마주친 상황이다. 자율 주행차가 그대로 달린다면 승객은 살릴 수 있지만 보행자가 죽는다. 다리 밖으로 뛰어들면 보행자는 무사하겠지만 승객이 죽는다. 컴퓨터는 이 상황에서 어떻게 대처할까? 그리고 과연 인간은 어떻게 행동할까?

인간 운전자는 보행자가 누구인지에 따라 다르게 반응할 것이다. 만약 보행자가 성인 한 사람이라면 그와의 충돌을 택할 가능성이 높다. 그러나 보행자가 어린아이와 함께 있다면 핸들을 돌려 다리에서 뛰어내릴 가능성이 더 높다. 보행자와 승객이 누구인지 경우의 수가 다양해질수록 문제는 더 불편해진다. 다리 위에 일가족이 있다면 최대한 충돌을 피하고 싶겠지만, 만약 차에 탄 사람이 당신의 아이라면 어떻겠는가?

트롤리 문제는 아주 오래된 윤리학 사고 실험으로, 인간이 누군가를 살리기 위해 다른 누군가의 목숨을 기꺼이 희생할 수 있는지 묻는 실험이다. 원래 이 문제는 철학 수업을 처음 듣는 학생들에게 주로 던져졌으나 이제는 새로운 시의성을 갖는 사고 실험으로 주목받고 있다. 인간의 목숨에 우선순위를 매기는 일은 누구에게나 편치 않다. 하지만 비슷한 상황에서 컴퓨터가 지체 없이 판단을 내리게 하려면 우리가 먼저 우선순위를 확고히 결정해 두어야 한다. 모두가 납득할 수 있는 방식이라면 더욱 좋다.

자율 주행이 매우 희망적인 기술임은 틀림없지만 그렇다고 그 장래성에 눈이 멀어 위험을 방치해서는 안 된다. 저널리스트 알렉산드르 카바코프가 소련의 붕괴를 두고 말한 것처럼, 자율 주행차가 "승리를 당하는 일"은 없어야 한다. 아직은 자율 주행 기술이 초기 단계이기 때문에 앞으로 얼마든지 장점을 극대화하고 단점을 최소화할 수 있다. 지금은 결점으로 보이는 것들은 사실 또 다른 기회이기도 하다. 결점을 극복하여 미래를 이끄는 최선의 결과를 만들면 된다. 여느 첨단 기술과 마찬가지로 자율 주행차도 본질적으로 선한지 악한지 정해져 있지 않다. 기술은 단지 세상을 바꿀 하나의 기회일 뿐이다. 우리의 역할은 자율 주행차가 가져올 변화를 정의로운 방향으로 이끌어 더 많은 사람이 더 나은 삶을 누리도록 하는 것이다.

불완전한 자율 주행 시대를 지나며

누군가는 남모르게 현대판 러다이트 운동을 꿈꾸고 있을지 모르지만, 그럼에도 자율 주행차는 결국에 대규모로 도입될 것이다. 그리고 꽤 빠른 시일 내에 어느 정도 상용화가 이루어질 전망이다. 예상되는 경제적 효과 역시 어마어마하다. 하지만 가까운 미래에는 자율 주행차의 쓰임새가 몇 가지 특수한 케이스에만 국한될 가능성이 높다. 자율 주행차가 아이들을 축구장까지 무사히 데려다줄 만한 수준에 이르려면 시간이 매우 오래 걸릴 것이다. MIT의 자율 주행 연구자 세르탁 카라만이 내게 해 준 말이 하나 있다. "우리가 50년 후에 깨어나도 그때까지 5단계 자율 주행은 전혀 개발되지 않았을지도 모른다." 완전한 자동화는 요원하다지만, 조금 덜 자동화된 자율 주행차만으로도 세계 경제에 얼마든지 큰 파장을 일으킬 수 있다.

자율 주행이 이미 적용되고 있는 사례도 많다. 장거리 운송, 그리고 공항처럼 운행 구역이 명확히 한정된 곳에서 자율 주행이 쓰이고 있다. 원격 제어의 힘을 빌려 자율 주행차 서비스를 운영하는 업체도 있다. 인프라만 적절해진다면, 전용 차로에서는 인간 운전자 없이도 운행할 수 있는 자율 주행차를 개발할 수 있을 것이다. 물론 어떤 상황에서도 스스로 운전이 가능한 자율 주행차를 개발하는 데에는 훨씬 더 많은 노력과 시간이 필요하다. 그때까지 이 업계에는 성공을 믿는 이들로부터 끊임없이 막대한 투자가 이루어질 것이다. 물론 나 역시 자율 주행의 성공을 의심하지 않는다.

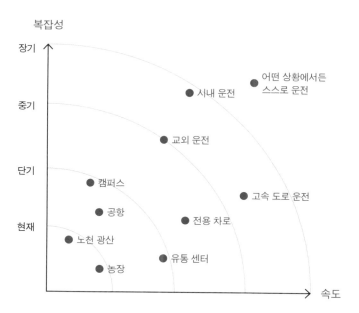

속도와 복잡성에 따라 자율 주행 개발의 시간 지평(time horizon)이 결정된다. (조슈아 시겔 제공)

돈, 시간, 공간을 재편하는
대변혁의 주춧돌

필요할 때마다 차를 불러서 쓸 수 있어 더 이상 차를 소유하지 않아도 되는 세상을 상상해 보라. 그동안 열악한 대중교통 환경에 시달려 오던 사람들은 대중교통보다 오히려 더 저렴한 비용으로 맞춤형 운송 서비스를 누릴 수 있게 된다. 그뿐만 아니라 새로운 일자리가 창출되고 다양한 교육의 장이 열릴 수 있다. 자가용은 값은 비싸지만 그 가치는 급격히 떨어져서, 단지 경제 활동에 참여하기 위해 차를 소유하는 건 몹시 비합리적인 선택이 될 것이다.

주거지와 직장 사이의 거리가 크게 의미가 없어지면서 도심과 교외 모두 부동산 시장이 재편되리라 전망할 수 있다. 캐나다의 워털루대학교에서 연구한 바에 따르면 통근 시간은 삶의 만족도에 직접적으로 영향을 미친다. 그리 놀랄 만한 결과는 아니다. 긴 출퇴근 시간을 누가 좋아하겠는가? 게다가 인구는 계속 증가하지만 땅은 더 넓어지지 않는다. 주차 공간으로 낭비되던 넓은 공간들이 미래에는 인간을 위해 재구성될 것이다. 도심의 주차 공간이 공원이나 주거 지역으로 바뀐다면 삶의 질이 향상되고 주거 비용도 감소되리라고 기대할 만하다. 도시 바깥으로 눈을 돌려 보자. 대부분의 가정에서는 완벽한 사각형 공간을 희생해 차고를 마련한다. 나라면 그런 공간을 차에게 양보하느니 차라리 홈짐을 꾸리겠다. 다행히 MZ 세대는 소유보다 편의를 중시한다. 지금까지 미국 중산층이라면 당연하다는 듯 차를 소유했지만, 이제는 승차 공유 서비스에 자리를 넘겨줘야 할 판이다.

자율 주행이 도입되면 일상생활이 더 편리해질 뿐만 아니라 상품의 배송 비용 역시 감소할 것이다. 그 결과 새로운 차원의 공급망이 펼쳐질 전망이다. 라스트마일 배송이 저렴해지고 자율 주행 로봇이 물류 창고에서 일하는 세상을 떠올려 보자. 제4차 산업 혁명이 정말로 실현되는 셈이다. 예를 들어 배송 속도가 빨라지고 소량 배송이 늘어나면서 맞춤형 적시 생산 시스템JIT이 활성화될 수 있다. 게다가 제조 속도는 더 빨라지는데 오히려 재고는 줄어들면서 결국 상품의 가격도 떨어질 것이다. 자율 주행차와 맞춤형 물류 시스템이 있으면 어떤 상품이든 더 빠르고 신선하게 받아 볼 수 있다. 물론 가격도 더 저렴해질 테다. 자연히 우리의 개인 만족도와 업무 만족도가 모두 높아질 수밖에 없다.

자율 주행차와 승차 공유 서비스가 정말로 실현되기 시작했으니, 이제 잠시 물러서서 우리 자신에게 질문을 던질 때가 됐다. 지금껏 우리가 진정으로 원했던 것은 자동차나 트럭이었을까, 아니면 자유롭게 이동하거나 무언가를 운송하는 능력이었을까? 빠르고 안전하게 이동할 수 있는 능력은 21세기에 자유의 주춧돌 역할을 하고 있다. 그리고 21세기 후로도 그 역할은 변치 않을 테다.

우리의 후손들은 어쩌면 지금 시대를 흡사 청동기 시대처럼 여길지도 모른다. 도대체 어떻게 그리 불편하게 살았는지, 운전이라는 고된 굴레에서 벗어나기까지 왜 그렇게 오랜 시간이 걸렸는지 궁금해하며 말이다. 교통사고로 소중한 친구나 가족을 잃은 이들이라면 자율 주행 기술이 완성되기를 손꼽아 기다리고 있을 테다. 우리 인류는 일찍이 네발 짐승을 잘 훈련시켜 그 등에 올라타 세계를 누볐다. 그러니 자동차 또한 얼마든지 우리 뜻대로 활용하며 살아갈 수 있으리라.

7장

먼저 팔고
그다음에
만든다

[3D 프린팅 비즈니스]

뉴 스페이스, 바이오테크, 푸드테크를 묶는 제조업의 핵심

DEEP TECH

Demystifying The Breakthrough Technologies That Will Revolutionize Everything

세상에 정확한 모델은 없다.
그래도 개중에는 쓸 만한 게 있다.

조지 박스(통계학자)

필요한 곳에서 필요한 것을
바로 양산하는 기적

젤을 바른 복부 위로 막대기처럼 생긴 도구가 각도를 바꿔 가며 움직인다. 이 신비로운 의료 기기는 '윙윙'거리거나 '삐' 하는 소리를 내는데 그 뜻은 숙련된 의사만 이해할 수 있다. 타티아나 게라는 여느 임산부처럼 초음파 검사를 받았다. 의사는 그녀 배 속의 아기를 보며 작은 감자처럼 생긴 코를 비롯해 아기의 여러 특징을 이야기해 줬다. 오늘날 부모들에게 초음파 검사는 일종의 통과 의례다. 비록 초음파 영상이 완벽하지는 않지만, 탄생할 아이의 모습을 처음으로 볼 수 있는 기회이기 때문이다. 타티아나는 의사의 묘사에 즐거워했다. 시각 장애인인 그녀로서는 배 속에서 자라는 자신의 아이를 볼 수 없었다.

초음파 검사를 마치고 15분 정도가 흘렀을까, 간호사가 검사실에 들어와 타티아나에게 깜짝 선물이라며 보따리를 하나 건넸다. 보자기를 펼친 뒤 선물을 이리저리 만지며 울고 웃는 타티아나. 선물은 바로 3D 프린터로 출력한 아기의 얼굴이었다. 얼굴 위에는 점자로 "제가 엄마 아들이에요"라는 말까지 찍혀 있었다.

타티아나의 일화는 시각 장애인 임산부가 배 속 아기의 얼굴을 느껴 본 초기 사례 중 하나다. 3D 프린팅의 도움을 받아 그녀는 아직 태어나지 않은 아이와 더 가까워질 수 있었다. 시각 장애인 임산부에게 새로운 세상이 펼쳐진 것이다. 현재는 배 속의 아기를 3D 프린터로 출력하는 일이 제법 흔해졌다. 최근 들어 이 작업이 얼마나 대중화됐느냐면, GE의 볼루손 E10Volusion E10 같은 초음파 기계는 영상을 3D 프린팅이 가능한 형태로 즉시 변환이 가능하다. 자궁 속 아이를 초음파로 살펴보고 나면 의사들도 손쉽게 아기의 3D 모형을 출력할 수 있는 셈이다.

몸속에서 우주까지, 전쟁에서 평화까지

석기 시대부터 청동기 시대를 거쳐 철기 시대까지, 도구를 만드는 능력은 인류의 발전 수준을 보여 주는 바로미터였다. 만약 외계인이 지구에 찾아왔다면 그들도 인간을 보며 '도구를 만드는 동물'로 분류했을 테다. 물리적인 실체를 만드는 데는 네 가지 방법이 존재한다. 재료의 형태를 빚거나(몰딩, 압출), 재료를 빼거나(카빙, 밀링), 재료를 더하거나 (조립, 3D 프린팅), 자율 형성(재배)을 하면 된다. 우리가 사용하는 것 대부분이 네 가지 방법 중 하나 이상을 활용하여 만들어졌다. 하지만 이제는 훨씬 더 새로운 도구 제작 방식이 등장하고 있다. 바로 적층 제조AM: Additive Manufacturing다. 엄밀히 말하면 조립도 적층 제조의 일종이므로 이 챕터에서 우리는 '3D 프린팅'과 '적층 제조'라는 두 용어를 통용할 것이다.

3D 프린팅이란 컴퓨터의 제어를 통해 재료를 층층이 합치는 일이다. 목표는 폐기물을 최소화하면서 새롭고 완전한 형태의 결과물을 만드는 것이다. 마치 나무에 나이테가 생기듯, 얇은 층이 하나하나 쌓이며 단순했던 형태가 복잡한 구조물로 완성된다. 새로운 형태의 3D 모형을 출력하는 데는 이 방식이 빠르고 저렴하며 내구성까지 뛰어나다.

우주로 나갈 때 도구를 실어서 가면 일반적으로 비용이 많이 든다. 앞으로 한동안은 그 비용이 줄어들 리는 없어 보인다. 게다가 어떤 도구를 필요한 곳으로 옮기는 데만도 수개월 또는 수년이 소요되기 일쑤다. 그러니 필요할 때마다 언제든 도구를 새롭게 제작할 수만 있다면 우주 산업의 판도가 뒤집힐 것이다.

2016년 메이드인스페이스Made in Space는 국제우주정거장ISS과 협력하여 저중력 환경에서 사용할 수 있는 적층 제조 설비AMF: Additive Manufacturing Facility를 ISS에 제공했다. 이 설비로 작은 도구 수백 개가 제작되어 망가진 스패너나 드라이버 자리를 대신했다. 심지어 2017년에는 우주 비행사가 손가락이 부러졌을 때 응급 부목을 출력하여 사용하기도 했다. 우주에서 제작된 최초의 의료 용품이었다. 인류가 화성처럼 다른 행성에 방문하기를 꿈꾸는 한, 이런 제조 능력은 필수적이다. 그런데 놀랍게도 3D 프린팅은 우주 외에 또 다른 가혹한 환경에서도 진가를 발휘할 수 있다.

2013년, 영화 제작자이자 발명가인 믹 에블링은 온갖 부품이 가득 담긴 상자들을 몰래 챙겨 비행기에 탔다. 미국 정부의 권고를 무시한 채 그는 전쟁으로 짓밟힌 남수단으로 향했다. 그는 비행기와 트럭을 타고 몇 시간에 걸쳐 이동하여 결국 누바 산맥에 차려 놓은 작업실에 도착할 수 있었다.

믹은 전쟁이 민간인에게 일으키는 공포, 그리고 팔다리를 잃은 어린 아이들의 이야기에 마음이 움직였다. 특히 두 팔을 모두 잃은 다니엘이라는 소년에게 이끌렸다. 믹은 그가 설립한 낫임파서블랩Not Impossible Labs의 지원을 받아 의수 제작이 가능한 3D 프린팅 작업실을 만들었다. 보철물을 제작하여 전쟁 지역까지 운송하는 일은 무척 어렵고 비용이 많이 든다. 그래서 믹은 현지인들에게 3D 프린터 사용법과 오픈 소스 보철 모델 사용법을 모두 알려 주어 이들이 직접 부상자들을 도울 수 있도록 했다. 의수 덕분에 새 삶을 찾은 다니엘 역시 자신과 같은 고통을 겪은 이들을 위해 작업실에서 의수 제작을 돕고 있으며, 5만 명이 넘는 지역 내 피해자들이 의수 지원 사업의 수혜를 받는다고 한다.

이외에도 언급할 만한 사례는 수없이 많다. 지금까지 소개한 감동적인 이야기들은 모두 3D 프린팅 기술이 없었더라면 실현이 어렵거나 불가능했을 중요한 사례들이다. 우리의 몸속에서 지구 바깥까지, 그리고 전쟁에서 평화까지, 3D 프린팅은 사물을 만드는 방법에 혁신을 일으키는 중이다. 누구나 수량에 상관없이 저렴하고 효율적이며 표준화된 방식으로 무언가를 제작할 수 있는 세상이 펼쳐지고 있다.

표준 없는 산업,
3D 프린팅 시장의 탄생

3D 프린팅이 급속하게 발전하고 있다는 건 명백한 사실이다. 최초의 수치 제어 기계는 1940년대에 개발됐다. 1960년대에는 여기에 논리 연산 장치가 더해져 컴퓨터 수치 제어CNC 기술이 탄생했다. CNC의 개발로 커팅, 보링, 밀링 등 절삭 가공을 통한 정밀 부품을 대량 생산하게 됐다. 1980년대 후반에는 오늘날 우리가 3D 프린팅이라 부르는 기술이 처음으로 세상에 등장했다. CNC와 비슷하게 컴퓨터 제어 방식을 사용하는 기술이었다. 사실 G코드gcode 처럼 현재 사용 중인 파일들도 CNC나 AM이나 크게 다르지 않다. 이런 초창기 기술들의 목표는 쾌속 조형RP 이었다. 처음에는 광경화성 수지 조형 방식SLA 으로 무언가를 제작하려 했고, 1989년 후반에는 용융 압출 방식FDM, Fused Deposition Modeling 이 도입됐다. 1990년대에 개선된 기술이 등장하긴 했으나 모두 주로 대규모 산업에 초점을 둔 기술이었다. 장비 가격이 수만 달러 내지

는 수십만 달러에 이를 정도였다.

그러다 2000년대에 들어 변화가 일어났다. 인터넷 커뮤니티가 등장하고 각종 소프트웨어 커뮤니티에서 오픈 소스 운동을 주도하더니 그 분위기가 다른 분야에도 전파되기 시작했다. 자신을 메이커라 부르는 예술가와 동호인들은 그룹을 이루어 개인용 FDM 기기를 서로 공유하고 개선해 나갔다. 시작은 3방향 레일에 글루건을 붙여 노즐을 자유롭게 움직일 수 있도록 만든 것에 불과했다. 그러다 노즐이 소량의 플라스틱 방울을 정확한 위치에 분사하도록 소형 컴퓨터를 활용한 제어가 도입됐다. 한 층이 완료되면 노즐이 아주 살짝 위로 움직여 다음 층을 출력했으며, 이 과정을 반복하여 최종 모형을 완성할 수 있었다.

초기 FDM 기기의 설계 방법은 누구에게나 공개돼 있긴 했지만, 기기를 실제로 제작하고 작동시키기에는 다양한 능력이 필요했다. 기초적인 전자 공학, 약간의 유체 역학, 그리고 프로그래밍 등 여러 분야의 실용적인 지식을 갖추어야만 했다. 게다가 수없이 많은 시행착오를 겪어야 하는 것은 말할 필요도 없었다.

2009년 두 거대한 사건이 동시에 발생하면서 마니아층의 취미에 불과했던 기술이 비로소 수면 위로 떠올랐다. 하나는 킥스타터 Kickstarter 라는 크라우드 펀딩 서비스의 출범이었다. 그해 몇몇 3D 프린터가 DIY Do It Yourself 키트 또는 완제품 형태로 대중에게 판매됐다. 다른 하나는 첫 번째 사건만큼이나 중대한 사건이었는데, 바로 FDM 특허가 만료된 것이다. 어떻게 보면 하룻밤 사이에 3D 프린터, 그리고 출력에 사용되는 재료와 3D 모델이 거래되는 시장이 탄생한 셈이다.

부품의 표준화는 산업 혁명을 이끈 힘 중 하나였다. 포드가 모델 T Model T 생산 라인을 무사히 구축한 것도 볼트와 너트, 나아가 렌치까지 하나하나 모두 표준화했기에 가능했다. 생산 라인이 제대로 마련되기 전까지는 대부분의 상품이 장인의 손으로 제작됐다. 장인들은 가장 많이 통용되는 관행적 표준만을 준수했다. 그러다 인터넷이 발전하면서 3D 모델을 쉽게 공유할 수 있는 시대가 찾아왔다. 3D 프린팅 세계에서 미리 정해진 산업 표준은 없었다. 대다수 사람에게 통하는 게 곧 새로운 표준이 되는 식이었다. 파일 유형, 프린터 크기, 그리고 재료에 대한 표준화는 계속 진행되고 있으며 아직도 명확히 통일된 표준은 존재하지 않는다.

수요 맞춤 기업, 쉐이프웨이즈와 피규어프린츠

인디애나주의 러스트 벨트에 거주하는 여느 청소년처럼 나도 여름 방학 동안 자동차 부품 제조 현장에서 일을 하곤 했다. 작업장의 더위, 지루하고 반복적인 업무에 지치긴 했지만 적어도 버거킹에서보다는 돈을 많이 벌 수 있었다. 내가 속한 부서에서는 자동차 문틀을 제작했다. 나는 매일같이 찌는 듯한 열기 속에서 철판을 들어 올려 스탬핑 기계로 부품을 찍어 냈다. 하루 8시간 근무 중에 무언가 변화가 일어나는 건 결함이 발견될 때뿐이었다. 우리는 기계 가동을 멈췄고 엔지니어들이 스탬핑 주형을 조정하거나 교체해 줬다. 주형을 교체하는 데 드는 비용은 무려 5만 달러를 넘었는데, 공장 동료들의 1년 치 봉급에 맞먹는 수준이었다.

유사한 부품들을 대량으로 생산하는 방식은 1800년대 후반부터 지금까지 이어지고 있다. 동일한 부품 수백만 개를 제작하는 대규모 공장 입장에서는 이 방식이 가장 경제적일 테다. 하지만 제조해야 하는 부품의 개수가 많지 않거나 그 종류가 다양한 상황이라면 대량 생산은 적합하지 않다. 제조 설비를 갖추는 데에는 비용이 많이 든다. 각종 주형과 밀링 비트를 비롯한 수많은 설비는 구매하고 유지하는 비용이 결코 만만치 않으며 상황에 따라 즉시 교체하는 것도 쉽지 않다. 만약 당신이 어떤 제작 프로젝트를 진행하려 한다면 무조건 대량으로 부품을 주문하거나 비싼 돈을 얹어 수제 부품을 구매해야 한다. 하지만 3D 프린팅이 등장하면서 이제는 크기에 관계없이 원하는 물건을 맞춤형으로 저렴하게 제작할 수 있게 됐다.

3D 프린팅이 처음으로 적용된 분야는 쾌속 조형이었다. 쾌속 조형 설비는 매우 비쌌지만 몇몇 부품 제작자는 비용이 아무리 많이 들더라도 직접 테스트를 하고 고객에게 콘셉트를 상세하게 제시해 주고 싶어 했다. 그러나 쾌속 조형은 프로젝트의 첫 단계에 불과했으며, 결국에는 언제나 최종 목표인 대량 생산으로 이어졌다. 물론 지금은 다르다. 누구나 3D 프린터를 이용해 자신만의 부품을 단 하나만 만들 수 있다. 메이커 운동에 열심인 이들에게는 매력적으로 느껴질 수밖에 없다.

CG트레이더CGTrader 같은 3D 모델 마켓플레이스에서는 판매자가 전문가에게도 3D CAD 모델을 판매할 수 있다. 싱기버스Thingiverse는 사용자들이 3D 모델을 무료로 교환하고 수정할 수 있어서 취미로 즐기는 이들에게 적합하다. 3D 모델 생태계는 3D 프린팅 혁명의 아주 중요한 요소다. 덕분에 3D CAD 전문 지식이 없어도 누구나 3D 프린팅을 저렴한 비용으로 접할 수 있게 됐기 때문이다. 물론 저작권은 계속해서 존중돼야 한다. 지금은 없어진 프린트어브릭PrintABrick 웹 사이트에서 레고LEGO 부품을 3D로 출력하여 판매하려다가 얻은 교훈을 떠올려 보면 좋을 것이다.

2020년 기준으로 가장 저렴한 3D 프린터의 가격은 200달러 수준이었다. 그래도 여전히 고품질 제품을 소량으로도 출력할 수 있는 방법이 있다. 3D 디지털 모델을 워낙 쉽게 접할 수 있다 보니 몇 년 새에 고급 3D 프린팅 서비스가 속속 모습을 드러내고 있다. 쉐이프웨이즈Shapeways는 대표적인 서비스형 적층 제조 기업이다. 사용자가 3D 모델을 제공하기만 하면 쉐이프웨이즈에서 플라스틱, 금속, 탄소 섬유 등 다양한 재료를 활용하여 전문가 수준으로 출력물을 만들어 준다. 그리고 3D 프린팅 세계에서는 그 어떤 틈새시장도 작다고 볼 수 없다. 피규어프린츠FigurePrints는 월드 오브 워크래프트 게임 속 유저의 캐릭터를 3D 프린팅을 통해 피규어로 제작해 준다. 놀랍게도 이 비즈니스는 여전히 성장 중에 있다. 피규어는 캐릭터 이름이 적힌 스탠드 위에 캐릭터가 서 있는 형태다. 게임 유저들은 게임 속에서 꾸민 자신만의 아바타를 출력하는 데 기꺼이 돈을 지불하고 있다.

혁신하는 브랜드 나이키, 아디다스, 네이티브슈즈

1800년대 초 러다이트 운동이 일어나 면직 기계가 파괴되기 전부터도 섬유 산업은 언제나 수많은 기술 혁명의 선두에 자리하고 있었다. 주문형 맞춤 편물만 봐도 그 혁신 정신을 엿볼 수 있다. 아디다스Adidas 같은 대기업부터 미니스트리 오브 서플라이Ministry of Supply 나 니터레이트Kniterate 등 작은 규모의 기업까지 수많은 기업이 편물기를 이용해 사용자 맞춤형 편물을 제작하기 시작했다. 사실 우리도 모르는 사이에 맞춤형 편물 제작 과정은 진작에 자동화됐다. 나이키의 플라이니트 신발을 제작하는 데에는 코드로 구동되는 기계가 사용된다. 이론상으로는 어떤 신발이든 사용자에 따라 커스터마이징이 가능하다. 하지만 의류 업계에서는 편물 외에도 더 많은 상품이 적층 제조 방식으로 만들어지고 있다.

할리우드도 예외는 아니다. 영화 〈블랙 팬서〉의 등장인물 라몬다가 입은 의상은 나일론 분말 층에 레이저를 쏴서 형태를 만드는 선택적 레이저 소결SLS: Selective Laser Sintering 기술로 제작됐다. 네이티브슈즈Native Shoes 에서는 다른 기술을 활용한다. 이 기업은 MIT의 자가조립연구소와 협력하여 재활용 재료를 이용한 3D 프린팅 신발을 만드는데, 이 신발들은 액체 수조 안에서 출력된다. 두 기술 모두 기판이 곧 지지대 재료로 사용된다는 점이 흥미롭다. 그렇기 때문에 복잡하면서도 디테일한 형태를 만들 수 있으며, 의류에 적합한 편안하고 신축성 좋은 소재를 사용할 수 있다.

일반인들이 직접 옷을 만들어 입을 수는 없을까. 텔아비브에서 활동하는 디자이너 다니트 펠레그는 보급형 3D 프린터로 출력이 가능한 의복을 디자인했다. 그녀의 작품이 실제로 대중화되기까지는 시간이 더 걸릴 테지만, 그럼에도 이미 어떤 메이커들은 말 그대로 직물을 3D 프린터에 직접 투입하여 자신만의 티셔츠를 출력하여 입기도 한다. 3D 프린팅 의류는 환경을 보호하는 역할도 한다. 일단 재활용 재료로 만들 수 있으며, 옷이 터진 부분을 꿰매거나 지퍼와 단추 등 부자재도 출력할 수 있기 때문이다. 아마 당신이 가장 좋아하는 옷을 더 오랫동안 입을 수 있게 될 것이다.

피부, 뼈, 장기, 각막까지 초개인화하는 바이오 프린팅

코로나 팬데믹이 한창이던 때, 이탈리아 국경이 봉쇄되자 이탈리아 내에서는 의료 기기 수요가 치솟았다. 공급망 붕괴로 인해 북부 지역의 한 병원에서는 고장 난 산소 호흡기를 고치는 데 필요한 밸브를 구하지 못하기도 했다. 몇 번의 통화가 오가고 나서야 적층 제조 업체 이시노바Isinnova의 설립자인 크리스티안 프라카시가 병원에 3D 프린터를 제공했고 단 몇 시간 만에 부족한 부품을 출력하여 사용할 수 있었다.

의료용 3D 프린터는 플라스틱 부품 그 이상을 만들어 낼 수 있다. 2015년에는 3D 프린터로 제조한 경구 간질 치료제를 미국 식품의약국FDA에서 승인하기도 했다. 아프레시아 제약Aprecia Pharmaceuticals의 스프리탐Spritam이라는 치료제로 체내에서 빠르게 분해되는 이점이 있다. 스프리탐은 3D 프린팅이 개인 맞춤형 의료에 활용될 수 있음을 보여 주는 현실적인 사례였다. 이후에 이루어진 3D 프린팅 실험들은 어린아이나 무언가를 삼키기 힘들어 하는 사람도 쉽게 삼킬 수 있는 형태의 알약을 제작하는 데 초점을 맞췄다.

이보다 흥미로운 쓰임새는 따로 있다. 바로 3D 프린터로 만드는 인공 피부, 뼈, 그리고 장기다. 렌셀러폴리테크닉대학교와 예일대학교 의과대학은 살아 있는 세포를 이용해 3D 프린팅한 인공 피부를 개발했으며, 후에는 혈관 구조까지 갖춘 피부를 개발하기에 이르렀다. 인간에게 이식했을 시 거부 반응을 최소화할 것으로 기대된다. 뉴욕대학교 의과대학은 세라믹 재료로 뼈 지지대를 3D 프린팅하는 데 성공했다. 이 기술이 도입되면 환자의 골격 구조가 올바르게 성장하는 데 도움이 될 것이다. 기존에는 불가능했던 뼈 이식이 3D 프린팅으로 실현되기도 했다. 두개골이나 척추에 문제가 생긴 환자도 새로운 뼈를 가질 수 있다. 게다가 3D 프린터로 제작한 인공 뼈는 성장할 수 있어서 어린아이들에게 이식하기에도 적합하다.

이외에 다른 인체 부위도 3D 프린터로 구현되고 있다. 뉴캐슬대학교 연구진은 인공 각막을 성공적으로 출력했다. 전 세계적으로 해마다 1,000만 명에 달하는 사람들이 각막 손상으로 시력을 잃는다고 하니 희망적인 소식이라 할 만하다. 공상 과학 소설에 나올 법한 3D 프린팅 기술까지 범위를 넓혀 보면 프린스턴대학교 연구진이 개발한 인공 귀를 빠뜨릴 수 없다. 이 인공 귀는 생체 조직과 전자 장치가 융합된 결과이며, 이식받은 사람은 초음파까지 감지할 수 있게 될 것이다.

이렇듯 바이오프린팅bioprinting은 2003년에 처음으로 시도되어 지금까지 그 사용 범위와 쓰임새를 계속 확장해 왔다. 간과 신장을 비롯한 여러 장기가 3D 프린터로 출력됐다. 다각화된 연구를 통해 수많은 기법이 개발된 덕이다. 인공 장기는 아주 중요하고 필수적인 연구 분야이며 이미 오가노보_{Organovo} 등 스타트업들이 연구에 뛰어들었다. 현실적으로 봤을 때 인공 장기 출력이 실용화되기까지는 아직 갈 길이 멀다. 6장에서 살펴보았듯 자율 주행차가 대중화되면 수백만 명의 생명을 구할 테지만, 한편으로는 장기 기증 공급이 줄어드는 부정적인 여파가 발생할 가능성도 존재한다. 3D 프린팅으로 인공 장기를 만들 수 있다면 이런 만일의 사태에 대비할 수 있을 것이다.

왜 두바이는 3D 프린팅으로 건물을 지을까

누구나 자신만의 집을 컴퓨터로 설계할 수 있는 세상을 떠올려 보자. 집의 크기부터 방의 개수와 배치까지 마음대로 고를 수 있다. 형태도 정할 수 있어서 곡선을 사용해도 좋다. 설계를 마치면(그리고 VR을 이용해 가상 세계에서 내부를 누비고 나면), 그 집이 단 6,000달러로 48시간 만에 지어진다고 상상해 보라. 이게 바로 3D 프린터로 지은 건물이다. 참고로 이 예시는 SF 소설에 나오는 이야기가 아니다.

2020년 초, 뉴욕에 위치한 3D 프린팅 건축 기업 SQ4D에서 실제로 약 180제곱미터 크기의 집을 3D 프린터로 짓는 데 성공했다. 이 회사는 자동 로봇 건축 시스템이라는 기술을 도입했는데, 빠르게 건조되는 콘크리트 배합을 활용해 일반적인 3D 프린팅처럼 층을 하나씩 쌓아 벽체를 만들었다. 물론 벽체를 쌓으면서 문과 창문이 들어갈 공간과 단열 처리할 공간을 모두 고려했다.

건축 속도가 빠르고 비용도 저렴할 수 있었던 데에는 건축 재료가 한몫했다. 이들이 사용한 콘크리트 혼합물은 불에 잘 타지 않으며 신축성이 좋아 지진을 비롯한 각종 재해를 견딜 수도 있다. 게다가 3D 프린팅으로 집을 지으면 기존의 건축 방식에서보다 필요한 인력이 현저하게 줄어든다. 물론 현재로서는 외장재 채택이나 배선 및 배관 작업에 여전히 전문가의 손길이 필요하다.

한편 이에 뒤지지 않는, 오히려 더 거대한 사례를 두바이에서 찾을 수 있다. 연면적이 640제곱미터에 이르는 2층짜리 업무 공간이 3D 프린터로 건축됐다. 심지어 이 건물을 짓는 데 투입된 인력은 3명뿐이었다. 각진 형태로 만들어야 한다는 제약을 쉽게 깨부수고 곡선을 가미하여 구조적으로도 완성도가 높았다. 두바이의 계획은 2030년까지 신축 건물의 25%를 3D 프린터로 지어 3D 프린팅 건축 분야의 선두 자리를 공고히 차지하는 것이다.

기술의 역사는 사치품을 대중에게 보급하는 일의 연속이었다. 그리고 사치의 최고봉은 나만의 근사한 집을 소유하는 것이다. 이 두 가지를 염두에 두고 보면, 적층 제조 방식으로 지어진 집은 빈곤 해소에 도움이 되리라 예상할 수 있다. 멕시코의 타바스코주에서는 빈민촌에 50채의 집을 3D 프린팅으로 짓는 프로젝트가 진행되고 있다. 이 프로젝트는 비영리 단체 뉴스토리New Story와 에찰레ÉCHALE가 3D 프린팅 기업 아이콘ICON과 협업하며 시작됐다. 아이콘의 프린터 벌컨 IIVulcan II는 24시간 만에 집 두 채를 동시에 지을 수 있다. 사람들이 손으로 건축하는 것보다 훨씬 빠르고 튼튼하며 비용 또한 저렴하다.

건물 그 자체뿐 아니라 가구를 비롯한 각종 가정용품 또한 3D 프린터로 제작되고 있다. 내 책상에는 이미 3D 프린팅된 조명이 놓여 있는데 마치 사람이 호흡하는 듯 독특하게 불빛을 내뿜는다. 쓰임새가 다양하고 속도와 비용 면에서도 효율적이며 폐기물까지 줄일 수 있으니 3D 프린팅이야말로 미래 건축의 중요한 열쇠가 될 듯하다.

3D 음식 프린터가 일으키는 밥상 혁명

"얼그레이 차. 따뜻하게!"

〈스타트렉: 넥스트 제너레이션〉에서 장 룩 피카드 선장은 이렇게 말한다. 스마트 태블릿이나 AI 기반 음성 인터페이스 등 여느 신기술들처럼 음식을 자동으로 만드는 기술 또한 SF 시리즈 〈스타트렉〉에 그 뿌리를 두고 있다. 극 중 물질 재조합 장치replicator라 불리는 기기는 원하는 음식을 주문하면 뭐든지 만들어 준다. 스타트렉에서 시작된 기술이니, 최초로 3D 프린팅 음식을 연구한 곳이 미국 항공 우주국NASA이라는 사실이 제법 자연스럽게 느껴진다. NASA는 2006년 우주 비행사들에게 영양이 균형 잡힌 식량을 다양하게 제공하고 폐기물까지 줄이고자 해당 연구를 수행한 바 있다.

수년간 3D 프린터로 만드는 음식은 가내 수공업 형태로 발전했다. 음식 프린터는 그 스타일이 매우 다양하다. 기본형 프린터로는 엠뮤즈Mmuse의 제품이 대표적인데, 설탕과 초콜릿을 이용해 복잡한 형태의 음식을 출력하는 데 쓰인다. 설탕으로 만든 베르사유 궁전 모양 디저트가 좋은 예다. 좀 전문적인 프린터를 살펴보면 피자 전용이나 부리토 전용 프린터, 그리고 노르웨이의 팬케이크봇2.0PancakeBot 2.0을 예로 들 만하다. 더 깊이 들어가면 스페인의 스타트업 노바미트Novameat의 주세페 시온티가 만든 인공육을 빠뜨릴 수 없다. 아직 시제품이긴 하지만 식물성 재료를 이용해 실제 고기의 질감을 가진 스테이크를 출력할 수 있다.

전 세계 인구가 계속 증가하고 있는 상황에서 3D 프린터는 쓰레기를 줄이는 데에도 일조할 수 있다. 3D 프린터 제작 업체 업프린팅Upprinting의 CEO이자 아티스트인 엘제린데 판 돌르브르트는 먹지 않고 버리는 음식을 재료로 3D 프린터를 이용해 새로운 음식을 만들었다. 도저히 팔 수 없을 정도로 볼품없던 음식들이 3D 프린팅을 거쳐 아름다운 모습으로 재탄생한 것이다. 어쩌면 누군가는 비싼 돈을 주고서라도 구입할지도 모른다.

TV 시리즈 〈업로드〉는 하늘을 날아다니는 드론이 어디에나 존재하고 주방마다 음식 프린터를 갖춘 미래 세상을 그린다. 극 중에서 등장인물들은 제이미 올리버가 출력한 스테이크 레시피를 두고 이야기를 나눈다. 딥테크에 익숙해진 미래라 가정하면 꽤 현실성 있는 장면이다. 그때쯤이면 음식 프린터가 오늘날의 냉장고만큼이나 흔한 존재가 될 테니 말이다. 집집마다 영양이 뛰어난 고급 음식을 얼마든지 먹을 수 있다고 상상해 보라. 게다가 재활용된 재료로 만들어져 쓰레기를 줄이는 데에도 도움이 된다. 미래에는 먹고 남는 음식이 지금과 전혀 다른 의미를 갖게 될 것이다.

산업 혁명의 끝, 우주 산업의 시작에 있는 3D 프린팅

대규모 분산 컴퓨팅에는 법칙이 하나 있다. 데이터를 알고리즘에 적용하는 것보다 알고리즘을 데이터에 적용하는 게 더 쉽다는 것이다. 예를 들어 엑사바이트 규모의 데이터가 전 세계 곳곳에 위치한 서버들에 흩어져 있을 때, 연산을 효율적으로 수행하려면 각 서버에서 간단한 연산을 마친 뒤 그 결과를 합산하는 게 페타바이트 규모의 데이터를 서버 하나에 몰아넣고 연산을 하는 것보다 더 낫다는 이야기다. 참고로 엑사바이트는 10^{18} 바이트, 페타바이트는 10^{15}를 뜻한다. 즉 엑사바이트는 페타바이트보다 대략 1,000배 정도 더 크다.

3D 프린팅의 장점도 이와 맥락이 비슷하다. 사람들이 무언가를 제작해야 한다면 그들이 있는 곳으로 재료를 보내 주고 직접 만들게 하면 된다. 전문 제작자에게 맞춤형 주문을 한 뒤 완성된 제품을 운송하여 사용자에게 전달하려면 더 복잡해지기만 한다. 적시 생산 시스템의 도입, 운송 비용의 절감, 내륙에서의 제조 속도 증가는 공급망에 혁신을 일으켰다. 덕분에 믹 에블링이 남수단에서 3D 프린터로 의수를 만들었고, ISS가 우주에서 적층 제조 방식을 활용할 수 있었다. 이제 소비자들은 기업들에게 환경 발자국을 줄일 것을 요구한다. 거기에 더해 더욱 개인화된 맞춤형 상품과 더욱 빠른 배송까지 원하는 상황이다. 결국 기업은 3D 프린팅을 주요 제조 방식으로 채택하여 제품을 만들어야 할 것이다.

조금 더 먼 미래까지 생각해 보자. 전 세계 이곳저곳에서 마이크로팩토리가 가동되어 3D 프린터로 재료에 상관없이 뭐든지 만들 수 있는 세상이 올지도 모른다. 이런 세상이 현실화되면 적시 생산 공급망이 완전히 갖춰질 수 있다. 즉 소비자가 원하는 제품을 고르면 인근 마이크로팩토리에서 지체하지 않고 제작이 시작된다. 멀리 떨어진 공장에서 생산되어 유통 센터를 거칠 필요가 없어지는 것이다. 이 과정에 기여하는 중개인, 디자인 저작권자, 마이크로팩토리, 물류 업체(자율 주행차 플릿 업체도 가능할 테다)는 모두 각자가 제공한 서비스에 합당한 보상을 받는다. 어떠한 중앙 통제 시스템 없이도 각자가 맡은 역할을 수행하여 서비스를 완성한다. 이 시나리오가 바로 산업 혁명의 종착지다. 미래에는 누구나 자신의 아이디어를 대규모 시장에 내놓을 수 있는 세상이 찾아올 것이다.

산업계에서 3D 프린팅의 쓰임새는 제품의 제조 과정과 공급망을 더 가볍게 만드는 데 그치지 않는다. 쾌속 조형은 3D 프린팅이 처음으로 적용된 분야이자 여전히 크게 중요한 분야다. 시제품을 빠르게 제작하여 테스트할 수 있는 능력이야말로 스페이스X의 성공을 만든 진정한 주역이었다. 억만장자이자 발명가, 그리고 현실판 아이언맨이라 할 만한 일론 머스크는 일찍이 스페이스X의 쾌속 조형 설비를 선보인 바 있다. 3차원 부품이 가상 현실 속에서 손짓만으로 설계되고 수정됐으며, 시뮬레이션 테스트를 거치고 나면 언제든지 금속 재료를 이용해 3D 프린팅까지 가능했다. 무려 로켓에 사용되는 부품을 즉석으로 만든 셈이다. 한편 3D 프린팅에 뛰어든 건 실리콘 밸리의 스타트업뿐만이 아니었다. 미 공군에서는 연료 누출을 체크할 수 있는 15달러짜리 부품을 3D 프린터로 제작하여 수백만 달러를 아낄 수 있었다.

지금까지 의류, 의료, 건축, 음식, 그리고 제조업의 사례를 다뤘지만 3D 프린팅은 이외에 더 많은 곳에서도 존재감을 발휘하고 있다. 이 장의 도입부에서 먼저 언급한 우주에서의 쓰임새 등을 떠올리면 쉽다. 이렇듯 3D 프린팅은 우리 삶을 바꿀 뿐만 아니라 문화에까지 큰 영향을 끼치는 기술이다. 이제는 이 믿을 수 없을 만큼 간단해 보이는 기술이 어떤 원리로 작동하는지 알아볼 차례다.

3D 프린터는 가전제품이 아니다, 제조업의 미래다

분류를 넘나드는 3D 프린팅의 7가지 범위

3D 프린팅 기술은 아주 폭넓은 재료와 형태를 지원하며 그만큼 쓰임새도 다양하다. 하지만 쓰임새는 달라도 근본적인 원리는 모두 비슷하다. 3D 디지털 모델을 여러 층으로 나눈 뒤, 한 번에 한 층씩 2차원으로 출력한다. 일반적인 잉크젯 프린터를 떠올려 보라. 층 하나가 완성되면 프린터 유형에 따라 위로 올라가거나 아래로 내려가서 다음 층을 2차원으로 출력한다. 3D 형체가 완성될 때까지 이 과정이 반복된다.

이렇게 근본적인 원리를 설명하면 간단해 보이지만 3D 프린팅의 세계를 자세히 들여다보면 이야기가 달라진다. 비록 자동화가 많이 이루어졌고 소비자들에게도 많이 보급됐지만, 3D 프린팅은 여전히 산업 공정에 속한다. 3D 프린터가 대중화되기에는 아직 그 사용법이 간단치 않다. 출력 가능한 3D 디지털 모델을 디자인하는 것부터가 쉽지 않은데 다행히 이 과정은 지금까지 꾸준히 진입 장벽이 낮아지는 중이다. 나 역시 CAD 경험이 전무했는데도 아이패드iPad와 애플 펜슬Apple Pencil, 그리고 쉐이퍼3DShapr3d 앱으로 제법 복잡한 형상을 디자인하는 데 성공했다. 이제는 CAD 디자인이 너무나 흔해졌다. 심지어 무료로 모델을 만들어 주는 웹 사이트가 있어서 별다른 연습이나 장비 없이도 3D 디지털 모델을 구할 수 있다.

세상에 완벽한 체크 리스트는 없다. 사실 3D 프린팅은 아직 초기 단계에 불과해서 불변의 법칙보다는 사용자의 경험이나 노하우에 더 의존하는 경향이 있다. 그래도 적층 제조를 제대로 시작하려면 몇 가지 사항을 명심해야 한다.

첫 번째로는 내가 만들 물건이 어떤 특징을 반드시 갖춰야 하는지 고려해야 한다. 이때 작동 원리나 크기, 겉모습 등의 특징은 쓰임새에 맞게 결정한다. 두 번째로는 재료가 곧 출력 방식을 결정하는 주요 요소라는 점을 명심해야 한다. 세 번째로는 외형을 다양한 측면에서 고려해야 한다. 예를 들면 외형을 얼마나 디테일하고 정밀하게 만들지, 출력 두께는 어떻게 할지 등을 하나하나 따져 보는 게 좋다. 마지막은 비용이다. 재료는 물론이고 프린터 기계의 값도 중요한 요소이며, 출력 속도와 뒷정리에 드는 수고까지 모두 포함해서 생각해야 한다.

3D 프린팅의 핵심은 결국 컴퓨터 제어를 통해 원하는 재료로 층을 하나하나 쌓는 데 있다. 물론 이 광범위한 핵심 아래에는 실제 프린팅에

사용되는 세부 기술이 여럿 존재한다. 그럼 지금부터 3D 프린터를 몇 가지 유형으로 분류해 본 뒤, 이어서 3D 디지털 모델링 기술까지 간단히 소개하겠다.

적층 제조의 혁명을 부른 소재 압출 방식

사람들은 무언가 분류하기를 좋아한다. 그리고 아마 어디에서도 국제 표준화 기구ISO와 미국재료시험협회ASTM만큼 분류에 미쳐 있는 곳을 찾을 수는 없을 테다. ISO와 ASTM은 적층 제조 프로세스를 몇 가지 카테고리로 분류했는데, 이 분류가 3D 프린팅의 범위를 생각해 보는 데 꽤 도움이 된다. 다만 이렇게 분류된 각 기법 사이의 경계는 명확하지 않고 다소 불분명하다. 분류된 방식들을 나열하면 각각 소재 압출, 광중합, 분말 소결, 고에너지 직접 조사, 접착제 분사, 소재 분사, 판재 적층이다.

최신 기기들의 출력 기법은 때때로 이 7가지 분류를 넘나든다. 특히 스트라타시스Stratasys처럼 비교적 고급 시장에 진출해 있는 기업일수록 그런 경향이 있다. 한편 적층 제조와 유사한 기능을 수행하는 경우는 이 분류에 약간의 상상력을 가미하면 설명이 가능하다. FBR의 벽돌 쌓는 로봇 하드리안XHadrian X가 좋은 예다. 건물을 짓기 위해 벽돌을 쌓는 작업을 두고 '소재 압출' 방식이라고 부를 수도 있기 때문이다. 종합해 보자면, 이 분류는 3D 프린팅의 기술적 가능성을 파악하기에 유용하며, 어떤 스타일의 적층 제조 기법이 각자의 목표에 적합할지 조사하는 데에도 도움이 될 것이다.

적층 제조의 혁명을 부른 소재 압출 방식(material extrusion)

소재 압출 방식이란 노즐이나 구멍을 통해 선택적으로 소재를 짜내서 층을 쌓는 방식이다. 일반적으로 3D 프린팅이라고 했을 때 누구나 가장 쉽게 떠올리는 방식이다. 뜨거운 글루건이 레일에 장착되어 움직이고 접착제를 얼마나 사용할지가 매 순간 컴퓨터로 제어되는 기계를 상상해 보자.

초창기의 일반용 3D 프린터 중에는 기본적으로 이런 구조를 갖춘 제품이 있었다. 대표적인 예가 메이커봇MakerBot의 제품이다. 용융 압출 방식이라고도 불린다. 이런 유형의 프린터는 동호인들 사이에서 쉽게 찾을 수 있다. 가열된 노즐에 플라스틱 같은 재료를 가느다란 실 형태로 주입하면 노즐 안에서 재료가 녹아 압출이 된다. 이 방식에서 사용하기 적합한 재료는 열가소성 물질이나 연질 금속이며, 몇몇 제품은 액체 재료까지 압출이 가능하기도 하다.

이런 유형의 프린터가 가진 매력은 다용도로 사용할 수 있다는 점, 그리고 비교적 비용이 저렴하다는 점이다. 여기에서 비용이란 출력 시스템을 구축하고 유지하는 데 드는 비용과 재료 값을 모두 포함한다. 우리 집에 있는 3D 프린터는 엔더3Ender 3라는 제품인데 2020년 기준으로 가격이 200달러 정도에 불과했으며 완전히 오픈 소스이기도 하다. 심지어 제품에 사용할 부품까지 출력할 수 있어 3D 프린터로 3D 프린터를 만들 수도 있다.

소재 압출 방식의 3D 프린터는 크기를 키워 콘크리트 혼합물로 집을 지을 수도 있으며, 조금 수정을 거치면 식재료를 사용해 음식을 출력하는 것도 가능하다. 그러니 소재 압출 방식에 대중이 흥미를 느낄 수밖에 없었다. 무엇보다도 이 방식이 적층 제조 혁명을 촉발한 것 또한 당연한 결과였다.

현대 3D 프린팅의 탄생, 광중합 방식(vat photopolymerization)

광중합 방식은 이름만 봤을 때는 어렵게 느껴지지만 그 원리 자체는 간단하다. 치아가 깨지거나 충치로 고생해 본 경험이 있다면 광중합형 재료에 익숙할지도 모르겠다. 이 재료를 치아 형태에 맞게 반죽하여 붙인 뒤 자외선을 쏘면 반죽이 단단해진다. 치과용 버bur 치아를 가는 데 사용하는 날·역주로 모양을 잡아 주면 순식간에 치료가 끝난다. 이런 치과 치료 방식이 3D 프린터에서는 어떻게 사용된다는 걸까?

광경화성 액체 수지가 담긴 통에 빛을 쏘면 액체 층의 일부가 경화되면서 복잡한 2차원 형태를 만들 수 있다. 이 과정을 광중합이라고 한다. 층이 하나 완성되면 수직 방향으로 몇 나노미터를 당긴 뒤, 다시 액체 수지에 빛을 쏘아 층을 만드는 과정을 반복한다. 계속 반복하다 보면 단단한 수지로 만들어진 3D 모형이 탄생한다.

소재 압출 방식이 노즐에서 가느다란 소재를 압출하여 층을 만드는 것과 달리, 광중합 방식은 거울 검류계라는 장치를 통해 빛을 제어한다. 그리고 소재 압출 방식으로는 아래쪽부터 층을 쌓아 올리지만, 광중합 방식으로는 가장 위쪽부터 시작하여 아래 방향으로 층을 더한다.

사실 광중합 방식은 적층 제조 기법 중 매우 오래 전에 개발된 편에 속한다. 그 시작은 1970년대 코다마 히데오 박사가 개발한 광경화성 수지 조형 방식SLA 이었다. 코다마 박사는 안타깝게도 금전 문제로 인해 특허 출원에 실패했다고 전해진다. 시간이 흘러 1986년이 되자 척헐Chuck Hull이 SLA 특허를 출원했고 얼마 뒤에는 3D 프린팅 기업을 설립하기에 이르렀다. 통상 이 사건을 현대 3D 프린팅의 탄생으로 본다. 당시에는 쾌속 조형에 초점을 두고 있었으나 그 이후로도 계속 발전을 거듭하였다. 요즘은 결과물의 표면을 부드럽게 만들고 싶거나 정교한 표현을 살리고 싶다면 광중합 방식을 채택하는 경우가 많다. 그래서 특히 의료용으로 자주 사용되는 편이다. 치아 교정 장치 업체인 인비절라인Invisalign은 SLA 방식을 활용하여 특유의 투명 교정 장치를 대량 생산할 수 있었다.

더욱 강한 재료로 만들 수 있는 분말 소결 방식(powder bed fusion)

앞서 살펴본 3D 프린팅 기법 두 가지는 주로 플라스틱을 재료로 사용한다. 하지만 가끔은 금속 물체를 만들어야 하는 상황이 생기는데, 그럴 때 분말 소결 방식이 좋은 해결책이 될 수 있다. 분말 소결 방식은 광경화성 수지 조형 방식과 비슷하게 재료가 담긴 통에서 층을 하나씩 쌓아 3D 물체를 만드는 기법이다. 다만 액체 수지를 경화시켜 형태를 만드는 게 아니라, 분말에 레이저 같은 에너지원을 쏘아 분말을 원하는 모양으로 합친다. 한 층이 완성되면 그 위로 새로운 층을 쌓고 이를 반복한다.

이 방식의 첫 번째 장점은 레이저 등의 고에너지원을 이용해 분말을 녹이기 때문에 플라스틱 외에 다양한 재료를 사용할 수 있다는 것이다. 금속 분말 역시 얼마든지 사용 가능하다. 그리고 재료의 폭이 넓고 녹는 점이 높기 때문에 더 튼튼한 부품을 만들 수 있다. 대신 다른 방식보다 비용이 더 많이 들 가능성이 높다. 세 번째 장점은 소결되지 않은 분말들이 지지대 역할을 해 주기 때문에 지지대를 별도로 만들 필요가 없다는 것이다. 게다가 사용하지 않은 분말은 재활용도 가능해서 재료 낭비가 적다.

분말 소결 방식의 대표적인 예는 선택적 레이저 소결 방식이다. 분말을 소결하기 위한 에너지 메커니즘으로 레이저를 사용하며, SLA와 비슷하게 검류계를 통해 레이저를 선택적으로 조사照射한다. 이외에도 직접 금속 레이저 소결DMLS, 선택적 레이저 용융SLM, 전자빔 용융EBM 등이 분말 소결 방식에 속한다.

모형 수정도 가능한 고에너지 직접 조사 방식(directed energy deposition)

소재 압출 방식과 분말 소결 방식 사이에 자식이 생긴다면 고에너지 직접 조사 방식DED일 것이다. 이 방식은 원료 분말이나 와이어를 뿌리면서 동시에 열에너지로 이를 녹여 층을 쌓는 방식이다. 에너지원의 종류에 따라 세부 유형이 또 나뉜다. 레이저를 사용하는 레이저 처리 그물형태화LENS: Laser Engineering Net Shaping, 전자 빔을 사용하는 전자 빔 적층 제조EBAM: Electron Beam Additive Manufacturing, 플라즈마 아크를 사용하는 플라즈마 아크 에너지 직접 조사PA-DED: Plasma Arc Directed Energy Deposition 등이 있다.

고에너지 직접 조사 방식의 흥미로운 점은, 단지 새로운 모형을 만드는 데 그치지 않고 기존 모형을 수정할 수도 있다는 것이다. 즉 작업 현장에서 각종 휴대용 공구나 터빈 날개를 즉시 고치는 게 가능하다. 간단히 말하자면 DED 장치를 일종의 자동 용접 기계라고 봐도 무방하다.

세계 첫 3D 프린팅 건축물을 만든 접착제 분사 방식(binder jetting)

누구나 알다시피 접착제 분사 방식은 1993년에 MIT에서 개발되었다. 그러다 1996년에 엑스원ExOne에서 이 방식을 금속을 출력하는 데까지 활용했다. 접착제 분사 방식은 우리가 집에서 사용하던 잉크젯 프린터를 분말 소결 방식과 결합한 것으로 생각하면 된다. 지지대 없이도 복잡한 형태의 3D 모형을 만들 수 있다는 특징이 있다. 층을 쌓을 때는 고에너지원 대신 액체 상태의 접착제를 이용하여 원료 분말을 굳힌다. 베이비파우더 위로 아주 미세한 접착제 방울을 떨어뜨려 평평한 형태를 만들고, 이 과정을 반복하면서 층을 쌓는다고 상상해 보라. 이것이 접착제 분사 방식의 기본 개념이다. 다른 3D 프린팅 방식이 대부분 열이나 빛을 필요로 하는 반면, 접착체 분사 방식은 간단한 화학 처리만으로 3D 모형을 만들 수 있다. 그렇기 때문에 열을 가하는 방식과 달리 들뜨거나 뒤틀리는 등의 왜곡 현상이 잘 일어나지 않는다.

접착제 분사 방식을 활용하면 모래나 세라믹 등 가루로 된 재료로 거대한 구조물을 제작할 수 있다. 실제로 스페인 마드리드에는 세계 최초로 3D 프린터로 만든 콘크리트 다리가 있다. 이 방식으로 바로 금속 부품을 만들 수도 있지만, 모래 주형을 먼저 3D 출력한 뒤 금속을 녹여 주형에 부어서 주조鑄造하는 것도 가능하다. 아주 오래전부터 내려 온 주조 공정의 현대판 버전인 셈이다.

한 번에 여러 재료를 쓰고 색도 입히는 소재 분사 방식(material jetting)

소재 분사 방식과 유사한 기술로는 소재 압출 방식과 광경화성 수지 조형 방식이 있으며 잉크젯 프린팅 기술과도 비슷하다. 소재 분사 방식은 소재 압출 방식과 마찬가지로 빌드 플레이트build plate 위에 원료 방울을 떨어뜨린다. 그리고 자외선을 이용해 원료를 경화시키기 때문에 광경화성 수지가 필요하다. 한편 여느 3D 프린팅 기법과 달리 소재 분사 방식을 활용하면 한 물체를 만드는 데 여러 재료를 쓸 수 있으며 색깔을 입히는 것 또한 가능하다. 혹시 가정용 3D 프린터를 본 적이 있다면 아마 대부분 단색 출력만 가능했을 것이다.

드롭 온 디맨드DoD는 소재 분사 방식의 특수한 형태여서 범용적으로 쓰이는 편은 아니다. 특정 헤드로는 추후에 용해가 가능한 원료를 분사하여 지지대를 만들고 다른 헤드로는 실제 모형을 만들게 된다. DoD 프린터는 로스트 왁스 주조에 종종 사용된다.

빠르고 저렴한 판재 적층 방식(sheet lamination)

오랜 격언에 따르면 어떤 일을 신속하게 마치거나, 값싸게 마치거나, 훌륭하게 마칠 수는 있다. 하지만 이 세 가지를 모두 만족하며 일을 마치는 건 불가능하다. 3D 프린팅 세계에서 신속함과 저비용을 모두 만족하는 기술은 바로 판재 적층 방식이다. 이 방식에서 사용하는 재료는 종이와 알루미늄 포일이다. 레이저로 모양을 낸 뒤 접착제로 판을 하나하나 붙여 모형을 만든다. 판재 적층 방식을 통해 종이판을 충분히 겹쳐 3D 모형을 만들면 형태에 따라 목재의 강도와 특성을 보이기도 한다.

그리고 공정에 열이나 독한 화학 물질이 사용되지 않아서 일반적인 잉크젯 기술로도 쉽게 색깔을 입힐 수 있다.

판재 적층 방식은 박판 적층 제조법LOM: Laminated Object Manufacturing 이라 불릴 때도 있다. 건축 모형이나 시제품을 제작하고 싶다면 판재 적층 방식도 탁월한 선택이 될 것이다. 이미 어떤 이들은 가구를 만드는 데 이 기법을 테스트해 보기도 했다.

지금까지 정리한 내용이 너무 철저하다고 느껴질지도 모르겠다. 하지만 그만큼 3D 프린팅 영역은 광범위하다. 단순히 집에서 간단히 갖고 놀 만한 데스크톱 3D 프린터로는 결코 3D 프린팅 산업 전체를 설명할 수 없다. 제조업의 미래는 3D 프린팅에 달려 있다 해도 과언이 아니다.

요약하자면 ISO와 ASTM에서는 3D 프린팅 기법을 소재 압출 방식, 광중합 방식, 분말 소결 방식, 고에너지 직접 조사 방식, 접착제 분사 방식, 소재 분사 방식, 판재 적층 방식으로 분류했다. 만약 3D 프린팅의 세계에 관심이 있다면 이 7가지 방식을 잘 알아 두는 게 도움이 될 것이다.

원하는 모습을 구현하기 위한 3D 디지털 모델링

플라스틱 장난감이든 집이든 3D 프린터로 무언가를 만들기 전에 먼저 해야 할 일이 있다. 바로 원하는 사물의 3D 디지털 모델이다. 디지털 모델을 마련하려면 온라인에서 검색을 하거나, 직접 디자인을 하거나, 아이디어를 구현해 줄 사람을 찾아 외주를 맡겨야 한다. 평범한 형태의 모델을 구하기는 어렵지 않지만 거기서 멈춰서는 안 된다. 3D 디지털 모델을 디자인할 때는 결과물이 어디에 사용될 것인지, 그리고 얼마나 줄질 같은 후가공을 해야 하는지 항상 염두에 두어야 한다. 그래야만 재료를 선정할 수 있기 때문이다. 이런 세부 사항들이 정해져야 출력 두께나 충전재 등의 명세까지 정해지기 마련이다.

솔리드웍스SolidWorks 나 라이노Rhino 등 CAD 소프트웨어는 세부 기능이 아주 많다. 어떻게 보면 그만큼 3D 모델을 디자인하기에 너무 복잡한 툴이라는 뜻이기도 하다. 로켓 엔진 부품처럼 무조건 맞춤형으로 물건을 만들어야 하는 상황이 아니라면, 3D 모델 파일이 거래되는 마켓플레이스를 찾는 게 좋다. 온라인상에는 무료로 공유되는 오픈 소스 모델도 많다. 모델 무료 공유 플랫폼으로는 싱기버스가 가장 인기가 많다.

3D 프린터의 종류에 따라 지원되는 파일 포맷도 제각각이다. 하지만 파일 포맷을 크게 분류하자면 두 가지로 나눌 수 있다. 바로 3D 메시3D mesh 와 비균일 유리 B-스플라인NURBS 이다. OBJ나 STL 같은 3차원 메시 파일은 아주 작은 다각형들을 모아 전체 형태를 빚는다. 이런 파일 유형은 비디오 게임이나 애니메이션 영화에 주로 사용된다. 보기에는 좋지만 그것도 표면까지만이다.

NURBS는 좀 더 산업계에서 많이 사용되는 파일 포맷이다. 다각형으로 묘사한 표면은 아무리 정교해도 실제 표면을 근사한 것일 뿐이다. 하지만 NURBS는 수학 함수를 이용해 실제 표면을 정확히 나타낸다. 물론 메시에 비해 다루기 어려울 가능성이 높다. 몇몇 프린터는 다양한 포맷을 지원하기도 한다. 내부적으로 파일 포맷을 변환하여 출력에 사용하기 때문이다. 하지만 사용자들은 대부분 최고의 결과물을 얻고자 직접 모델 파일의 세부 사항을 조정하고 싶어 한다. 예컨대 출력 전에 미리

지지대를 설계하거나, 3D 프린터가 출력 가능하도록 모델의 층을 나누는 슬라이싱 slicing 과정을 거친다.

지금까지 3D 프린팅과 관련된 물리적인 기술과 디지털 기술을 개괄적으로 살폈다. 사실 바로 이해하기에는 어려운 내용이었을 테다. 확장현실에서 다뤘던 기술들과 마찬가지로, 직접 사용해 보지 않으면 잘 와닿지 않을 수 있다. 당신이 3D 프린팅에 흥미를 느끼고 스스로 도전해보기를 바랄 뿐이다. 분명히 이 딥테크의 장점은 시간이 지날수록 흐려지기는커녕 더욱 뚜렷하게 커질 것이다.

이미 대세가 된 신기술, 대중화되기 위한 관건 4가지

재료의 다양성, 결과물의 품질, 제작 속도와 비용을 떠올려 보면, 미래 제조업 기술의 문제를 적층 제조가 모두 해소해 줄 것같이 느껴진다. 적층 제조는 가치 있는 기술임에 틀림없다. 제조업과 건축, 그리고 공급망과 음식까지 다양한 분야에서 수십 년에 걸쳐 혁신을 일으킬 수 있다. 하지만 지금까지 살펴본 장점에는 그림자도 존재한다. 느린 출력 속도처럼 일시적인 문제도 있지만 3D 설계 암거래처럼 어쩌면 평생 해결하기 어려운 문제도 있다.

어느 제조 공정이든 비용을 결정하는 두 가지 주요 요소는 시간과 재료다. 제품을 대량 생산할 때면 영향력이 더 커진다. 이 두 요소가 현재로서는 3D 프린팅의 가장 큰 약점이기도 하다. 아직은 제작 속도도 비교적 느릴뿐더러 재료 또한 한정적이고 값까지 비싸다. 여기에 더해 정밀도가 떨어지고 출력 가능한 기하학적 형태가 제한적이다. 그리고 디지털 모델은 물리적인 제품에 비해 쉽게 전송이 가능한 상황임에도 출력물에 대한 권리가 아직 법적으로 명확히 규정되지 않았다.

100배 더 빨라져야 한다

3차원 출력은 속도가 느리다. 재료와 형상, 출력 방식을 비롯해 여러 변수에 따라 달라지긴 하지만, 후가공까지 고려했을 때 아주 작은 볼트나 너트를 출력하는 데만 몇 시간이 걸릴 수도 있다. 코로나19 팬데믹 초창기에 나는 마스크를 3D 프린터로 출력하여 지역 병원을 도우려 했다. 하지만 마스크 하나를 만드는 데 4시간 정도가 걸릴 줄은 몰랐다. 오히려 이것저것 꿰매고 결합하면 훨씬 더 빠르게 마스크를 만들 수 있었다.

그래도 희망이 아예 없지는 않다. "3D 프린터가 100배 더 빠르다면 어떨까요?"를 주제로 한 조셉 드시몬의 테드 발표는 객석을 즐거움으로 가득 채웠다. 너무나 즐거운 나머지 관객들이 정말로 헉 소리를 낼 정도였다. 조셉이 발표를 하는 동안 무대 한편에서는 플라스틱 공이 3D 프린터로 만들어지고 있었다. 공이 완성되기까지는 10분이 채 걸리지 않았다. 이날 그는 클립CLIP이라는 기법을 선보였는데, 일종의 광중합 방식으로 다른 기존 방식들보다 월등히 빠른 속도를 자랑했다. 물론 앞으로 얼마든지 더 개선의 여지가 있다. 2020년에는 스위스 로잔연방공과대학교에서 30초 만에 조그맣고 부드러운 물체를 출력할 수 있는 신기술을 개발하기도 했다.

산업에서 필요한 재료를 써야 한다

만약 플라스틱이나 금속 제품이 필요하다면 3D 프린팅은 탁월한 선택이 될 것이다. 종이나 세라믹으로 제품을 만들 때도 그다지 나쁘지 않은 선택이다. 하지만 쇠를 재료로 3D 프린팅하려면 주조와 밀링이라는 전통적 공정을 추가로 거쳐야 한다. 유리는 아직 실험이 많이 이루어지지는 않았지만, 산업계에서 요구하는 다양성을 갖추기까지는 갈 길이 멀어 보인다.

재료의 종류도 제한적이지만, 여러 재료를 이용해 출력하는 일 또한 쉽지 않다. 예를 들면 3D 프린터로 자동차를 출력하기는 매우 어려운데, 강철 프레임에는 고무, 알루미늄, 탄소 섬유 등 각종 재료가 함께 들어가기 때문이다. 결국 최선의 선택은 재료를 하나씩 사용해 개별 부품들을 출력한 뒤 나머지는 조립 로봇에 맡기는 것이다. 물론 앞서 언급한 비용 및 속도 문제를 떠올려 보면 이렇게 만들어진 차는 몹시 비쌀 수밖에 없을 테다.

작고 복잡한 것도 정밀하게 완성해야 한다

3D 프린터는 여러 산업적 요구를 충족시키기에는 대체로 정밀도가 그리 뛰어나지 않다. 전자 공학에서의 나노 스케일은 잠시 잊어 주길 바

란다. 대부분의 3D 프린터는 밀리미터 수준보다 더 정밀한 표현을 하는 데 어려움을 겪고 있다. 항공 우주 산업이나 의료 산업에서는 마이크로미터 정밀도를 필요로 할 때도 있는데, 그에 비하면 3D 프린터의 정밀도는 1,000분의 1 수준인 셈이다. 그래도 꾸준히 개선이 이루어지고 있다. 엑사돈Exaddon이라는 기업은 미켈란젤로의 〈다비드〉를 밀리미터 수준의 크기로 재현했다. 이 정도로 정밀하게 3D 프린팅하려면 아직까지는 이온화된 액체 구리만을 사용해야 한다. 하지만 초소형 다비드상은 3D 프린터의 정밀도 개선을 향한 '미세'하지만 커다란 한 걸음이었다.

애초에 어떤 재료나 출력 방식은 3D 프린팅에 적합하지 않기도 하다. 가령 용융 압출 방식에는 열이 필요한데, 그러다 보니 형상 왜곡을 막으려면 출력 두께를 어느 수준 이상 반드시 확보해야 한다. 결과적으로 구현 가능한 기하학적 형상의 폭이 좁아진다.

다행히 이런 장애물들을 극복하려는 이들도 많다. 취리히 연방공과대학교 연구 팀은 유리를 재료로 하여 복잡한 형상의 물체를 3D 출력하는 데 성공했다. 싱가포르기술디자인대학교의 디지털 제조 및 디자인 센터에서는 3D 프린팅과 데이터를 결합해 디자이너들이 형상과 재료에 구애받지 않게 했으며 그 덕분에 이전까지는 구현 불가능했던 새로운 특성과 움직임을 나타낼 수 있게 되었다.

정밀도와 형상 문제는 여전히 활발히 연구되는 대상이다. 이 문제들이 획기적으로 개선된다면 3D 프린팅을 대중화시킬 진정한 킬러 애플리케이션이 등장할 수 있을 것이다.

명확한 규칙이 필요하다

2013년 5월 6일은 새로운 세상이 열린 날이었다. 이날 자칭 디펜스 디스트리뷰티드Defense Distributed라는 단체에서 3D 프린터로 출력 가능한 총기 리버레이터Liberator의 설계를 오픈 소스로 공개했다. 그러자 미국 국무부는 온라인에 공개된 디지털 설계도를 삭제하라고 지시했는데, 이때부터 세계 각국 정부는 비슷한 문제가 발생할 시 어떻게 대응할지 고심하기 시작했다. 2020년까지도 미국은 개인이 가정에서 총기를 출력하고 설계를 공유하는 일을 허용해야 할지 결정을 내리지 못한 반면, 호주와 영국은 3D 프린팅 총기를 불법이라고 확실히 못 박았다.

또 다른 긴급한 문제는 3D 프린팅으로 인해 지식 재산IP이 침해되기 쉽다는 것이다. CAD 파일은 명백히 지식 재산이라 볼 수 있다. 그렇다면 이미 존재하는 제품을 3D 스캔한 뒤 개인적인 용도로 3D 프린팅한다면 어떨까? 책이나 음악을 디지털 복제하는 행위는 누구나 해적질이라고 생각한다. 그렇다면 의료용 산소 호흡기를 고치기 위해 플라스틱 밸브를 새로 출력하는 행위도 일종의 도둑질일까?

저작권 침해와 공정 이용 사이에는 회색 영역이 존재한다. 그리고 회색 영역이 존재하는 곳에는 언제나 암시장이 등장하기 마련이다. 암시장에서는 실체가 있는 상품보다 디지털 데이터가 훨씬 거래하기가 쉽다. 디지털 설계도를 판매하고 제작은 구매자의 몫으로 돌릴 수 있다면, 굳이 적발의 위험을 무릅쓰고 모조품을 직접 판매할 이유가 있을까? 저작권의 끝은 어디고 특허권의 시작은 또 어디일까? 비슷한 질문이 앞으로 수도 없이 제시될 테다. 하지만 여러 국가의 노력으로 시간이 지나면 해답 또한 제시될 것이 분명하다. 우리가 국제적으로 일관되게 규칙을 정할수록 문제 해결은 더 빨라질 것이다.

지금껏 여러 문제를 지적했지만, 그럼에도 속도는 향상될 것이고 재료의 폭도 넓어질 테며 결국 대규모 제작도 가능해질 것이다. 대규모 맞춤형 제작이 실현되려면 폐기물 저감 또한 반드시 뒤따라야 한다. 이 모든 문제 해결에 들이는 노력은 전부 가치가 있다.

12조 달러의 제조업 섹터에 3D 프린팅이 미칠 영향

인간은 도구를 만들며 진화해 왔다. 그리고 지금, 수만 년의 역사상 처음으로, 적층 제조 또는 3D 프린팅이라 불리는 새로운 제조 기술이 탄생하고 있다. 3D 프린팅이 대중화되면 제조의 탈중앙화가 가능해진다. 오픈 소스 소프트웨어나 블록체인처럼, 탈중앙화는 기존 방식의 문제점을 해소하고 진입 장벽을 낮추며 선택지의 폭을 넓힘과 동시에 가치 사슬을 더 단단하게 만들어 준다. 물론 희생해야 할 부분도 있다. 단기적인 문제더라도 규모의 경제가 감소할 수 있으며, 품질의 균일성을 확보하기 어려워진다.

제조의 탈중앙화를 이끈 것은 크게 두 가지다. 서보servo 기구나 센서처럼 저렴하지만 표준에 부합하는 전기기계 장치, 그리고 아두이노처럼 작지만 강력한 컴퓨팅 장치가 그 주인공이다. IoT 혁명을 선도했던 기술이 3D 프린팅의 대중화까지 책임지는 셈이다. 지극히 현실적으로 보자면 3D 프린팅 혁명의 흥망은 스마트폰, IoT, 그리고 인터넷에 달려 있다. 도구와 인간 사이의 인류학적 관심은 차치하더라도 연간 12조 달러 규모의 제조업 섹터에 영향을 끼칠 수 있는 기술이라면 당연히 주의 깊게 지켜볼 만하지 않겠는가.

3D 프린팅의 영향력은 매우 폭넓다. 우리는 특히 3D 프린팅이 얼마나 훌륭하게 사용될 수 있는지 살펴봤다. 3D 프린팅은 시각 장애인 엄마도 배 속의 아기를 느낄 수 있게 해 주고, 장기간 우주여행을 가능하게 하며, 전쟁터의 어린이들이 더 나은 삶을 살도록 도울 수 있다. 반면 악용의 소지도 존재한다. 3D 프린터를 활용하면 누구나 손쉽게 추적이 불가능한 무기를 제작할 수 있으며, 실체가 있는 상품도 디지털 파일처럼 아주 간단히 불법 복제할 수 있다.

어찌 됐든 우리는 서부 개척 시대만큼이나 재미있는 시대에 살고 있다. 개인이 직접 필요한 물건을 만들 수 있으니 어떤 면에서는 오래 전 장인의 시대로 되돌아가는 것이다. 하지만 지금이 더 새롭고 신나게 느껴지는 까닭은 인터넷 덕분에 비전문가도 누구나 원하는 대로 물건을 만들고 제작 기술을 개선할 수 있기 때문이다. 게다가 펜실베이니아 주립대학교에는 적층 제조 석사 과정이 개설되는 등 원한다면 누구나 전문성까지 갖출 수 있는 시대다. 그러니 3D 프린팅 기술은 앞으로도 발전할 일만 남은 셈이다.

집집마다 3D 프린터를 한두 개씩 두고 손쉽게 무언가를 만드는 세상을 상상해 보자. 그 물건을 작은 것일 수도, 크고 복잡한 것일 수도 있다. 간단한 장식품이나 잃어버린 단추, 심지어 음식까지 출력하게 될지도 모른다. 아마 이제는 이런 상상을 하는 것도 그리 어렵지 않을 테다. 그리고 이런 미래에는 공급망 또한 지금과 매우 달라져 소비자는 완제품 대신 원재료를 배송받아 직접 제품을 만들게 될 것이다.

8장

인류의
난제가
풀린다

[양자 컴퓨터 비즈니스]

비전공자도 이해하는 양자 컴퓨팅의 기초와 전망

DEEP TECH

Demystifying The Breakthrough Technologies That Will Revolutionize Everything

내가 이걸 설명했을 때 평범한 사람이 이해할 정도면 이걸로 노벨상을 탈 수 있었겠는가.

리처드 파인만(물리학자)

'꿈의 컴퓨터'
양자 컴퓨터의 시대가 온다

"금고를 열어 보니 그곳에는 원자 폭탄의 비밀이 전부 담겨 있었다. 플루토늄 생산 일정, 정제 절차, 필요한 재료의 양, 폭탄의 작동 방식 등. 로스앨러모스에 알려진 모든 정보가 모여 있었다. 하나도 빠짐없이!"

리처드 파인만의 말이다. 그는 기본적으로 물리학자이자 대중적인 지식인으로 아주 유명하지만, 흥미롭게도 금고털이에도 능통했다고 알려져 있다. 애초에 그의 인생 자체가 문제 해결의 연속이었다. 당대 내로라하는 전문가들도 쩔쩔맬 만큼 어려운 문제들도 그의 손에 들어가면 간단히 풀리곤 했다. 원자 폭탄을 만들기 위해 극비리에 진행된 맨해튼 프로젝트Manhattan Project에 참여했을 때는 병렬 컴퓨팅 기술을 고안하여 연산 시간을 크게 줄였다. 그로부터 약 20년 뒤에는 양자 전기 역학QED이라는 새로운 물리학 연구 분야를 탄생시키며 노벨 물리학상을 수상하기도 했다. 1980년대에는 챌린저 우주 왕복선 폭발 사고의 원인을 규명하기 위한 조사단에 참여한 바 있다. 그동안 다른 조사 위원들이 해 오던 방식과 달리 그는 엔지니어들과 직접 소통하며 사고의 원인을 파악해 나갔다.

파인만의 눈부신 업적을 나열하자면 끝이 없을 테지만, 그중에서도 우리가 특히 신세 지고 있는 게 하나 있다. 지금으로부터 100년이 지나더라도, 그는 양자 컴퓨팅QC의 아버지로 기억될 것이다. 이 개념을 고안한 사람처럼 양자 컴퓨팅의 세계는 매우 어렵고 불가사의하다. 파인만은 1981년 〈컴퓨터를 이용한 물리 시뮬레이션Simulating Physics with Computers〉이라는 제목의 발표에서 양자 컴퓨팅의 개념을 제시했다. 여기에서 그치지 않고 4년 뒤에는 논문 〈양자 역학적 컴퓨터Quantum Mechanical Computers〉에서 양자 컴퓨터 설계를 고안하기도 했다.

비슷한 시기에 물리학자 데이비드 도이치는 양자 역학을 이용해 처치-튜링 논제라는 컴퓨터 이론을 더 강화하고자 했다. 아주 상세하게 논의한 것은 아니었지만, 도이치는 물리적 우주를 포함하여 세상 모든 것을 시뮬레이션하고 계산할 수 있는 컴퓨터를 정의하려면 무엇이 필요할지 알고 싶어 했다. 물론 이 둘 외에도 지난 40년 동안 수많은 과학자가 양자 컴퓨팅을 실현하기 위해 노력했다.

0이면서 동시에 1인 상태가 가능한 컴퓨터

양자 컴퓨터는 미래의 슈퍼컴퓨터로 크게 주목받아 왔다. 그리 놀라운 일은 아니다. 애초에 양자 역학부터가 이중성 duality, 중첩 superposition, 순간 이동 teleportation 등 복잡하고 난해한 개념들로 가득하다. 이렇게 기묘한 개념을 활용해서 컴퓨터를 설계한다니 기초 물리학만으로는 설명이 어려운 세계처럼 느껴진다. 분명 멋있어 보이긴 하지만 중요한 건 '우리에게 왜 양자 컴퓨팅이 필요한가'다. 도대체 사람들은 무엇 때문에 이토록 열광하는 걸까?

최대한 단순히 표현하자면 양자 컴퓨터는 모든 종류의 현대 컴퓨터 (양자 컴퓨팅 전문가들이 정중히 칭하기로는 고전 컴퓨터)를 괴롭히던 장애물에 구애받지 않을 수 있다. 오늘날 컴퓨터가 연산을 아무리 빠르게 한다 해도 한 번에 두 가지 이상의 상태로 동시에 존재할 수는 없다. 우리도 어떤 한 시점에 앉아 있거나 서 있을 수는 있어도 동시에 두 자세를 취하기란 불가능하다. 앉아 있든 서 있든 둘 중 하나가 우리의 상태가 된다.

상태의 가장 단순한 형태는 0과 1 두 가지로 표현되는데 이를 이진수 또는 비트라고 일컫는다. 컴퓨터는 오직 비트만을 인식할 수 있다. 컴퓨터는 0과 1로만 구성된 일련의 숫자 모음을 갖게 된다. 경우에 따라 이 숫자의 길이는 엄청나게 늘어날 수도 있다. 중요한 점은 어떤 순간에도 그 숫자의 상태가 확정적이라는 것이다. 한 시점에 1011100011001101

처럼 확실하게 정해진 숫자 하나만을 갖는다는 뜻이다.

고전 컴퓨터는 입력된 명령에 따라 상태를 빠르게 바꿔 가며 연산을 수행한다. 이때 컴퓨터에 내리는 명령을 프로그램이라 부른다. 프로그램을 작성할 수 있는 사람에게 우리는 상당한 돈을 쥐어 주곤 한다. 고양이 비디오를 찍고 공유할 수 있는 프로그램을 부탁하며 말이다. 고전 컴퓨터가 더 강력해질 수 있는 방법은 두 가지뿐이다. 상태를 더 빨리 전환하거나 비트를 더 추가하거나. 하지만 이 두 가지 방식 모두 물리적으로 한계가 있다.

그러나 양자 컴퓨터는 다르다. 애초에 양자 컴퓨터는 한 번에 하나의 상태에 머물러 있을 필요가 없다. 즉 동시에 여러 상태에 있는 게 가능하다. 곧 더 상세하게 다루겠지만 일단 간단히 짚고 넘어가자. 64비트로 표현할 수 있는 상태의 수는 2^{64}가지다. 거의 1,800경에 달하는 숫자다. 64비트 고전 컴퓨터가 한 시점에 가질 수 있는 상태는 이 2^{64}가지 상태 중 하나뿐이다. 그런데 양자 비트, 즉 큐비트qubit로는 모든 가능한 상태를 동시에 나타낼 수 있다. 그러니 64큐비트 양자 컴퓨터는 한 시점에 2^{64}가지 모든 상태에 있는 것도 가능하다. 고전 컴퓨터의 연산으로는 2^{64}가지 상태를 모두 나타내는 데 수백 년이 걸리는 반면, 양자 컴퓨터로는 1초가 채 걸리지 않는다. 두 컴퓨터 사이의 근본적인 구조에 따른 차이다. 이 차이는 단지 이론에만 머물러 있지 않다.

2019년 10월 구글은 직접 개발한 53큐비트 양자 프로세서로 어떤 문제를 200초 만에 푸는 데 성공했다. 놀랍게도 이 문제를 기존의 최고 성능 슈퍼컴퓨터로 푸는 데에는 1만 년이 걸린다고 한다. 이때 구글은 자신들이 최초로 양자 우위 quantum supremacy 를 달성했다고 주장했다. 바꿔 말하면, 구글의 양자 컴퓨터가 사상 최초로 고전 슈퍼컴퓨터의 연산 능력을 앞질렀다고 주장한 것이다.

지금까지 이야기한 모든 것은 사실 양자 컴퓨터를 매우 간단히 소개한 정도에 불과하다. 양자 컴퓨팅은 여전히 걸음마 단계이며 아직 극복해야 할 한계가 상당하다. 그래도 이쯤에서 어느 정도는 양자 컴퓨팅을 이해했으리라고 생각한다. 300큐비트 양자 컴퓨터가 동시에 표현할 수 있는 상태의 수는 우주 전체에 존재하는 원자만큼이나 많다. 이런 양자 컴퓨터를 실제로 사용할 날은 당신의 생각보다 더 가까이 다가와 있다. 물론 그때까지 양자 컴퓨팅 분야에서는 연구와 개발, 그리고 투자가 꾸준히 이루어질 것이다.

양자 컴퓨터를 세부적으로 나누자면 그 종류가 제법 다양하다. 미래에 당신이 어떤 유형의 양자 컴퓨터를 사용할지는 당신이 풀고자 하는 문제에 크게 좌우될 테다. 신약 개발을 위해 분자 모델링을 해야 한다면 양자 시뮬레이터 quantum simulator 가 적합하다. 공급망 최적화나 기상 예측을 수행해야 한다면 양자 어닐러 quantum annealer 를 사용해 보라. 쇼어 알고리즘 Shor's algorithm 으로 컴퓨터 암호를 해독하고 싶다면 범용 양자 컴퓨터 universal quantum computer 가 탁월한 선택이 될 것이다.

문제의 범주를 좁히고 나면 기술적인 질문을 던져 봐야 한다. 결맞음 시간이 충분히 길어야 하나? 게이트 연산 시간은 얼마나 짧아야 하나? 큐비트가 더 많이 필요하지는 않는가? 내결함성 fault tolerance 도 필수인가? 기술적으로 모든 것을 갖출 수는 없으며 타협해야 하는 부분이 반드시 생기기 마련이다. 스스로 답을 내 본 뒤에 여러 양자 컴퓨터 선택지 중 하나를 고르면 된다.

양자 컴퓨팅은 이 책에서 다루는 기술 중 현재와 가장 동떨어져 있다. 빨라도 2030년은 돼야 쓸 만할 것이다. 지금 이 시점에 양자 컴퓨팅에 뛰어든다는 건 1970년대 PC 혁명에 참여하는 것 또는 1980년대 후반 인터넷 세계에 들어가는 것과 비슷하다. 이제 당신도 양자 골드러시에 참여한 셈이다.

무어의 법칙 종언과
양자 패권 경쟁의 시작

양자 컴퓨팅을 보다 깊이 다루기에 앞서 미리 사과를 건네고 싶다. 양자 컴퓨팅이라는 개념을 처음 접한다면 단 한 번에 모든 것을 이해하기는 어려울 것이다. 하지만 그렇다 해도 당신의 잘못이 아니다. 인간의 인지 능력과 문법으로는 자연의 복잡성이 너무나 부자연스러워 보일 때가 있기 마련이다. 진화 생물학자 리처드 도킨스는 인간의 진화가 이루어진 환경의 규모를 두고 "중간 세계middle world"라고 표현했다. 우리가 사는 세상에 비하면 블랙홀처럼 기묘한 현상이 가득한 우주는 매우 크고, 양자 얽힘처럼 괴상한 일이 벌어지는 양자 세계는 매우 작다. 그러니 우리가 아무리 노력해도, 양자 정보, 양자 역학, 양자 연산에 관한 내용을 단 한 챕터로 다루는 건 아주 작은 바늘 구멍에 실을 꿰는 것만큼 어려운 일이다.

이번 챕터에서 상세한 지식을 얻어 갈 필요는 없다. 그저 양자 컴퓨터가 무엇을 할 수 있는지, 어떤 어려움 때문에 아직 제대로 실현이 안 되고 있는지, 왜 양자 컴퓨터가 세상을 뒤흔들 기술인지를 이해하고 가면 좋겠다.

범용 양자 컴퓨터 시장을 장악해야 미래 패권을 차지한다

고전 컴퓨터의 발전이 지수적으로 이루어지는 반면, 양자 컴퓨터는 이중 지수적 발전이 가능하기 때문에 훨씬 더 강력하다. 즉 큐비트를 하나 추가할 때마다 이전보다 메모리 공간이 두 배로 늘어난다는 이야기다. 5큐비트는 4큐비트보다 2배 더 강력하며, 마찬가지로 302큐비트는 301큐비트보다 2배 더 강력하다.

고전 컴퓨터의 연산 능력을 2배로 강력하게 만들기 위해서는 메모리, 트랜지스터, 클럭 속도 등 모든 것을 2배로 늘려야 한다. 다행히 지금까지는 고전 컴퓨터도 놀라울 만큼 빠르게 발전해 왔다. 지난 50년 동안 고전 컴퓨터의 연산 능력은 2년마다 2배씩 지수적으로 발전했다. 이런 경향을 무어의 법칙이라 부르기도 한다. 2년마다 컴퓨터의 연산 능력이 2배씩 커진 덕분에 오늘날 우리가 사용하는 스마트폰의 연산 능력이 1990년대 슈퍼컴퓨터보다 더 뛰어난 것이다.

양자 컴퓨터 특유의 이중 지수적 발전 속도는 네븐의 법칙 Neven's

Law이라 부른다. 2019년 이 법칙을 제안한 구글 양자 AI 랩스 책임자인 하르트무트 네븐의 이름을 따서 만들어졌다. 이중 지수적 발전이란 세대를 거칠 때마다 매번 2배씩 발전하는 게 아니라 발전하는 정도 역시 지수적으로 커지는 것을 뜻한다. 예를 들어 7세대가 지나는 동안 고전 컴퓨터는 성능이 2^7제곱 배, 즉 128배 좋아진다. 한편 양자 컴퓨터가 7세대를 거치면 2^7제곱 배, 즉 2^{128}배만큼 성능이 향상된다. 숫자로 표현하면 340간澗 정도가 되는데, 340 뒤로 0이 36개 더 붙는다고 생각하면 쉽다. 어떻게 이런 발전 속도가 가능한지는 곧 설명할 예정이다. 일단은 우주의 근본적인 구조 자체에 의한 것이라고만 알아 두면 좋겠다.

양자 컴퓨팅 기술 개발을 위해 주요 기업들과 학술 기관, 그리고 정부 기관 사이에 거대한 자금이 오가고 있다. 후에는 이 기술의 가치가 수조 달러에 이를 것이다. 일단 단기적으로는 양자 우위를 달성하려는 경쟁이 이어지는 중이다. 앞서 설명했듯 양자 컴퓨터가 현재 최고 수준의 고전 슈퍼컴퓨터보다 성능이 좋아지는 지점을 뜻하는 말이다. 어떤 기업들은 다른 지표를 선호한다. 예컨대 큐비트 수나 회로의 길이와 복잡성을 측정하는 양자 볼륨quantum volume 같은 것들이다. 하지만 지금까지 소개한 지표들 중에 완벽한 지표는 없다.

양자 컴퓨터의 진정한 시험대는 얼마나 실용적으로 쓰일 수 있느냐가 될 것이다. 양자 컴퓨터의 성능이 워낙 뛰어나기 때문에 범용 양자 컴퓨터 시장을 지배하는 이가 앞으로 수십 년 동안 의료, 물리학, 공업은 물론이고 심지어 인공 지능 분야까지 장악할 가능성이 높다. 그래서 마이크로소프트, 구글, IBM 등 거대 기업들과 디웨이브, 아이온큐IonQ, 리게티Rigetti 등 스타트업들이 너 나 할 것 없이 양자 컴퓨팅에 뛰어들고 있다. 게다가 아마존과 하니웰처럼 뜻밖의 기업들도 양자 컴퓨팅에 관심을 보이는 중이다. 각국 정부 또한 양자 컴퓨팅 연구에 막대한 돈을 쏟아부으며 공격적으로 투자에 나서고 있다. 2018년 미국에서는 세계 최초로 국가 양자 주도법National Quantum Initiative Act을 통과시키면서 국가적으로 양자 컴퓨팅 연구를 적극 지원하겠다는 의지를 보이기도 했다.

많은 이들이 그토록 양자 컴퓨팅에 열광하는 이유는 이 기술의 실용적인 측면 때문이다. 양자 컴퓨팅이 파괴적인 혁신을 일으킬 것으로 기대되는 대표적 영역으로는 분자 시뮬레이션, 최적화 문제, 보안, 그리고 인공 지능을 들 수 있다.

분자 시뮬레이션: 전염병 백신과 치료제 개발 앞당긴다

임마누엘 블로흐의 말을 빌리자면, 280개 입자로 구성된 물질을 시뮬레이션하려면 동시에 2^{280}가지 상태를 표현할 수 있는 컴퓨터가 필요하다고 한다. 관측 가능한 우주에 존재하는 원자의 수가 2^{280}개를 넘지 않는데, 이 정도 성능의 컴퓨터를 만드는 게 가당할 리가 없다. 그러니 다른 접근법이 필요하다. 리처드 파인만이 양자 컴퓨터의 쓰임새로 처음 제시한 게 바로 분자 시뮬레이션이다. 분자 시뮬레이션이 진정으로 이루어진다면 그 위력은 상상도 못할 만큼 강력할 것이다. 화학 반응과 신약 개발, 그리고 완전히 새로운 물질도 발견할 수 있다.

양자 시뮬레이터를 효과적으로 사용하려면 통제된 조건하에서 자연의 힘이 어떤 식으로 작용하는지만 관찰하면 된다. 아이작 뉴턴이 대포에서 발사된 포탄에 작용하는 물리학을 이용해 서로를 맴도는 천체의 움직임을 모델링한 것과 크게 다르지 않다. 분자의 에너지가 가장 낮은 상태인 바닥 상태를 계산하면, 그 외의 상태 역시 동일한 물리 법칙을 따른다는 점을 활용하여 시뮬레이션이 가능해진다.

아이디어 자체는 수십 년 전에 등장했지만 실현된 지는 얼마 되지 않았다. 구글은 2016년에야 수소 분자 시뮬레이션에 성공했고 뒤이어 2017년에 IBM이 분자 두 개를 시뮬레이션하기에 이르렀다. 2019년에는 아이온큐에서 물 분자의 바닥 상태 에너지를 계산하기까지 했다. 이렇게 보면 발전 속도가 더디게 느껴질지도 모르겠다. 하지만 네븐의 법칙을 명심해야 한다. 조만간 신약 개발에 사용될 만한 더 복잡한 분자까지 시뮬레이션이 가능해질 것이다.

일반적으로 의약물 분자는 100개 이하의 원자로 구성되기 때문에 모델링하기가 아주 불가능하지는 않다. 2020년대 말쯤에는 의료 컴퓨팅계의 숙원인 단백질 접힘 시뮬레이션까지 가능할지도 모른다. 그렇게 되면 연구자들은 기본적으로 어떤 종류의 의약 물질이든 시뮬레이션할 수 있게 되며 심지어 약물과 유기 물질 사이의 상호 작용도 시뮬레이션 가능해진다. 현재로서는 막대한 규모의 연산 자원이 필요하다. 예를 들어 2020년에는 한 가지 질병의 약을 개발하기 위해 여러 사람이 연산 자원을 분산 제공하여 엑사바이트 규모의 연산이 수개월 동안 진행되기도 했다. 바로 코로나바이러스감염증-19의 이야기다. 미래에는 이런 시뮬레이션이 연구소 한 곳에서 몇 시간 만에 완료될지 모른다.

양자 컴퓨터가 성장을 거듭하고 그 베일이 벗겨지다 보면, 크기와 복잡도에 상관없이 어떤 분자든 시뮬레이션할 수 있는 시점이 찾아와 신물질 연구에 새로운 지평이 열릴 것이다. 그래핀graphene 이나 보로핀borophene 처럼 간단한 모델링부터 고온 반도체, 더 안전한 연료 전지, 월등히 뛰어난 배터리 등 복잡한 연구까지 수혜를 받을 수 있다. 무언가 재료로 만들어진 것이라면 뭐든지 개선 가능한 세상이 펼쳐지는 셈이다. 이런 발전은 물질 자체의 연구뿐만 아니라 생분해성 같은 특성이나 제조 비용 절감법을 연구하는 데에도 도움이 된다. 게다가 양자 컴퓨팅 연구자들은 분자 시뮬레이션을 통해 차세대 양자 컴퓨터를 설계하기 위한 새로운 방식을 고안할 수도 있다. 결국 양자 컴퓨팅의 진보는 더욱 빠르게 이루어질 테다.

최적화: 조 달러의 가치를 창출할 킬러 앱 '솔버'

2020년 초, 델타 항공은 IBM과 협력하여 자사의 시스템 몇 가지를 최적화하겠다고 발표했다. 흥미롭게도 물류 시스템 또한 최적화 대상에 포함되었다. 항공사는 요구 사항이 까다롭기로 악명 높다. 교통 패턴과 연료 소모량, 실시간 일정 변경과 가격 등 온갖 사항을 최적화해야 한다. 그래도 이런 노력이 창출하는 가치는 수십억 달러에 이를 것으로 전망된다. 비용을 절감하면서 동시에 소비자 경험까지 개선하여 수익을 늘릴 수 있기 때문이다.

이렇게 어떤 문제에서 최선의 해답을 도출하는 것을 수학적으로는 '최적화 문제를 푼다'고 표현한다. 그리고 양자 컴퓨터는 최적화 문제를 푸는 데 '최적'의 조건을 갖추고 있다. 사실 최적화 문제는 어디에나 존재한다. 특히 금융계 퀀트나 데이터 과학자들은 최적화 문제를 밥 먹듯 풀곤 한다. 광고주가 소비자들에게 최대한 의미 있는 광고를 보여 주려 노력하는 과정은, 수학적으로 보자면 금융 서비스 업체가 인덱스 펀드 운용을 최적화하는 과정과 비슷하다.

최적화가 더 잘 이루어질 때 누릴 수 있는 효과를 모두 적으면 몇 페이지 정도는 쉽게 채우고도 남을 테다. 최적화를 통해 개선이 가능한 사례를 간단히 적어 보자면, 유통 분야에서는 생산 용량 계획과 배송 경로설정, 제조 분야에서는 기계 사용 할당, 금융 분야에서는 포트폴리오 최적화, 광고 분야에서는 미디어 플래닝, 인사 분야에서는 인력 분배, 백오피스에서는 비즈니스 프로세스 관리가 있다. 혼선을 최소화하기 위한 신호 라우팅 등 기본적인 기술도 개선될 수 있다. 그리고 고객에 따라 최적의 우선순위를 부여할 수 있어서 고객과 직접 소통하는 직원들의 업무 수행 능력도 향상될 것이다. 지금까지 언급한 내용은 범용적인 수준에서 슬쩍 살핀 정도다. 산업계에서의 보다 전문적인 쓰임새까지 추가하자면 스마트 그리드 라우팅 방법을 최적화하거나 공장형 농장에서 비용 대비 수확량을 최적화하는 것도 들 수 있다. 실시간 대규모 최적화의 위력은 진정 그 끝을 가늠하기 어려워 보인다.

오늘날 기업들이 가장 많이 사용하는 데이터 과학 도구로 구속 최적화constrained optimization, 즉 제약 조건이 있는 최적화 문제를 푸는 솔버solver가 꼽힐지도 모르겠다. 워낙 범용성이 뛰어나고 가치가 높기 때문이다. 하지만 여기에는 함정이 하나 있다. 고전 컴퓨터로는 수학적 최적화 문제를 '제대로' 풀기가 어렵다. 사실 고전 최적화 소프트웨어 패키지의 대부분은 믿을 만한 결과를 내기 위해 일종의 트릭을 활용한다. 심지어 이렇게 문제를 푸는 일도 쉽지만은 않다. 문제에 포함되는 변수와 제약 조건의 수가 천문학적으로 많기 때문이다. 비교적 작은 규모의 최적화 문제라도 고전 컴퓨터의 연산 능력으로는 감당하기 어려운 경우가 비일비재하다. 그러나 양자 컴퓨터는 동시에 여러 상태를 표현하는 데 탁월한 성능을 자랑한다. 양자 컴퓨팅 영역에서 향후 조 달러 단위로 가치를 창출할 만한 킬러 애플리케이션이 있다면 단연 범용 최적화 솔버가 그 주인공이 될 것이다.

몇몇 양자 컴퓨팅 기업들은 자신의 모든 역량을 최적화 문제에 집중하고 있다. 분자 시뮬레이션은 양자 시뮬레이터라는 특수 양자 컴퓨터가 가장 잘 수행할 수 있듯이, 최적화 문제를 가장 잘 해결하는 특수한 유형의 양자 컴퓨터가 따로 존재한다. 대표적인 것이 디웨이브에서 개발한 양자 어닐러다. 이제 양자 어닐러의 작동 원리를 살펴볼 차례다.

유리를 녹여 꽃병 모양으로 만들고 싶다면 유리를 천천히 냉각해야 한다. 급속도로 냉각되면 유리에 균열이 생기고 결국 깨지고 만다. 해결책은 어닐러라는 장치에 유리를 넣는 것이다. 어닐러는 일종의 역逆오븐으로 뜨거운 것을 천천히 식히는 역할을 한다. 뜨거운 유리를 어닐러에 넣으면 유리 입자들이 안정적인 위치에 자리 잡도록 하루에 걸쳐 천천히 냉각이 이루어져 상온에 도달한다. 양자 어닐러가 작동하는 방식도 비슷하다. 비용 함수라는 수학 문제를 상호 연결된 큐비트에 입력해주면 시스템은 스스로 에너지를 낮추는 방향을 따라가 결과적으로 바닥 상태에 도달하게 된다. 바닥 상태에 이르면 비용 함수의 값을 최소화하는 최적해가 마치 마법처럼 모습을 드러낸다.

양자 어닐러는 단열 양자 컴퓨터AQC가 좀 더 세분화된 장치다. AQC를 간단히 표현하자면, 아직 실현되지 못한 이론상의 범용 양자 컴퓨터라 할 수 있다. AQC는 여느 양자 연산뿐만 아니라 최적화 문제까지 효율적으로 해결할 수 있기에 흥미롭게 느껴진다. 한편 변분 양자 고유값 솔버VQE 알고리즘을 활용해도 범용 양자 컴퓨터로 최적화 문제를 풀 수 있다. 과연 어떤 방식이 우위를 점할지는 오직 시간만이 알고 있다. 어느 쪽이든 비효율적인 세상을 최적화할 수만 있다면 그 가치는 서로 다르지 않다.

보안: 복제 불가능한 양자 키 분배 방식, 그다음은 양자 인터넷

당신이 소유한 보물을 그 어떤 자의 손에도 넘기고 싶지 않다면 해결책은 간단하다. 화산 속에 던져 버리면 그만이다. 문제는 당신도 더 이상 그 보물의 소유자가 아니게 된다는 것이다. 보안의 정수는 타인은 당신의 보물에 접근할 수 없지만 당신만큼은 그 보물에 언제든 접근할 수 있도록 만드는 데 있다. 결국 핵심은 인증authentication이다. 우주의 불변 법칙에 기반하여 보안을 유지한다면 보안의 확실성을 보장할 수 있다.

양자 역학에는 흥미로운 법칙이 하나 존재한다. 서로 얽힌 양자 입자는 단 한 번만 관측될 수 있다는 것이다. 얽힘 상태의 양자를 우주에서 가장 부끄러움이 많은 존재로 생각해 보라. 마치 짝사랑을 앞에 둔 10대 청소년처럼 말이다. 단 한 번이라도 관측이 되면 관측 전의 상태로는 결코 돌아갈 수 없다.

내게 한 뭉치의 양자 입자들이 있다고 가정해 보자. 이 입자들에 어떤 메시지를 담아 당신에게 보내면 당신은 메시지를 읽을 수 있을 것이다. 그런데 당신이 메시지를 열어 볼 때의 입자 상태에 따라 전송 과정에서 누군가 메시지를 엿보았는지 여부를 판단할 수 있다. 당신이 기대했던 상태가 아니라면 누군가가 중간에 개입했다는 뜻이며 당신은 나에게 메시지를 다시 보내 달라고 요청해야 한다. 어쨌든 나는 오직 당신에게만 메시지를 보내는 것이다. 아무도 이 메시지를 훔쳐보지 않았다는 상대적 확실성을 보장하면서 말이다. 이런 특성을 어디에 응용할 수 있을까? 당신이 은행이고 내가 그 은행에서 돈을 인출하는 상황을 상상해 보자. 양자 보안 시스템이 도입돼 있다면, 다른 누군가가 아니라 바로 내가 메시지를 보냈다는 사실을 당신과 나 모두가 확신할 수 있다.

사실 이게 암호화의 핵심이다. 두 당사자 모두 메시지를 암호화할 수 있는 키key를 갖고 있다. 확실한 점은 메시지를 보내는 사람이 메시지를 암호화하면 메시지를 받기로 한 사람만 그 암호를 풀 수 있다는 것이다. 오늘날 고전 컴퓨터의 한계는 제3자가 키를 탈취하거나 유추하여 메시지를 훔쳐봐도 그 사실을 알 길이 없다는 데 있다. 하지만 양자 시스템에서는 음흉한 제3자의 존재가 언제나 간파당하고 말 것이다.

양자 키 분배QKD: Quantum Key Distribution는 양자 커뮤니케이션을 활용하는 암호화 방식의 일종으로, 두 당사자는 단 한 번만 사용되도록 만들어진 보안 키를 둘만 서로 주고받는다. 이 방식은 양자 세계에서든 고전 세계에서든 최고의 암호화 방식으로 꼽힌다. QKD에는 양자 커뮤니케이션 채널이 사용되기 때문에 두 당사자가 메시지를 암호화하는 데 사용한 키는 오로지 그들만 알 수 있다. 키 공유는 QKD를 통해 이루어지지만 그 외 다른 통신은 여전히 일반적인 인터넷으로 가능하다. 우리가 사용하는 기존의 인프라를 그대로 유지한 채로 양자 보안을 확보할 수 있다는 뜻이다.

QKD를 사용할 시, 제3자가 키를 훔치거나 알아맞힐 가능성은 희박하다. 설령 누군가가 키를 해킹할지라도 QKD 채널은 그 시점에 이미 새로운 키를 생성하여 두 당사자에게 공유하고도 남는다. 당신의 집 열쇠가 5분마다 임의로 바뀌는 상황을 떠올리면 쉽다. 누군가가 집 열쇠를 무단 복사해도 당신은 새로운 열쇠를 비교적 빠르게 받을 수 있어서 문제가 되지 않는다. 퀀텀엑스체인지Quantum Xchange는 '양자 컴퓨터의 공격에 안전한 키 분배' 솔루션을 판매하며 오늘날에도 벌써 사용이 가능한 수준이다. 시스코Cisco처럼 규모가 더 큰 네트워크 보안 기업 또한 양자 보안 기술에 뛰어들고 있다.

양자 커뮤니케이션 채널과 QKD 외에도 양자 컴퓨터가 보안 분야에 활용될 여지는 많다. 고전 컴퓨터와 달리 양자 컴퓨터는 순수한 난수truly random number를 생성할 수 있다. 고전 컴퓨터에서 생성하는 난수는 엄밀히 말하면 의사 난수pseudo-random number다. 보안 키를 만들기 위해 매우 큰 난수를 생성해도 적당한 도구와 기법을 동원하면 짐작이 가능할 수도 있다. 가령 생성 시점의 시스템 클럭을 유추하거나 전원이 연결된 데스크톱에서 발생한 전원 서지를 파악하여 난수를 예측하는 것이다. 하지만 양자 컴퓨터가 생성하는 난수는 완전한 무작위다.

양자 컴퓨터로 보안을 강화했다면 다음 차례는 일련의 양자 네트워크를 구축하여 완전한 양자 인터넷까지 나아가는 것이다. 비록 아직은 걸음마 단계에 불과하지만 실제로 작동하는 양자 네트워크가 이미 존재한다. 미국의 DARPA 양자 네트워크, 일본의 도쿄 QKD 네트워크, 중국의 베이징-상하이 트렁크 라인이 대표적인 예다. 양자 인공위성 또한 이미 발사됐다. 어쩌면 몇 년 뒤에는 양자 네트워크가 전 세계로 퍼지기 시작할지도 모르겠다. 양자 컴퓨팅이 모든 통신 보안 문제를 해결해 주지는 않을 테다. 하지만 우리가 '진짜' 우리임을 어떻게 인증할지에 관한 아주 오래된 문제를 푸는 데 커다란 진전이 될 것은 분명하다.

인공 지능: 우주의 에너지와 결합된 충격적인 지능

인공 지능이 떠오르기 오래 전부터 인공 신경망 개념은 존재했다. 바로 퍼셉트론이다. 퍼셉트론은 기초적인 인공 신경망의 하나로, 오늘날 AI 혁명을 선도 중인 깊은 신경망의 토대이기도 하다. 2019년 《네이처 Nature》에 실린 논문 〈실제 양자 프로세서에 구현된 인공 뉴런 An Artificial Neuron Implemented on an Actual Quantum Processor〉에는 한 연구 팀이 IBM의 양자 컴퓨터에서 인공 뉴런을 생성한 결과가 담겨 있다. 양자 AI는 아직도 초기 단계에 머물러 있긴 하지만, 수많은 증거가 양자 AI가 언젠가 실현 가능함을, 그리고 반드시 실현될 수밖에 없음을 말해 준다.

2장에서 인공 지능을 다루긴 했으나 깊은 신경망이 정확히 얼마나 깊게 만들어지는지는 설명하지 않았다. 신경망은 수많은 텐서, 즉 다차원 행렬로 구성된다. 행렬 내 원소들의 값은 잇따라 들어오는 입력을 적절히 처리할 수 있도록 갱신된다. 결국 깊은 신경망을 사용하려면 엄청나게 많은 변수와 연결 관계가 필요하다는 뜻이다. 혹시 이미 들어 본 듯한 이야기인가? 사실 깊은 신경망을 학습시키는 일은 최적화 문제를 푸는 것과 다르지 않다. 그리고 이미 설명했듯 양자 컴퓨터는 최적화 문제를 기가 막히게 해결할 수 있다.

오늘날 AI에는 최적화 그 자체만큼이나 중요한 문제가 또 있다. AI의 성능을 향상시키려면 모델의 규모가 커지기 마련이고, 이렇게 커진 모델을 학습시키고 활용하려면 컴퓨터 역시 성능을 높여야 한다. AI의 발전 속도에 맞춰 컴퓨터의 연산 능력을 키우는 데 양자 컴퓨터가 해답이 될 수 있을까? 누군가는 해답이 될 수 있다고 생각하는 게 분명하다. 2013년 구글은 NASA와 손잡고 양자 AI 연구소QuAIL, Quantum AI Lab를 설립했다. 처음 몇 번의 시도에는 디웨이브 양자 어닐러를 사용했다. 하지만 결국에는 UC산타바바라UC Santa Barbara와 함께 직접 컴퓨터를 설계했고 2019년에 이르러서는 양자 우위를 선언하기까지 했다.

양자 AI의 향방을 판가름하기는 아직 이르다. 그러나 세계적인 AI 연구자 중 많은 이가 양자 AI의 잠재력을 높이 사고 있다. 양자 역학은 현실을 가장 우아하고 섬세하게 표현하는 도구이며 인공 지능은 인간이 낳은 가장 위대한 기술이다. 양자 AI는 이 둘이 만난 결과다. 우주의 가장 깊은 에너지를 기반으로 새로운 지능이 탄생하는 셈이다. 분명 인간의 지적 능력에 견주거나 그 이상을 보여 주며 우리의 상상 이상으로 미래 세대에게 지속적이고 강렬한 충격을 안길 것이다.

범용 양자 컴퓨터를 구현하기 위한
양자 역학 이해하기

수학자 서지 랭은 "'당신에게 수학의 의미는 무엇입니까?'라고 물으면 '숫자와 구조를 다루는 것입니다'라는 대답을 듣곤 한다. 그럼 내가 당신에게 음악의 의미를 묻는다면 '음표를 다루는 것입니다'라고 대답할 텐가?"라고 말했다.

양자 컴퓨팅이 뭔지 배우고 싶다면 수학과 코드만으로는 불충분하다. 입자 물리학 측면에서도 다루어야 할 내용이 있기 때문이다. 가능만 하다면 지금이라도 곧바로 양자 컴퓨터의 핵심 원리로 넘어가고 싶다. 하지만 그 전에 먼저 양자 역학을 짧게나마 설명해야 한다. 앞으로 살펴볼 양자 역학 이야기가 양자 컴퓨터 세계의 지도가 돼 줄 것이다.

나는 여기에서 물리학적 배경지식을 최소화하면서 양자 역학을 설명해 볼 작정이다. 양자 전기 역학, 끈 이론, 홀로그래피 등을 자세히 파고들 수 있다면 그보다 더 흥미로운 일은 없을 테다. 하지만 이런 개념 하나하나만으로도 거대한 연구 분야가 이미 만들어져 있으며 관련 서적도 엄청나게 많이 있다. 게다가 우리의 목적에 비해 너무나도 깊고 세세한 수학적 개념이 필요하다. 그래서 설명을 최대한 단순하게 하려 노력할 테지만, 그렇다고 양자 컴퓨팅을 이해하는 데 반드시 필요한 내용까지 생략할 수는 없는 노릇이다. 최대한 추려 낸 결과, 양자, 이중성, 간섭, 중첩, 스핀, 얽힘이 남았다. 용어에 너무 얽매일 필요는 없다. 이해하기 쉽지 않은 개념들이긴 하지만 그래도 하나씩 차근차근 덤비면 이해가 불가능한 것도 아니다.

더 이상 작게 나눌 수 없는 최소 단위

양자 역학을 이해하려면 먼저 원자부터 이해하는 게 좋다. 우주의 모든 것이 결국 원자로 구성돼 있으니 말이다. 원자의 내부를 보면 양전하를 띠는 원자핵 주변으로 음전하를 띠는 전자가 궤도를 그리며 움직인다. 태양계에 비유하자면 태양이 원자핵이고 주위를 공전하는 행성들이 전자인 셈이다. 열 같은 에너지가 원자에 가해지면 전자는 높은 궤도로 이동할 수 있다. 반대로 원자가 에너지를 잃으면 전자는 더 낮은 궤도로 이동한다. 양자 역학의 기이한 특성이 여기에서 하나 등장한다. 전자는 궤도를 바꿀 때 그 사이를 연속적으로 부드럽게 이동하지 않고 한 번에 '점프'하여 이동한다. 궤도와 궤도 사이를 전혀 거치지 않고서도 궤도를 넘나든다는 뜻이다. 이 현상이 바로 양자 도약이다. 그리고 이렇게 연속적인 값이 아닌 불연속적인 값으로 표현되는 에너지를 양자라고 부른다. 화성이 원래 궤도에서 사라지고 대신 지구의 궤도로 순간 이동한다고 상상해 보라. 화성과 지구 사이를 전혀 거치지 않고 말이다. 아마 공상 과학 소설이나 가짜 뉴스처럼 들릴 것이다. 하지만 소립자는 언제나 그런 식으로 움직인다.

우리가 일상에서 보는 모든 것은 연속적인 에너지를 갖고 움직인다. 부드러운 궤적을 그리며 날아가는 야구공을 떠올려 보라. 하지만 미시 세계에서는 불연속적인 에너지와 움직임이 관찰된다. 양자 역학이라는 이름도 이런 특성에서 유래했다. 양자 도약이 실제 현상이라는 사실은 이미 수많은 실험 결과와 이론 들이 뒷받침한다. 그리고 이 책의 목적을 위해서는 소립자가 '양자적'인 방식으로 뛰어다닌다는 것만 알아 두면 족하다. 우리의 직관에는 어긋나지만 명백한 진실이다.

양자는 에너지 덩어리이자 파동이다

물리학 역사에서 재미있는 사실이 하나 있다. 과연 알버트 아인슈타인은 어떤 공로로 노벨상을 수상했을까? 그의 가장 유명한 방정식 에너지는 질량과 빛의 속도의 제곱을 곱한 것과 같다 $E=mc^2$ 도 아니고 일반 상대성 이론도 아니었다. 그는 빛이 파동이면서 동시에 광자라고 불리는 에너지 덩어리임을 밝혀냈고 이 공로를 인정받아 노벨상을 수상할 수 있었다. 이후 또 다른 노벨상 수상자인 루이 드 브로이가 빛뿐만 아니라 모든 물질이 이런 이중성을 갖고 있음을 보였다. 에너지 덩어리로서의 빛이나 전자 등을 우리는 소립자라 부르며, 또는 우리가 이미 알고 있듯 양자라고 부르기도 한다.

모든 입자들을 미시 세계 속에서 점프하며 움직이는 단순한 에너지 덩어리로 가정할 수 있다면 아주 간편하고 좋을 것이다. 정말로 그렇게 단순하다면 상관없다. 실제로 에너지 덩어리이기도 하다. 하지만 이 입자들은 동시에 파동이기도 하다. 쉽게 말하면 물결과 비슷하다는 이야기다. 소립자는 본질적으로 파동이면서 입자이며, 이런 성질을 파동-입자 이중성이라 부른다. 파동 입자 이중성 역시 양자 도약과 마찬가지로 이미 수많은 실험으로 증명된 사실이다. 물론 인간의 직관으로는 이해하기 어렵지만 말이다.

　양자 세계의 기묘함을 만천하에 드러낸 실험 중에서는 아마 이중 슬릿 실험이 가장 유명할 것이다. 실험 결과는 상당히 충격적이었다. 말하자면 눈을 가린 두 사람이 돌아가면서 다트를 던졌는데, 다트가 꽂힌 분포를 보면 임의로 흩어져 있지 않고 마치 두 파동의 간섭이 이루어진 것처럼 뚜렷한 선형 패턴을 보였다는 것이다. 눈을 가린 채로 막무가내로 다트를 던졌는데 어떻게 일정한 패턴이 나타날 수 있다는 걸까?

　이중 슬릿 실험에서는 광자와 같은 양자를 발사하여 패널에 뚫어 놓은 구멍 두 개를 통과하도록 한다. 그럼 패널 뒤편으로 물결 모양의 패턴이 관찰된다. 이 패턴은 파동의 간섭으로 인해 나타난다. 잔잔한 수면 위에 돌멩이 두 개를 던질 때와 마찬가지다. 돌멩이가 떨어진 지점 각각에서 동심원 형태의 파문이 일 테고, 두 파문 사이에 자연스레 간섭이 발생하여 수면에 아름다운 패턴을 만들어 낸다. 소립자는 파동이기 때문에 물결이 간섭할 때와 비슷한 패턴이 슬릿 뒤편에 나타난다. 그런데 반전이 하나 있다. 양자를 하나씩 쐈을 때에도 간섭 패턴이 나타난 것이다. 이 현상을 잠시 곰곰이 생각해 보자. 하나씩 발사되는 양자가 도대체 어떤 대상과 간섭한다는 걸까? 정답은 자기 자신이다. 발사된 양자는 개별적인 에너지 덩어리로 볼 수도 있지만 파동으로도 볼 수 있다. 양자가 에너지 덩어리의 성질만 가졌다면 간섭으로 인한 무늬가 나타날 리 없다. 이게 바로 파동 입자 이중성이다.

　슬슬 같은 말을 반복하는 게 아닌가 하는 생각이 들지 모르겠다. 하지만 지금 설명하는 내용은 양자 컴퓨터를 이해하는 데 필요한 핵심 내용이니 반복할 가치는 충분하다. 만약 한 가지만 기억해야겠다면 다음 내용을 기억하라.

'소립자 또는 양자는 특정 시점에 붕괴되기 전까지는 파동과 같이 행동한다.'

그럼 언제 붕괴가 일어나는 걸까? 놀랍게도 양자를 관측하거나 측정할 때다. 양자는 관측되기 전까지는 수면에 일어나는 물결처럼 행동한다. 그리고 양자가 패널 뒤편에 도달하여 우리가 관측할 때 패턴이 드러난다. 양자를 관측해야 양자 상태의 붕괴가 일어나면서 파동성을 잃고 특정한 점으로 확정되기 때문이다.

소립자의 위치는 시원섭섭한 감정과 같은 상태

앞서 우주가 파동 입자 이중성을 띠는 양자로 구성돼 있다는 사실을 다뤘다. 그리고 파동처럼 행동하던 양자가 관측되면 그 양자는 붕괴하여 입자성을 띠며 존재하는 시점과 장소가 확정된다. 다트 판에 하나하나 꽂힌 다트를 떠올리면 쉽다. 물론 간섭 무늬가 생성되는 걸로 보아 양자는 파동성 또한 갖는다는 사실을 알 수 있다.

그렇다면 파동성을 잃기 전에는 입자가 어디에 존재하는지 궁금할 테다. 빛이 파동처럼 행동할 때 광자는 어디에 위치하고 있을까? 이 중요한 질문의 대답은 간단하다. '파형 위 어디에나' 존재할 수 있다. 입자가 동시에 여러 위치에 확률적으로 존재하는 상태를 중첩이라고 부른다.

중첩 역시 우리가 일상에서 전혀 볼 수 없는 현상이기에 이해하기가 어렵다. 그나마 도움이 될 만한 비유를 들어 보겠다. '시원섭섭'하다는 감정을 느껴 본 적이 있는가? 중요한 순간이지만 그렇다고 좋거나 나쁘다고 딱 잘라 말하긴 어려운 순간에 들 법한 감정이다. 감정이 중첩됐다고 표현할 만한 경우인 듯하다. 행복과 슬픔이 뒤섞여 있으니 말이다. 더 깊이 자신을 돌아본 뒤에야 당시에 느낀 감정이 긍정적이었는지 부정적이었는지 더 명확히 알게 된다. 예를 들면 고등학교 졸업 당시에는 복잡한 감정을 느끼다가 시간이 지나면 그 감정의 파동이 붕괴되고 행복함을 맛보는 것과 같다.

우리가 익숙한 거시 세계를 보면 사물은 특정 시점에 특정 위치에 존재한다. 이 글을 쓰고 있는 지금도 내 책상의 왼쪽 윗부분에는 머그잔이 놓여 있다. 만약 머그잔이 중첩돼 있다면 동시에 책상 위 어디에든 존재할 수 있다는 뜻이다. 그러다 내가 머그잔을 발견하게 되면 특정 위치로 붕괴될 것이다. 소립자는 관측되기 전까지는 중첩 상태로 존재하다가 관측이 되고 나면 한곳의 고정적인 위치로 붕괴된다. 그 위치가 정확히 어디일지는 언제나 확률적으로 결정된다. 엄밀히 말하면 단순히 어디로 붕괴될지를 모르는 정도를 넘어서 입자의 정확한 위치를 결코 알 수 없다고 표현해야 옳다. 이 사실은 하이젠베르크의 불확정성 원리로 입증됐다.

중첩이라는 개념의 등장으로 당시 물리학자들은 큰 혼란에 빠졌다. 이 때문에 탄생한 사고 실험이 그 유명한 슈뢰딩거의 고양이다. 실험 내용은 다음과 같다. 한 상자 안에 고양이 한 마리, 청산가리가 들어 있는 병, 그리고 절반의 확률로 붕괴해 방사선을 방출하는 물질이 들어 있다.

그리고 상자 안에는 방사선을 감지하는 가이거 계수기와 망치가 연결돼 있어서 방사선이 감지되면 망치가 청산가리 병을 깨뜨린다. 따라서 고양이는 방사선이 방출되면 청산가리 중독으로 죽을 것이고, 방사선이 방출되지 않으면 멀쩡히 살 수 있다.

이런 상자를 닫아 두고 내부를 보지 않는다고 해 보자. 만약 중첩 현상이 실재한다면 누군가가 상자를 열어 보기 전까지 고양이는 살아 있으면서도 동시에 죽어 있는 셈이다. 바꿔 말하면 상자를 열기 전까지 고양이의 생과 사는 중첩돼 있다. 물론 좀비 고양이라는 말은 아니다. 고양이에게 정말로 삶과 죽음 두 가지 상태가 동시에 존재할 수 있다는 뜻이다. 그러다 상자를 열어 내부를 확인하면 고양이의 삶과 죽음이 둘 중하나로 확정된다.

아직까지 그 누구도 이 실험을 실제로 수행하지는 않았으니 고양이들에게는 행운이 따랐다. 애초에 이 사고 실험 자체가 엄밀하기보다는 굉장히 단순하게 고안된 것이었다. 중첩은 이론 물리학의 대가들마저 혼란을 느낄 정도로 기이한 개념이니 자꾸 이해가 어려워도 너무 낙심할 필요는 없다.

방향과 속도 또한 확인하기 전까지 알 수 없다

"신은 주사위 놀이를 하지 않는다" 알버트 아인슈타인이 말했다. 닐스 보어는 이를 비틀어 이렇게 말했다.

"신이 주사위로 하는 일에 이래라저래라 하지 말라."

스핀은 양자 입자의 각운동량을 뜻한다. 바닥 위에서 팽이가 시계 방향으로 돌거나 업 스핀(up spin), 반시계 방향으로 도는 다운 스핀(down spin) 모습을 상상해 보라. 1928년 물리학자 폴 디랙은 그의 이름을 딴 디랙 방정식으로 스핀이 양자 물리학의 자연스러운 결과임을 증명했다.

양자의 위치나 속도처럼 스핀 역시 관측되기 전까지는 중첩 상태로 존재한다. 그러다 관측이 되면 업 스핀이나 다운 스핀으로 결정된다. 깜깜한 방에서 팽이가 시계 방향으로 돌면서 동시에 반시계 방향으로도 돌다가 불이 켜지면 방향이 둘 중 하나로 고정되는 셈이다. 우리 눈에 관측이 됐으니 더 이상 중첩 상태로 존재하지 않고 회전 방향이 하나로 명확히 정해진다. 이 기묘한 특성이 양자 컴퓨팅에는 필수적인 요소다.

스핀 중첩을 이야기하다 보면 오래된 수수께끼 하나가 떠오른다. 아무도 없는 숲속에서 나무가 쓰러진다면, 그 나무가 쓰러질 때 소리가 날까? 양자 역학의 세계에서는 이렇게 물어봐야 좋겠다. 아무도 없는 곳에서 입자가 회전하고 있다면, 그 입자는 어느 방향으로 도는 걸까? 물론 그 답은 확정할 수 없다.

아무리 멀리 떨어져도 연결돼 있는 양자 얽힘

아인슈타인은 양자 얽힘을 처음 접하고서는 이 현상을 두고 "귀신 같은 원격 현상"이라고 표현했다. 이만큼 더 적절한 표현이 있을까 싶다. 지금까지 우리는 양자 하나의 이중성, 중첩, 스핀을 다루었다. 하지만 두 양자가 서로 상호 작용하면 우리 우주는 더욱 기이해진다.

양자 얽힘은 양자 컴퓨팅을 이해하는 데 매우 중요한 개념이다. 여태껏 설명한 모든 것이 결국 양자 얽힘으로 이어질 정도다. 양자 얽힘은 아인슈타인, 포돌스키, 로젠의 이름 머리글자를 딴 EPR 역설로도 잘 알려진 현상으로, 두 입자가 독특하게 연결되어 서로 상호 작용하는 현상을 뜻한다. 두 입자가 서로 얽혀 있으면 한 입자를 관측했을 때 짝이 되는 상대 입자를 관측하지 않고도 그 즉시 상대 입자의 상태를 알 수 있다. 만약 한쪽 입자가 업 스핀으로 관측됐다면 다른 쪽 입자는 굳이 관측하지 않아도 다운 스핀임을 확신할 수 있다는 뜻이다. 더욱 놀라운 사실은 이 연결 관계가 두 입자 사이의 거리와는 상관이 없다는 것이다. 서로 얽혀 있는 두 입자가 서로 물리적으로 수 광년을 떨어져 있더라도, 한쪽의 스핀을 관측하면 다른 쪽의 스핀이 그 즉시 정해진다. 빛보다 빠르게 움직이는 것은 없으니 모순이라고 봐야 하지 않을까. 서로 얽힌 입자 사이에 교환되는 정보는 예외일지도 모르겠다.

양자 얽힘을 이해하는 데 다음 예시가 도움이 될 것이다. 어두운 방에 팽이 두 개가 돌고 있다고 해 보자. 두 팽이 모두 스핀 중첩 상태에 있어서 시계 방향으로 돌면서도 시계 방향 회전과 반시계 방향 회전이 동시에 공존하는 상태다. 두 팽이를 서로 얽히도록 한 뒤, 팽이 하나를 다른 어두운 방으로 옮긴다. 둘 중 하나를 관측하면 중첩 상태는 붕괴된다. 만약 관측된 팽이가 시계 방향으로 돈다면, 다른 팽이는 직접 보지 않고도 반시계 방향으로 돈다고 확신할 수 있다.

양자의 다른 특징과 현상처럼 양자 얽힘 역시 우리의 직관에 위배된다. 그럼에도 불구하고 실제로 관련 실험이 이루어졌다. 2016년 중국의 한 연구진은 논문 〈우주 스케일 양자 실험Quantum Experiments at Space Scale〉에서 서로 얽혀 있는 입자 사이의 상호 작용 속도는 광속보다 1만

배 이상 빠르다고 주장했다. 정말로 실현 불가능한 경우를 제외하고는, 우주상의 어떤 거리에서든 양자 얽힘 실험을 수행해 볼 수 있을 것이다. 얽힘 관계를 활용해 입자를 직접 관측하지 않고도 그 상태를 파악하는 능력은 범용 양자 컴퓨터를 구현하는 데 아주 중요한 요소다.

한 번에 이해하기에는 지금까지 너무나 많은 내용을 다룬 듯하다. 그래도 양자 역학을 처음으로 접했다면 지적으로 자극이 많이 된다고 느꼈을 것이다. 이제 마지막으로 한 번만 더 복습해 보자.

미시 세계를 들여다보면 모든 것은 불연속적인 에너지 덩어리, 즉 양자로 구성돼 있다. 양자는 파동-입자 이중성을 갖는다. 특정 시점에 입자가 정확히 어디에 위치할지는 언제나 불확실하다. 양자 상태가 붕괴되기 전까지 양자의 위치는 확률적으로만 설명할 수 있으며 이를 중첩이라고 한다. 양자는 스핀도 가지고 있는데, 양자의 위치와 마찬가지로 스핀도 관측하기 전까지는 두 가지 회전 방향(업 스핀과 다운 스핀)이 공존한다. 그러다 우리가 관측하면 방향이 하나로 확정된다. 양자 입자들 사이에서는 간섭이 일어나기도 한다. 또 다른 상호 작용으로는 양자 얽힘 현상이 있다. 얽힘 상태에 있는 입자들은 한쪽의 상태가 정해지면 다른 쪽의 상태도 그 즉시 정해진다. 예를 들면 한쪽의 스핀 방향이 정해지면 다른 쪽은 반드시 스핀 방향이 반대로 결정되는 식이다.

양자 역학의 기초를 잘 다졌으니 이제는 양자 컴퓨터가 도대체 어떻게 마법을 펼칠 수 있는 건지 살펴볼 차례다.

강력한 범용 양자 컴퓨터
프로그램의 원리

잠시 양자 컴퓨터에 관한 핵심 내용을 다시 짚고 넘어가자. 양자 컴퓨터는 기존의 가장 뛰어난 슈퍼컴퓨터보다 연산 능력이 월등하다. 리처드 파인만이 양자 컴퓨터를 고안하면서 처음 생각했던 쓰임새는 양자물리와 화학 반응을 모델링하는 것이었다. 기존의 고전 컴퓨터로는 풀 수 없던 문제가 양자 컴퓨터를 통해 해결된다면 양자 우위에 도달했다고 할 수 있다. 양자 컴퓨터가 손쉽게 대규모 연산을 수행할 수 있는 이유는 N개의 큐비트로 2N가지 상태를 한 번에 동시에 표현할 수 있기 때문이다. 반면 고전 컴퓨터는 N개의 비트로 2N가지 상태 중 한 번에 하나만을 나타낼 수 있다. 이 때문에 양자 컴퓨터와 고전 컴퓨터의 연산 능력이 어마어마하게 차이가 나는 것이다.

그런데 양자 컴퓨터는 어떻게 그 모든 상태를 동시에 나타낼 수 있는 걸까? 그리고 양자 컴퓨터를 이용해 어떻게 의미 있는 답을 얻을 수 있을까? 이제부터는 이 질문에 초점을 맞춰 보겠다.

디빈센조 기준을 만족하라

양자 컴퓨터를 본격적으로 다루기 전에 잠시 멈춰서 양자 컴퓨터가 무엇인지 명확히 밝혀 보자. 사실 양자 컴퓨터를 만드는 방법은 많다. 하지만 인류는 여전히 초기 단계의 양자 컴퓨터 기술에 머물러 있다. 그래서 아직은 초기 자료 조사에 투자가 많이 이루어지는 상황이다. 지금까지 고려되고 있는 기술로는 전자나 핵 스핀 같은 물리적인 큐비트, 편광을 활용한 광자 큐비트, 이온 트랩, 초전도 큐비트 등이 있다.

양자 컴퓨터를 만들기 위한 여러 후보 기술 중 옥석을 가리는 데는 미국의 이론 물리학자 데이비드 디빈센조가 2000년에 제시한 7가지 기술적 요구 사항이 사용된다. 간단히 디빈센조 기준이라 부르기도 한다. 첫 5가지 기준은 양자 컴퓨팅에 필요하다.

- 양자 상태를 잘 표현하는 큐비트, 그리고 그런 큐비트의 개수를 쉽게 늘릴 수 있는 물리적 시스템.
- 큐비트의 상태를 단순한 초기 상태로 초기화할 수 있는 능력.
- 적절하게 긴 결맞음 시간.
- 범용 양자 게이트 세트.
- 큐비트를 적절하게 관측할 수 있는 능력.

마지막 2가지는 양자 커뮤니케이션에 필요한 조건이다.

- 정지 큐비트stationary qubit와 비행 큐비트flying qubit를 상호 변환할 수 있는 능력.
- 특정 장소 사이에서 비행 큐비트를 정확히 전송할 수 있는 능력.

자세히 설명하겠다고 마음먹으면 이 조건들만 가지고도 책 한 권은 거뜬히 쓸 수 있을 것이다. 그러니 한마디로 요약하자면, 양자 컴퓨터를 만들기 위해서는 로직을 인코딩하고 출력을 읽을 수 있는 안정적인 큐비트가 필요하다는 이야기다. 그리고 양자 커뮤니케이션을 실현하기 위해서는 큐비트를 인코딩하고 전송할 수 있어야 한다.

어떤 컴퓨터에 사용된 기술들이 디빈센조 기준만 만족하면, 거시적 규모의 초전도 물질로 구현됐더라도 그 컴퓨터는 양자 컴퓨터라 부를 수 있다. 즉 큐비트에 관해서라면 양자처럼 행동해야만 양자로 여겨지는 법이다.

큐비트와 스핀을 표기하는 법

큐비트는 양자 비트를 뜻한다. 반드시 0이나 1이어야 하는 고전적인 비트와 달리 큐비트는 0이면서 1일 수 있으며 심지어 0과 1 사이의 어느 상태든 중첩된 채로 존재할 수 있다. 가령 전자는 업 스핀이면서 다운 스핀일 수 있으며, 그 사이에 어딘가 중첩된 상태로 존재 가능하다.

큐비트는 디랙 표기법으로 표현한다. 디랙 표기법은 브라켓 표기법이라고도 불리며, $\langle x|$를 '브라 x', $|x\rangle$를 '켓 x'라고 읽는다. 복잡해 보이지만 벡터 표기법의 다른 형태일 뿐이다. 참고로 벡터는 좌표계에서 특정 점을 가리키는 화살표라고 생각하면 쉽다. 디랙 표기법을 사용하면 확률을 계산하기가 용이하다는 장점이 있다. 디랙 표기법으로 나타낸 큐비트 예시 몇 가지를 소개하겠다.

수학적으로 깊이 파고드는 건 이 책의 목적이 아니다. 다만 앞으로도 큐비트를 표현할 때 디랙 표기법이 사용될 것이며, 파동 함수는 그리스 문자 프사이를 사용하여 Ψ 켓 프사이로 나타낼 것이다.

$|\Psi\rangle$: 파동 함수

$|0\rangle$: 켓 제로 또는 업 스핀

$|1\rangle$: 켓 원 또는 다운 스핀

$|0\rangle+|1\rangle/\sqrt{2}$: 중첩 상태의 큐비트

0과 1의 상태가 동시에 가능한 이유, 블로흐 구

블로흐 구를 이해하려면 양자 역학은 물론이고 선형대수학, 극좌표계에서의 삼각법, 복소수체의 기하학적 의미를 두루두루 알고 있어야 한다. 여기에 더해 확률이나 극한, 측도론 등 다른 분야까지 광범위하게 파악해 둔다면 더 도움이 될 것이다. 물리학 수업 하나 수강해 보지 않은 비非수학자로서 벌써 머리가 지끈거린다. 아주 난처한 일이 아닐 수 없다. 그러나 다행히 몇 가지 간단한 개념만 알고 있으면 블로흐 구와 몇몇 노하우를 이용해 범용 양자 컴퓨터를 프로그래밍할 수 있다. 블로흐 구는 입자의 파동 함수가 나타낼 수 있는 상태들을 3차원으로 표현한 것으로 큐비트 모델링에 유용하게 쓰일 수 있다.

어릴 적 배운 기하학을 다시 소환해 보자. 구는 배구공이나 지구본처럼 생긴 동그란 3차원 물체다. 모든 3차원 물체는 3차원 직교 좌표계에 나타낼 수 있으며 블로흐 구도 예외는 아니다. 지구로 치자면 북극에서 남극으로 똑바로 그어진 선이 바로 Z축이다. 여기에 X축과 Y축이 더해진다. 세 축은 모두 서로 수직 관계에 있다.

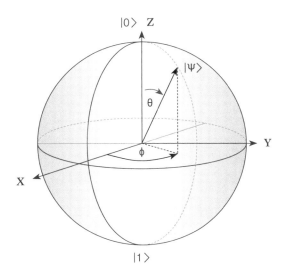

3차원 직교 좌표계에 표현된 블로흐 구.

일반적으로 스핀 업 상태의 입자, 즉 |0〉는 블로흐 구와 Z축이 위쪽에서 만나는 점북극에 표시된다. 반대로 |1〉은 블로흐 구와 Z축이 아래쪽에서 만나는 점남극이 된다.

북극이 0이고 남극이 1이다. 그 외의 점은 0과 1사이의 확률을 나타낸다.

구면에서 |0>과 |1>이 아닌 모든 점은 중첩 상태에 있는 것이다. 앞서 보았던 중첩 값 (|0>+|1>)/√2은 블로흐 구의 적도에 표시된다.

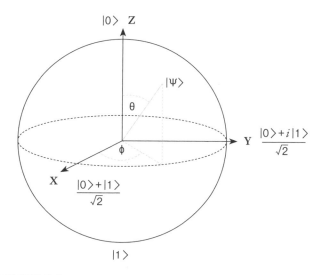

블로흐 구의 적도에 표시된 중첩 상태.

양의 방향 X축이 블로흐 구와 만나는 점은 (|0>+|1>)/√2을 나타내며, 반대로 음의 방향 X축이 블로흐 구와 만나는 점은 (|0>-|1>)/√2을 나타낸다. Y축은 위상phase을 나타내는데 여기에서는 굳이 신경 쓰지 않아도 되는 개념이므로 설명은 생략하겠다.

양자 컴퓨터 프로그래밍을 위한 양자 논리 게이트의 예시

지금까지 양자 컴퓨터가 어떻게 큐비트를 중첩 상태로 두어 동시에 여러 가지 상태를 표현할 수 있는지 블로흐 구를 통해 살폈다. 사실 우리는 고전 컴퓨터의 비트 연산만으로도 충분히 재미있는 결과를 만들어 왔다. 0과 1로 조합된 숫자들을 모아 수학 문제를 풀더니 나아가 AI를 개발하여 자율 주행차를 운전하기에 이르렀다.

큐비트로 연산을 수행하려면 양자 논리 게이트가 필요하다. 고전적인 연산과 달리 큐비트 연산은 가역성 같은 물리 법칙을 반드시 따라야 한다. 큐비트의 요구 사항을 충족하기 위해 양자 컴퓨터에는 기존 고전 컴퓨터의 AND, OR, NOT 게이트와는 다른 양자 게이트가 존재한다. 대표적인 양자 게이트로는 파울리-X Pauli-X, 하다마드 Hadamard, CNOT 등이 있다. 양자 컴퓨터를 프로그래밍하는 구체적인 방법은 이 책의 범위를 넘어선다. 그래도 지금부터 몇몇 예시를 통해 조금이나마 어색함을 덜어 주고자 한다.

파울리 게이트는 양자 연산 중 매우 간단한 편에 속한다. 역할은 블로흐 구면의 축을 기준으로 큐비트를 회전시키는 것이다. 파울리-X 게이트는 가장 자주 쓰이는 회전 연산으로, 고전 게이트로 치면 0을 1로 바꾸고 1을 0으로 바꾸는 NOT 게이트와 비슷하다. 양자 세계에서는 파울리 X 게이트를 통해 |0>가 |1>으로 변환되고 |1>이 |0>로 변환된다. 마찬가지로 파울리 Y 게이트와 파울리 Z 게이트는 각각 Y축과 Z축을 기준으로 큐비트를 회전시킨다.

$$|0\rangle = \begin{bmatrix} 0 \\ 1 \end{bmatrix}$$
$$|1\rangle = \begin{bmatrix} 0 \\ 1 \end{bmatrix}$$

|0>와 |1>은 단순한 벡터일 뿐이다.

기하학적으로 보자면 파울리 게이트는 큐비트를 축을 기준으로 반 바퀴 회전시킨다. 그래서 이 동작을 π-펄스pi pulse라고도 부른다. 기하학 수업을 기억해 보라. 원의 둘레는 반지름에 2π를 곱해서 구하며, 그래서 한 바퀴인 360°를 라디안 단위로 변환하면 2π가 된다. 따라서 반 바퀴인 180°는 π로도 표현할 수 있다. 양자 컴퓨터 연산은 펄스로 표현되는 경우가 많다. 예를 들면 Y축 기준으로 π/2-펄스를 적용한다거나 Z축 기준으로 π/4-펄스를 적용하는 식이다.

지금까지 블로흐 구를 통해 파울리 게이트의 시각적이고 기하학적인 의미를 다뤘으니 이제는 좀 더 수학적인 의미를 파악해 볼 차례다. 수학적으로 보면 파울리 게이트는 큐비트에 유니터리 행렬을 곱하는 연산이다. 벡터는 1차원으로 숫자를 나열해 놓은 것인 반면에 행렬은 2차원 직사각형 형태로 숫자를 표현하는 방식이다.

$$X = \begin{bmatrix} 0 & 1 \\ 1 & 0 \end{bmatrix}$$

$$X|0\rangle = |1\rangle$$

$$X = \begin{bmatrix} 0 & 1 \\ 1 & 0 \end{bmatrix} \begin{bmatrix} 1 \\ 0 \end{bmatrix} = \begin{bmatrix} 0 \\ 1 \end{bmatrix}$$

파울리-X 연산을 수행하면 큐비트 |0>가 |1>으로 변환된다.

하다마드 게이트는 고전 게이트 연산과 대응되지 않는 순수한 유니터리 양자 연산의 대표 주자다. 기호로 표시할 때는 H를 사용한다. 하다마드 게이트는 |0>나 |1> 상태의 큐비트를 중첩 상태에 놓이게 만든다. 블로흐 구를 통해 설명하자면, Z축과 구면이 만나는 두 극점이 적도

위로 이동하게 되는 것이다. 하다마드 게이트를 거친 큐비트는 |0〉와 |1〉에 이르는 거리가 똑같기 때문에, 관측될 시 0으로 붕괴될 확률과 1로 붕괴될 확률이 동일하다. 중첩의 정의 그대로 행동하는 셈이다.

$$H = 1/\sqrt{2} \begin{bmatrix} 1 & 1 \\ 1 & -1 \end{bmatrix}$$

$$H|0\rangle = |0\rangle + |1\rangle / \sqrt{2}$$

|0〉에 하다마드 게이트를 적용하면 |0〉와 |1〉의 중첩 상태를 만들 수 있다.

양자 게이트에는 또 다른 유형이 있으니 바로 2큐비트 게이트다. 2큐비트 시스템에는 4가지의 기저 상태가 있으며 각각 |00〉, |01〉, |10〉, |11〉로 표현된다. 이 큐비트들이 중첩 상태에 있으면 동시에 4가지 상태의 정보를 갖게 된다. 기저를 이루는 각 켓에는 진폭 α가 곱해지며 이들이 더해져 파동 함수 |Ψ〉를 이룬다.

$$|\Psi\rangle = \alpha_0|00\rangle + \alpha_1|01\rangle + \alpha_2|10\rangle + \alpha_3|11\rangle$$

$$|\Psi\rangle = \begin{bmatrix} \alpha_0 \\ \alpha_1 \\ \alpha_2 \\ \alpha_3 \end{bmatrix}$$

$$|\Psi\rangle = \begin{bmatrix} \alpha_0 \\ \alpha_1 \\ \cdots \\ \alpha_{N-1} \end{bmatrix} \sum_k \alpha_k|k\rangle$$

조금 더 상세한 수식들.

이처럼 양자 컴퓨터는 N개의 큐비트로 2^N가지 상태를 동시에 가질 수 있다. 그래서 양자 컴퓨터의 연산 속도가 엄청나게 빠른 것이다. 50큐비트 시스템이 있다면 동시에 가질 수 있는 상태의 수는 무려 1,000조 가지에 달한다. 266큐비트 컴퓨터로는 관측 가능한 우주 안의 모든 원자를 동시에 나타낼 수 있다.

하지만 다시 2큐비트 게이트로 돌아가 보자. 고전 컴퓨터에서 매우 중요하게 다루는 게이트 중 하나로 배타적 OR$_{XOR}$ 게이트를 들 수 있다. XOR 게이트는 두 입력이 서로 다르면 1을 출력하고 같으면 0을 출력한다. 양자 세계에서 이와 비슷한 게이트는 바로 제어 반전$_{CNOT}$ 게이트다. 또는 cX라고 쓰기도 한다. CNOT 게이트도 큐비트 두 개를 입력으로 받는다. 첫 번째 큐비트는 제어 큐비트로, 만약 0일 경우에는 입력이 아무 변화 없이 그대로 출력된다. 하지만 첫 번째 큐비트가 1이라면 두 번째 큐비트를 X축 기준으로 뒤집는다. 파울리 게이트와 마찬가지로 Z축과 Y축을 기준으로 뒤집는 제어 Z$_{CZ}$ 게이트와 제어 Y$_{cY}$ 게이트도 존재한다.

이렇게 게이트에 제어 큐비트가 추가된 데에는 두 가지 목적이 있다. 첫 번째 목적은 일종의 분기 논리를 구현하는 것이다. 고전 컴퓨터에서 사용하는 'if-else'문과 유사하다. 두 번째는 제어 게이트와 같은 큐비트 연산을 통해 두 큐비트를 얽힘 상태로 만들어 한쪽의 결과와 다른 쪽의 결과가 어떤 식으로든 연관되게 만드는 것이다. 예를 들어 두 큐비트 A, B를 얽힘 상태로 만들어 A가 |1⟩으로 관측되면 B도 반드시 |1⟩으로 결정되게 하고 싶다고 가정해 보자. 먼저 큐비트 A에 하다마드 연산을 적용하여 중첩 상태로 만들어 준다. 그다음 큐비트 A를 제어 큐비트

로, B를 타깃 큐비트로 하는 CNOT 연산을 적용한다. 이렇게 간단한 연쇄 작업만으로도 큐비트 하나를 중첩 상태로 만들어 임의의 확률로 0이나 1로 관측되도록 할 수 있으며, 두 큐비트를 얽힘 상태로 만들어 한쪽의 관측 결과가 다른 큐비트의 값을 결정하게도 할 수 있다.

제어 게이트도 유니터리 게이트처럼 큐비트 입력을 출력으로 변환해주는 행렬로 표현 가능하다. 그리고 양자 컴퓨터를 사용한다고 가정하고 있기 때문에, 하나의 상태로 붕괴되기 전까지는 행렬이 나타낼 수 있는 어마어마한 경우의 수를 동시에 갖고 있는 것도 가능하다. 이게 바로 범용 양자 컴퓨터의 진정한 위력이다.

양자 프로그램의 또 다른 방식, 회로 표현

이론적으로는 위에서 살펴본 1큐비트 게이트와 2큐비트 게이트만 있어도 범용 양자 컴퓨터에서 실행되는 어떤 프로그램이든 작성이 가능하다. 지금까지는 다양한 논리 게이트의 이름을 알아보고, 디랙 표기법과 행렬 곱셈을 이용하여 방정식으로 표현해 보기도 했다. 하지만 방정식을 보며 프로그램을 짜는 일은 지루하기 그지없다. 그래서 고안된 또 다른 방식이 바로 양자 회로도다. 회로도에는 서로 평행한 직선이 그려져 있고 각 직선 좌측에는 큐비트 값이 적혀 있다. 큐비트는 시간에 따라 왼쪽에서 오른쪽으로 흘러간다. 악보를 떠올리면 쉬울 듯하다. 악보에서도 음표가 그려진 마디들이 왼쪽에서 오른쪽으로 흘러가기 때문이다.

지금까지 설명한 게이트들을 다시 떠올려 보자. 파울리-X, 하다마드, CNOT 게이트가 있었다. 이 중에 첫 두 게이트는 각각 정사각형 안에 알파벳 X와 H를 써서 표현한다. CNOT 게이트는 2개의 큐비트에 적용되는 연산이었다. 회로도상에 나타낼 때는 제어 큐비트를 점으로, 그리고 타깃 큐비트를 원 안의 플러스 기호로 그린 뒤 이 둘을 수직선으로 잇는다. 측정을 나타내는 기호 또한 중요하다. 이름에서 알 수 있듯이 큐비트를 붕괴시켜 확정된 값으로 만드는 역할을 한다. 회로도에는 사각형 안에 바늘 저울이 있는 것처럼 그려진다. 큐비트와 연산을 회로도에 그렸다면 양자 프로그램을 만든 것이나 다름없다.

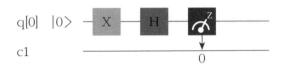

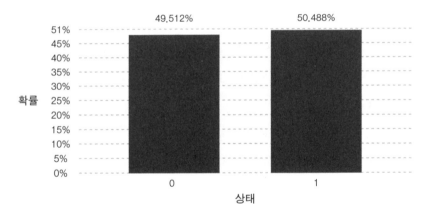

중첩 상태에서 0과 1로 붕괴될 확률은 둘 모두 50%에 가깝다.

IBM Q와 같은 시스템을 사용하면 양자 회로도를 쉽게 그릴 수 있을 뿐만 아니라 양자 하드웨어에서 작동시키는 것도 가능하다. 그림에 묘사된 회로도는 앞서 언급한 양자 연산 흐름을 IBM Q에서 양자 프로그램으로 구현한 것이다. 하다마드 게이트와 CNOT 게이트를 통해 큐비트 하나는 중첩 상태로 만들고 두 큐비트를 얽히게 해 한쪽을 관측하면 다른 쪽의 값을 결정할 수 있도록 한 프로그램이다.

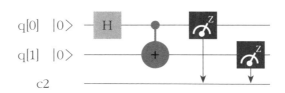

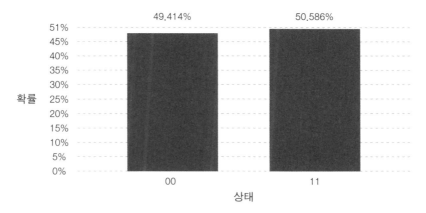

이번에는 두 큐비트를 얽히도록 했다. 결과는 00 또는 11뿐이며, 01이거나 10일 수는 없다.

이 예시 프로그램은 양자 컴퓨터 프로그래밍에서 중요한 두 가지 개념을 활용하고 있다. 바로 병렬성과 간섭이다. 간섭은 이미 언급한 바 있지만 병렬성은 새롭게 소개하는 개념이다.

양자 컴퓨터에서 원하는 답을 얻는 병렬성과 간섭

양자 컴퓨터는 양자 중첩 현상을 통해 여러 상태를 동시에 가질 수 있다. 큐비트 수가 많아질수록 중첩을 표현하는 행렬의 크기도 기하급수적으로 커진다. 행렬의 원소 개수가 우주에 존재하는 모든 원자의 수보다 더 많아질 수도 있다. 병렬성이란 중첩을 통해 여러 상태를 동시에 갖는 능력을 말한다. 하지만 병렬성은 오히려 우리를 더 혼란스럽게 만드는 것 같기도 하다. 이 방대한 데이터의 세계에서 어떻게 우리에게 필요한 것만을 취할 수 있을까? 여기에서 등장하는 게 바로 간섭이다.

두 개 이상의 파동이 만나면 보강 간섭이 일어나 진폭이 더 커지기도 하고, 상쇄 간섭이 일어나 진폭이 작아지기도 한다. 보청기와 노이즈 캔슬링 헤드폰을 떠올려 보자. 보청기는 음파를 증폭시켜 소리가 더 크게 들리도록 하는 반면, 노이즈 캔슬링 헤드폰은 주변 소음과 반대되는 파동을 일으켜 소음을 줄인다. 각각 보강 간섭과 상쇄 간섭을 활용하는 대표적인 예시가 되겠다. 큐비트 사이의 간섭을 세밀하게 조정하여 원하는 대로 보강과 상쇄를 일으킬 수 있다면 양자 컴퓨터로부터 원하는 답을 정확히 얻을 수 있다.

간섭을 일으키는 가장 간단한 방법은 하다마드 게이트를 두 번 연속 사용하는 것이다. 첫 H 게이트는 큐비트를 중첩 상태로 만든다. 따라서 H 게이트를 거친 큐비트는 관측 시에 똑같은 확률로 0이 되거나 1이 될 것이다. 이 잠재적 결과에 두 번째 H 게이트가 적용되면 상쇄 간섭이 일어난다. 결국 하다마드 게이트를 연속으로 두 번 거치면 입력과 같은 큐비트가 남는다.

모든 양자 알고리즘이 간섭을 활용하지는 않는다. 하지만 도이치-조사Deutsch-Jozsa 알고리즘이나 쇼어 알고리즘처럼 몇몇 유명 알고리즘에서 간섭이 쓰이고 있다. 쇼어 알고리즘은 조만간 보안 문제를 다룰 때 다시 소개하도록 하겠다.

마이크로소프트 Q# 양자 순간 이동 코드

양자 회로도는 소규모 프로그램을 만들 때 유용하다. 하지만 양자 컴퓨팅을 실제 산업 현장에 적용시키려면 고급 프로그래밍 언어여기에서 '고급'은 품질이 뛰어나다는 뜻이 아니라 사람이 이해하고 작성하기 쉽다는 뜻이다. 반대로 저급 프로그래밍 언어는 기계가 이해하기 쉬운 언어를 말한다.-역주가 필요하다. 지금까지 여러 양자 연산을 살펴봤지만 그보다 더 유용하지만 복잡한 연산도 많이 있다. 양자 푸리에 변환QFT이 대표적이다. 중요한 사실은 고급 프로그래밍 언어를 사용하면 이렇게 복잡한 작업도 코드 한 줄로 실행할 수 있다는 것이다.

마이크로소프트 Q#을 통해 작성한 양자 순간 이동 코드를 여기에 소개한다. 이것은 2021년 2월 11일, 아나스타샤 마르첸코바의 깃허브 저장소 〈quantum-code〉에서 발췌했다. 새로운 프로그래밍 언어를 배우는 일은 언제나 힘에 부치기 마련이지만, 차라리 코드를 읽는 게 기호와 선으로 이루어진 그림을 보는 것보다 더 수월할 것이다.

```
/// # 입력
/// ## msg
/// 이 큐비트의 상태를 전송하고자 한다.
/// ## target
/// 이 큐비트의 초기 상태는 |0>이며, msg 큐비트의 상태를 이 큐비트로
/// 전송하고자 한다.
operation Teleport (msg : Qubit, target : Qubit) : Unit
{
  using (register = Qubit()) {
    // 메시지를 전송하기 위해 두 큐비트를 얽힘 상태로 만들어 준다.
    H(register);
    CNOT(register, target);

    // 서로 얽혀 있는 두 양자에 메시지를 인코딩한다.
    CNOT(msg, register);
    H(msg);

    // 큐비트를 측정하여 데이터를 얻는다.
    let data1 = M(msg);
    let data2 = M(register);

    // 메시지를 디코딩한다.
    if (data1 == One) { Z(target); }
    if (data2 == One) { X(target); }

    // register 큐비트를 리셋한다.
    Reset(register);
  }
}
```

양자 순간 이동 코드

IBM, 구글, 마이크로소프트, QCI, 디웨이브, 아이온큐, 리게티 이 모든 기업이 양자 컴퓨터 사업에 뛰어들었다. 이 중에는 이미 하드웨어 몇 종류를 개발한 곳도 있으며 각자의 언어를 지원하기도 한다. IBM Q의 서킷 컴포저Circuit Composer에서는 QASM 언어가 사용되고, 마이크로소프트는 Q# 언어를 내놓았으며, 디웨이브의 오션Ocean은 사용자에게 SDK를 제공하고 있다.

양자 컴퓨터 설계에 사용할 수 있는 언어의 수만큼 양자 컴퓨터 기업도 다양하다. 기업을 선택할 때는 무슨 하드웨어를 사용하는지, 양자 컴퓨팅을 어느 정도의 수준에서 적용하는지, 그리고 어떤 프로그래밍 기법에 익숙한지 등을 골고루 따져 봐야 한다.

바야흐로 양자 컴퓨팅 연구의 서부 개척 시대가 열렸다. 오리건 가도서부 개척 시대의 대표적인 이동 경로-역주를 뚫는 데까지는 성공했으나 속도를 최고 수준으로 높이려면 훨씬 더 탄탄한 인프라를 구축해야 한다. 하지만 안심해도 좋다. 지금도 철도가 계속 놓이고 법률이 제정되고 있으며 도시도 제 모습을 갖춰 가는 중이니 말이다.

끓어오르는
양자 컴퓨팅의 현재

아일랜드 농부가 나오는 오랜 농담 하나가 있다. 길을 가던 행인이 농부에게 "더블린까지 가려는데 어디로 가야 좋을까요?"라고 묻자 농부가 모자를 벗고 고개를 절레절레 흔들며 대답한다.

"글쎄요. 저라면 적어도 여기에서 출발하지는 않을 겁니다."

이 짧은 농담을 접하고 나면 "양자 컴퓨터를 어디에 사용할 수 있나요?"라는 질문에도 답이 보이는 듯하다. 문제의 해결책으로 무작정 양자 컴퓨터부터 떠올려서는 안 된다. 일단 문제를 더 자세히 들여다본 뒤, 다른 마땅한 선택지를 도저히 찾을 수 없다고 생각이 든다면 그때 양자 컴퓨터를 고려하길 바란다. 이론적으로는 양자 컴퓨터의 위력이 엄청나지만, 실제로는 고전 컴퓨터의 성능을 따라잡기까지 아직 극복해야 할 문제가 많다. 대표적으로 기술적인 한계와 구현의 어려움, 그리고 보안 문제를 들 수 있다. 무엇보다도 누구나 양자 컴퓨터에 관한 지식을 갖추고 관련 툴을 다루는 시점에 도달해야만 양자 컴퓨터는 대중화될 수 있을 것이다.

NISQ 시대의 양자 컴퓨터

현대 양자 컴퓨터의 기술적 한계는 NISQ Noisy Intermediate Scale Quantum 라는 한 단어로 요약할 수 있다. 우리말로 풀어 쓰자면 '오류가 있는 중간 규모의 양자' 정도가 적절하겠다. "오류가 있는"은 결맞음 시간은 짧은 한편 오류는 여전히 많이 발생한다는 뜻이고, "중간 규모"는 지금보다 더 많은 수의 큐비트를 더 복합적으로 연결해야 한다는 뜻이다.

결맞음과 게이트 신뢰도

중첩 같은 양자 역학적 효과를 바탕으로 컴퓨터를 설계할 때 쉽게 마주치는 문제가 하나 있다. 큐비트가 양자 상태를 유지하는 시간이 매우 짧다는 것이다. 이 잠깐의 시간이 바로 결맞음 시간이다. 양자 컴퓨터는 결맞음 시간 동안 모든 연산을 수행해야 한다. 양자 상태가 붕괴되는 결어긋남 현상이 일어나기 전에 말이다. 지금까지 결맞음을 오래 유지했다고 하는 시스템들도 불과 몇 초를 넘지 못했다.

또 다른 문제는 더 많은 연산이 수행될수록 큐비트의 결어긋남 현상이 일어날 가능성도 높아진다는 것이다. 2020년 중반, 시카고대학교의 프리츠커 분자 공과 대학 연구진은 결맞음 시간을 기존보다 1만 배 이상 연장하는 성과를 선보였다. 이런 발전이 모여 실용적인 양자 컴퓨터가 만들어지는 것이다.

결맞음 시간도 물론 중요하지만, 그보다 더 중요한 건 결어긋남이 일어나기 전에 얼마나 많은 연산을 올바르게 수행할 수 있느냐다. 이 성능을 보여 주는 지표는 게이트 신뢰도다. 게이트 신뢰도를 향상시키기 위해 여러 방면으로 연구가 진행되고 있다. 결국 결맞음 시간을 늘리거나, 게이트 연산 시간을 줄이거나, 게이트 정확도를 높여야 한다.

2020년 중반에 하니웰은 업계 최고의 양자 컴퓨터를 개발했다고 발표했다. 하니웰이 근거로 사용한 지표는 양자 볼륨이었다. 양자 볼륨은 큐비트 수, 오류율, 결맞음 시간 등을 바탕으로 추산되는 숫자로, 이 숫자가 클수록 양자 컴퓨터의 성능이 좋다고 볼 수 있다. 하니웰의 양자 컴퓨터는 타사 제품에 비해 큐비트 개수가 많지는 않았다. 큐비트 개수도 양자 컴퓨터 성능을 측정하는 여러 지표 중 하나일 뿐이다.

비록 우리가 아직 NISQ의 시대에 살고 있긴 하지만, 다행히 양자 오류 정정QEC이라는 주제로 연구가 활발하게 이루어지고 있다. 이름 그대로 양자 컴퓨터에서 발생하는 오류를 감지하고 보정하는 기술이다. QEC를 이용하면 오류율을 낮출 수 있으나 큐비트가 대량으로 필요하다는 단점이 있다.

대량의 큐비트

구글은 2014년 양자 컴퓨터를 오래 연구해 온 존 마티니스를 영입했다. 그는 "구글의 계획은 10년 안에 100만 큐비트 수준의 시스템을 구축하고 오류 보정을 통해 오류를 크게 줄이는 것입니다"라고 말했다.

게이트 신뢰도뿐만 아니라 NISQ에서 말하는 "중간 규모" 문제 역시 중대한 문제다. 분자 시뮬레이션이나 암호 해독 등 다양한 곳에 장기적으로 양자 컴퓨터를 사용하려면 지금보다 훨씬 더 많은 수의 큐비트가 필요하다. 물론 양자 컴퓨터의 큐비트 수를 늘리려는 작업은 지금도 수많은 곳에서 이루어지고 있다.

2020년대 초반 현재, 구글은 2030년까지 100만 큐비트 양자 컴퓨터를 만들겠다며 큐비트 세계를 적극적으로 선도하고 있다. 한편 싸이퀀텀이라는 스타트업은 몇 년 내에 100만 큐비트를 실현하겠다는 목표로 무려 2억 1,500만 달러에 달하는 투자를 받았다. 이들이 목표를 향해 제대로 나아갈 수 있다면 좋겠지만 미래가 어떻게 될지는 아무도 모를 일이다. IBM은 조금 더 가까운 미래를 바라보는 중이다. IBM의 목표는 2023년까지 1,000 큐비트 양자 컴퓨터 개발하는 것이다.

양자 컴퓨터의 규모를 키우는 또 다른 방법으로는 큐디트qudit가 있다. 알다시피 양자 입자는 매우 복합적이어서 여러 종류의 정보를 가진다. 지금까지는 업 스핀과 다운 스핀 정도만 설명했으나 이외에도 에너지 상태, 광자 편광, 파장 등의 정보가 담겨 있다. 일부 입자는 단순히 업 스핀과 다운 스핀의 두 차원이 아니라 훨씬 더 높은 차원에서 서로 얽히는 것으로 밝혀졌다.

캐나다 국립과학기술연구소는 광자들을 10개의 파장이 중첩되도록 얽히게 만들어 10차원 큐디트를 만드는 데 성공했다. 오크리지 국립연구소의 조셉 루켄스는 IEEE 스펙트럼과의 인터뷰에서 "제 생각에 96×96 차원 시스템이면 꽤 합리적입니다. 조만간 실현 가능한 수준이에요"라고 말하기도 했다. 큐디트에 관한 연구 결과가 정확하다면, 지금까지 예측한 양자 컴퓨터의 연산 능력은 별것 아닐 수도 있다. 예컨대 96차원 큐디트 2개는 2차원 큐비트 13개보다 더 많은 정보를 표현한다. 어쩌면 복잡한 단백질 구조를 계산하기 위해 굳이 1,000 큐비트나 되는 양자 컴퓨터를 만들 필요가 없어질지도 모른다. 152큐디트만 확보해도 충분할 테니 말이다.

양자 컴퓨터 상용화에 앞장서는 공룡 기업들

전구가 발명되던 당시에 에디슨은 오랫동안 빛을 낼 수 있는 필라멘트를 찾아 끊임없이 실험을 반복했다. 에디슨은 전구를 어떻게 만들 수 있는지 정확히 알지 못하는 상태였다. 하지만 실험을 거듭한 결과 적합한 필라멘트를 찾는 데 성공했다. 그러자 다른 경쟁자들이 각자의 방식으로 전구를 만들기 시작했다. 그렇게 백열등부터 시작하여 형광등, 발광 다이오드LED까지 사용할 수 있게 됐다. 어떻게 보면 양자 컴퓨터도 전구와 비슷하다.

매주 새로운 연구 결과가 발표되고 그중 몇몇은 양자 컴퓨터 개발 방향을 급격히 바꿀 정도로 파급력이 강하다. 기술 자체가 아직 태동기이기 때문에 어떤 기술이 승자가 될지 예측하기 어렵다. 물론 그중에서도 더 가능성이 높은 후보가 존재한다. 특히 초전도 큐비트superconducting qubit가 대표적인데 구글, IBM, 디웨이브 등 양자 컴퓨팅을 선도하는 기업들 덕분에 유명세를 탔다. 초전도 큐비트는 그 자체로는 양자가 아니며, 조셉슨 접합을 통해 양자 효과를 제어하여 디빈센조 기준에 부합하는 회로를 갖춘 것이다. 인공 원자artificial atom, 양자점quantum dot, 선형 이온 트랩linear ion trap도 큐비트 후보에 속한다. 마요라나 페르미온Majorana fermion은 비교적 최근 등장한 대안으로 주로 마이크로소프트가 연구에 나서고 있다.

각 양자 구현 기술에는 나름의 장점과 단점이 존재한다. 주변에서 발생하는 잡음에 굉장히 민감한 기술이 있는가 하면 잡음을 제법 잘 견디는 기술도 있다. 어떤 기술은 결맞음 시간이 길지만 게이트 연산은 느리거나 정확하지 않다. 또 다른 기술은 상당히 빠르게 결어긋남이 발생한다. 심지어 양자 어닐러는 양자 방식으로 작동하는지 아직 수학적으로 증명되지도 않았다. 그리고 현존하는 거의 모든 양자 컴퓨터는 온도를 매우 낮게 유지해야 작동할 수 있다.

냉각 전문가들이 진입하는 덩치 큰 냉각 장치

앞으로는 종종 양자 컴퓨터에 관한 흥미로운 뉴스를 보게 될 테다. 예를 들어 인텔이 양자 칩의 크기를 사람 손에 들어갈 만큼 줄였다는 소식 같은 것들 말이다. 이런 소식을 접하고 나면 조만간 휴대용 양자 기기를 사용할 수 있겠다고 상상해 볼 법도 하다. 하지만 아쉽게도 지금까지 개발된 양자 컴퓨터는 여전히 꽤 넓은 공간을 필요로 한다. 그리고 그 공간을 차지하는 건 칩이 아니라 냉각 장치다.

지금까지 책을 읽으며 느꼈겠지만 양자 세계는 굉장히 독특하다. 양자의 행동이 너무나도 복잡하고 빠르기 때문에 양자를 우리가 원하는 대로 활용하기가 매우 까다롭다. 그러니 유일한 해법은 복잡성을 최대한 제거하여 소수의 양자 결과물만을 남기는 것이다. 즉 필요 없는 입자와 에너지를 모두 제거하고 양자 칩을 거의 절대 영도까지 냉각시켜야 한다.

현재는 희석 냉각기로 알려진 장치를 주로 사용한다. 이 장치는 얼핏 보면 공상 과학 소설에 나올 법하게 생겼다. 놋쇠로 제작된 원판과 파이프, 와이어가 여럿 모여 마치 최면을 거는 듯 달그락거리는 소리와 쉬잇 하는 소리를 내며 작동한다. 샹들리에처럼 위쪽 원판보다 아래쪽 원판의 크기가 더 작다. 아래로 갈수록 온도 역시 낮아진다. 결국 장치의 가장 아래쪽이 온도가 가장 낮아서 그곳에 조그마한 양자 칩을 두게 된다. 내부는 우주 공간보다 온도가 더 낮은 상태이며 그 덕분에 양자 연산이라는 마법이 일어난다.

냉각 기술을 두고 양자 물리학자 친구가 한 말이 있다. "선형 이온 트랩은 웬만한 대학원생들도 만들 수 있다. 하지만 냉각은 아주 어려운 엔지니어링이다." 다행히 냉각 전문가들이 양자 컴퓨터 세계에 발을 들이고 있다. 유명 HVAC 기업인 하니웰은 자신들의 냉각 기술을 적극 활용하여 재빠르게 양자 컴퓨팅의 세계에 뛰어들었다.

양자 컴퓨터의 창과 방패, 양자 내성 암호

현대 암호화 기법이 무너져 버린 세상을 상상해 본 적 있는가? 그런 세상에서는 당신이 지금까지 보낸 모든 이메일을 아무나 읽을 수 있고 당신의 은행 계좌에도 누구나 접근이 가능하다. 심지어 민간인들이 정부와 군 시스템을 쉽게 들여다볼 수 있을 테고 기업의 지식 재산과 각종 기밀 또한 누출되고 말 것이다. 인터넷에 대한 신뢰는 암호화를 바탕으로 한다. 암호화는 오직 승인된 당사자들만이 통신이나 거래에 참여한다는 것을 보장하기 때문이다. 보안 측면에서 보자면 양자 컴퓨터는 병도 주고 약도 주는 존재나 다름없다.

앞서 양자 컴퓨터가 보안 분야에서 쓸모가 있다고 이야기한 바 있다. 그러나 양자 컴퓨터는 현재 공개 키 서명을 기반으로 하는 비대칭 키 암호 방식에 큰 문제가 되고 있기도 하다. MIT 교수 피터 쇼어의 알고리즘은 소인수 분해를 통해 비대칭 키 암호 방식을 쉽게 깨뜨릴 수 있다. 전 세계에서 널리 사용 중인 RSA 암호 체계도 뚫릴 수 있다는 뜻이다. 일부 예측에 따르면 2030년까지 양자 컴퓨터가 현재의 고수준 RSA 암호 체계를 깨뜨릴 확률이 50%에 달한다고 한다. 정부와 군대, 은행과 기업은 물론이고 평범한 민간인 입장에서도 너무나 큰 리스크다.

쇼어 알고리즘은 수천 큐비트 단위의 범용 양자 컴퓨터가 있어야 실행 가능하다. 이 정도 양자 컴퓨터가 개발되려면 아직 멀었으니 지금은 안심해도 된다고 생각할 수도 있다. 하지만 오늘 암호화된 정보가 계속 보관되다가 미래의 어느 순간 갑자기 해킹당할지도 모를 일이다. 그러니 당장 내일부터 모두가 양자 내성 암호포스트 양자를 사용하겠다고 해도 이상한 일이 아니다. 쇼어 알고리즘을 실행할 만한 대규모 양자 컴퓨터는 최소한 수십 년이 지나야 개발될 테지만, 중요한 건 꼭 누군가 과거에 암호화된 정보를 열어 보고 싶어 한다는 점이다. 현재의 민감한 기밀 정보는 반드시 미래에도 기밀로 유지돼야 한다.

2015년 8월, 미국 국가안보국은 빠른 시일 내에 양자 내성 알고리즘으로 보안 전환을 시작하겠다고 선언했다. 실제로 미국 국립표준기술연구소NIST는 2022년까지 양자 내성 암호를 표준화하기 위해 대회를 개최하기도 했다. 정부나 의료계, 금융계 등 여러 분야에서 양자 내성 암호가 최대한 빨리 표준화되기를 바라는 중이다. 당신이 최고 정보 보호 책임자이거나 어느 조직에서든 보안을 담당하고 있다면 조만간 양자 내성 보안 시스템을 반드시 구축해야 할 것이다.

양자 컴퓨터 개발 레이스에
가세하라

비용과 기술적 어려움을 비롯하여 양자 컴퓨터가 해결해야 할 문제는 수없이 많다. 그중에 지식 문제 역시 상당히 큰 장벽이라 할 수 있다. 2020년 기준으로 양자 컴퓨팅 전문가라 부를 만한 인력의 수는 수천 명 수준이다. 반면 고전 컴퓨터 프로그램을 만드는 사람들은 수천만 명에 달한다. 양자 역학이 너무 난해해서든, 툴이 부족해서든, 알고리즘과 탄탄한 쓰임새가 부족해서든, 우리가 마주하고 있는 장벽의 대부분은 다분히 개념적이고 커뮤니티적인 문제다.

그래도 이런 장벽을 타파하려고 노력하는 이들이 많다. 구글은 문샷 프로그램의 일환으로 양자 소프트웨어와 알고리즘을 개발하고 있다. 양자 컴퓨팅을 대중화하려는 움직임 역시 존재하는데, 가령 AI를 통해 고전 컴퓨터 프로그램을 양자 컴퓨터 프로그램으로 변환하려는 시도가 있었다. MIT는 자신들의 온라인 강의 플랫폼 xPRO를 통해 양자 컴퓨팅 수업을 여럿 개설하고 운영 중이며, 마이크로소프트는 브릴리언트Brilliant와 협력하여 무료 온라인 강의를 제공하고 있다. 양자 컴퓨팅을 마스터하려면 엄청난 노력이 필요하다. 하지만 유튜브 영상과 칸 아카데미Khan Academy를 적절히 조합하면 어려운 양자 역학 수학도 충분히 이해할 수 있을 것이다.

게다가 IBM과 디웨이브는 자신들의 양자 컴퓨터를 웹으로 제공하여 누구나 접근할 수 있도록 했다. 개인적으로는 IBM Q에서 QASM으로 코딩하며 양자 알고리즘을 익히는 걸 좋아한다. 한편 디웨이브는 구속 최적화 문제 풀이에 특화돼 있어 공급망에 적용하기에 적합하다. 구글은 텐서플로 퀀텀TensorFlow Quantum을 공개하면서 자신들의 기계 학습 툴 키트를 양자 컴퓨팅 세계에까지 확장하는 행보를 보여 줬다. 복잡하기로는 AI도 둘째가라면 서럽지만 현재로써는 양자 컴퓨팅이 더 난해한 분야인 건 사실이다. 하지만 양자 인공 지능이 우리의 미래를 좌우할 기술임은 잊지 말아야 한다.

우리는 지금 무척이나 역동적이고 재미있는 시대에 살고 있다. 양자 컴퓨팅은 배우고자 하는 의지만 있다면 누구나 이해할 수 있다. 나는 처음으로 양자 순간 이동 코드를 짜서 실행했던 순간은 아마 평생 잊지 못할 것 같다. 마치 양자 자물쇠 따기 키트를 사용해서 우주를 해킹하는 기분이었다.

양자 컴퓨터의 미래는 지금부터 결정된다

에디슨과 동료들은 다양한 재료로 필라멘트를 실험해 본 끝에 전구를 만드는 데 성공했다. 그들은 일찍이 전구의 가치를 높이 평가했으며 최초가 되고 싶어 했다. 전구 발명 과정은 그 자체로 엄청난 리스크였지만 전구가 더 나은 세상을 만들 수 있다는 믿음이 있었기에 결국 최초의 전구가 불을 밝힐 수 있었다. 이 최초의 발명 덕분에 전구가 대중화될 수 있는 기틀이 마련됐다.

양자 컴퓨팅 기술의 수용 곡선을 보면 지금이 전구가 막 발명되던 시기와 비슷해 보인다. 고전 컴퓨터로 비유하자면 '천공 카드' 시기라고도 할 만하다. 고수준에서 다룰 수 있는 툴이나 개념이 부족해서 상세한 기계어를 통해 문제를 해결하고 있으니 말이다. 그렇다고 해서 현 수준의 양자 컴퓨터가 쓸모없다는 뜻은 아니다. 최초의 컴퓨터는 에니그마 암호를 해독하는 데 사용됐지만 이후 인간을 우주로 보내기까지 했다. 비록 궁극적인 목표는 내결함성을 지닌 범용 양자 컴퓨터이지만, 목표에 완벽하게 도달하지 못하더라도 적당히 상업적으로 사용할 수 있는 제품은 얼마든지 만들 수 있다.

이번 챕터를 무사히 일독했다면 먼저 축하를 건네고 싶다. 양자 컴퓨팅 기술은 여러모로 기묘한 기술임에 틀림없다. 물론 대량 도입까지는 많은 시간이 남아 있고, 이렇게 초기 단계에 있는 기술을 이해하는 것도 쉽지 않다. 하지만 양자 컴퓨터의 미래는 지금부터 결정된다는 사실을 명심해야 한다. 다음 세대의 마이크로소프트, 또는 다음 세대의 애플을 꿈꾸는 자들에게는 지금이야말로 거인이 될 수 있는 기회다.

오늘날 양자 컴퓨터는 주로 최적화, 보안, 인공 지능 분야에 적용하는 것을 목표로 개발이 이루어지고 있다. 수많은 스타트업과 연구 팀이 정부와 기업으로부터 수십억 달러 규모의 투자를 받고 있기도 하다. 양자 컴퓨팅 커뮤니티의 구성원들은 더 많은 교육을 받고 서로 지식을 공유하며 기술 발전에 이바지하는 중이다. 물론 새로운 기술, 새로운 접근법을 고안하기란 결코 쉬운 일이 아니다. 하지만 커뮤니티 전체에 반향을 일으킬 만큼 강렬한 임팩트를 남기는 건 시간이 지날수록, 기술이 성숙해질수록 더 어려워진다.

바로 지금, 가늠하기 어려울 정도로 효율적이고 안전하며 초지능적인 기술이 모습을 드러내고 있다. 기회는 누구에게나 열려 있다. 나도 이 시대를 살아가는 한 사람으로서 일단 양자 세계에 뛰어들어 보기로 마음먹었다. 딥테크 중에서도 가장 깊은 곳으로 말이다. 그곳에서 당신과 다시 만날 수 있기를 바란다.

9장

거대한
물결에
올라타라

DEEP TECH

Demystifying The Breakthrough Technologies That Will Revolutionize Everything

이게 끝은 아닙니다. 끝의 시작도 아닙니다.
그보다 어쩌면 시작의 끝일 것입니다.

윈스턴 처칠(정치인)

딥테크 비즈니스를 시작할
모든 준비를 마쳤다

앞으로 남은 2020년대도 정치적 불안, 위태로운 자본주의, 전염병 등 여러 문제가 풀리지 못하고 계속 우리 삶에 영향을 미칠 것이다. 그러나 지금 시기를 후일 역사가들이 표현할 때 이 책에서 다룬 기술을 적어도 하나는 대대적으로 다룰 게 분명하다. 과연 블록체인을 통해 탈중앙화 금융이 실현되어 더 평등한 세상이 만들어질까? 과연 AI와 IoT가 지속 가능한 순환 경제를 탄생시킬 수 있을까? 과연 양자 컴퓨터가 다가올 전염병 유행을 예측하고 예방까지 할 수 있을까? 우리가 이 기술들을 어떻게 활용하느냐에 따라 우리의 후손들에게도 그 영향이 전해질 것이다. 직접 결정을 내릴 수 있는 시대에 살고 있으니 우리는 제법 행운아라고 할 수 있겠다.

이 책의 목적은 다가올 10년을 좌우할 기술들을 간략히 소개하는 것이었다. 특히 7가지 딥테크 생태계에 집중했다. 물론 각 기술 사이에는 겹치는 영역도 있었지만, 가능한 한 큰 줄기는 개별적으로 다루고자 했다. 사실 이 겹치는 영역이야말로 기회의 땅이다. 이 7가지 기술은 모두 점진적인 수준의 발전 이상으로 파괴적인 혁신을 일으킬 잠재력을 가지고 있다.

1장에서 언급했듯 경제 전문가들은 이 7가지 기술을 범용 기술GPT이라 일컫는다. 우리가 일하는 방식, 생활하는 방식을 송두리째 바꾸어 세계 경제에 큰 영향을 끼칠 만한 기술이라는 뜻이다. 역사적으로 봐도, 등장 전후로 세상이 눈에 띄게 변할 정도로 특별한 발명이 있었다. 제품이든, 공정이든, 새로운 조직 원리든 이런 기술에는 우리 사회의 핵심을 관통하는 힘이 있다.

그럼 이 책에서 다룬 7가지 기술을 정리해 보자.

- 인공 지능: 딥테크 세계에서도 가장 기회가 풍부한 영역이다. 지난 수십 년 동안 하드웨어와 빅 데이터가 발맞춰 발전했고, 여기에 기계 학습과 깊은 신경망 구조가 힘을 더하면서 전혀 다른 차원의 AI가 속속 등장할 수 있었다.

- 확장 현실: 헤드업 디스플레이부터 증강 현실, 혼합 현실, 그리고 완전한 가상 현실까지 각종 디지털 세계를 통칭하는 말이다. 주요 공통점은 헤드셋을 사용하여 시야를 구성하고, 디지털 모형으로 우리가 보는 사물을 증강하거나 대체한다는 것이다.

- 블록체인: 처음에는 비트코인 같은 암호 화폐를 관리하기 위해 고안되었다. 하지만 이후 개선을 거듭하여, 둘 이상의 당사자가 제3 신뢰 기관 없이도 서로 확실하게 정보나 재화를 주고받는 용도로도 사용되고 있다. 이처럼 보다 포괄적인 블록체인 개념을 두고 분산원장기술이라고 표현하기도 한다.

- 사물 인터넷: 사물 인터넷 세계에도 새로운 기회가 넘친다. IoT의 핵심 목표는 세상을 이해하는 장치인 센서와 세상에 변화를 일으키는 장치인 액추에이터를 통해 현실 세계와 디지털 세계를 잇는 것이다. 대표적인 쓰임새로는 산업용 사물 인터넷과 웨어러블 기기를 들 수 있다.

- 자율 주행: 사람이나 물건을 A 장소에서 B 장소로 운송하는 데 특화된 자율 로봇의 일종이다. 무인 자동차가 대표적이다. 지루하고 반복적인 운송 업무가 사람의 손을 떠나면 비용과 리스크를 줄일 수 있다. 자율 주행으로 인해 도시 구조 또한 바뀔 것이다.

- 3D 프린팅: 적층 제조의 일종으로 컴퓨터 수치 제어를 통해 원료를 쌓아 물체를 출력하는 기술이다. 3D 프린팅으로 인해 새로운 종류의 설계법이 등장했으며, 물건의 제작 난도는 줄고 재료의 선택지는 늘었다. 그리고 기존 방식으로는 구현하기 어려웠던 형상도 쉽

게 만들 수 있다.

- 양자 컴퓨팅: 한마디로 컴퓨터의 미래다. 고전 컴퓨터는 2년에 한 번씩 성능이 2배로 향상되는 반면, 양자 컴퓨팅은 같은 기간 동안 이중 지수적으로 성능이 향상된다. 오늘날의 컴퓨터가 풀지 못한 우주의 비밀도 양자 컴퓨터는 손쉽게 풀 수 있을 것이다.

종합해 보면 이 7가지 딥테크가 제4차 산업 혁명의 선두에 서 있다고 말할 수 있다. 그리고 기술이 발전하면 그에 따라 소비자의 습관까지 바뀔 것이다. 앞으로 10년 동안 7가지 딥테크로 인해 세계 총생산이 최소 50조 달러 가까이 증가할 것으로 예상된다.

1장에서 언급했듯 지금까지 각 기술 자체가 무엇인지, 어떻게 동작하는지, 왜 필요한지를 집중적으로 다뤘다. 창조적인 생각을 장려하기 위해 기존의 적용 사례는 최대한 배제했다. 기존 사례와 창의성이 무슨 관계인지 아직 잘 모르겠다면 이런 상황을 고려해 보자. 만약 IoT와 AI를 물류 업계에 적용하는 사례에만 집중한다면, 이미 물류 업계에서 일하고 있던 사람은 자칫 XR이나 블록체인처럼 다른 기술이 선사할 새로운 기회를 놓칠지도 모른다. 양자 컴퓨팅을 최적화 문제에 적용할 생각은 누구나 할 수 있다. 그렇다면 비디오 게임이나 교육에 양자 컴퓨팅을 활용할 방법을 고민해 보는 건 어떨까? 아무래도 비디오 게임이나 교육에 열정을 가진 사람이 해결책을 제시해 줄 수 있지 않을까? 중요한 건 기술 그 자체를 이해하는 것이다. 기술을 이해하고 나면 기존 학계와 기업들이 무엇을 했든 간에 당신만의 고유한 쓰임새를 발견할 수 있다.

7가지 딥테크와 함께 21세기에 범용화될 기술들

"독서는 결코 끝나지 않는다. 그저 잠시 멈출 뿐이다."

언제고 대상을 바꿔 대는 이 인용구가 지금처럼 적합하게 쓰일 때가 또 있을까. 사실 나는 책의 분량이 두 배가 되더라도 지금보다 더 많은 기술을 다루고 싶었다. 물론 그랬다면 이 책이 출판될 일은 없었을 테다. 결국 이 책에서는 7가지 기술을 소개하는 데 그쳤지만 그렇다고 해서 우리의 배움이 끝나서는 안 된다. 만약 분량을 신경 쓰지 않고 계속 집필했다면 아마 아래의 기술들이 이 책에 포함됐을 것이다. 모두 공부해 볼 가치가 충분하며 2020년대의 우리 삶에 큰 영향을 끼칠 만한 기술이다.

- 자율 로봇
- 드론과 비행 자동차
- 상업 우주여행
- 차세대 물질 그래핀, 보로핀
- 나노 기술
- 유전자 재조합과 크리스퍼-카스9 CRISPR-Cas9
- 합성 생물학 synthetic biology
- 제노봇 xenobot 살아 있는 로봇
- 해양 기술 해상 부유식 농장, 도시, 발전소

딥테크가 흥미로운 까닭은 이 기술들이 결코 끝나지 않기 때문이다. 일종의 무한 게임인 셈이다. 종교나 패션처럼 언제나 새로운 논쟁거리와 새로운 흐름이 탄생한다. 21세기의 남은 기간 동안 과연 어떤 기술이 범용 기술로 자리 잡을지 궁금할 따름이다. 어쨌든 이 책을 읽은 뒤에도 계속 배움에 대한 열정을 이어가길 바란다. 그 열정은 책에서 다룬 7가지 기술에 그쳐서는 안 된다. 온갖 R&D 연구소와 스타트업들을 구석구석 탐색하며 차세대 딥테크가 어디서 나타날지 지켜봐야 한다. 그렇게 해야 기회를 잡을 수 있다.

오늘의 선택이 미래의 부를 바꾼다

노벨상을 수상한 헝가리 화학자 얼베르트 센트죄르지는 말했다.

"혁신은 남들과 같은 걸 보면서 그 누구도 생각하지 못한 것을 떠올리는 일이다."

지금까지 다양한 딥테크 분야를 살펴봤으니 이제 진짜 재미를 느낄 때가 됐다. 이 여정의 다음 단계는 이 책 너머에 있다. 남은 여정은 창조성을 발휘하는 것으로 시작하여 아이디어를 실행에 옮기는 것까지 이어진다. 에디슨의 명언처럼 "천재는 1%의 영감과 99%의 노력으로 만들어진다." 이 책을 통해 당신의 두뇌가 새로운 지식을 얻고 자극을 받은 것, 그리고 늦은 밤 불현듯 창조적인 아이디어가 떠오르는 것은 1%의 영감에 속한다. 사실 여기까지가 재미있는 부분이다. 그다음은 고된 실천이 이어진다. 무언가 새롭게 창조하는 데는 엄청난 노력이 필요하다. 게다가 사람들이 당신의 아이디어를 흥미롭고 편안하게 느끼도록 하는 데에 또 엄청난 노력이 필요하다. 그 노력 중 대부분은 아이디어를 현실로 만드는 데 쓰이기 마련이다. 개인적으로 작업을 하든, 팀을 구성해 함께 일을 하든, 다른 전문가를 고용해 대신 일하게 하든 변하지 않는 사실이다. 이쯤에서 지난 몇 년 간 직접 효과를 느낀 몇 가지 팁을 전수해 주고자 한다.

아이템을 발굴한 창업가들에게

만약 스타트업 창업에 관심이 있다면 일단 고객을 잡아야 한다. 투자자를 찾는 건 그보다 훨씬 뒤의 일이다. 지금까지 6개 스타트업의 설립과 성장을 지켜보고 도왔던 사람으로서 말하자면 린lean 접근법을 취할 것을 추천한다. 기술 자체보다는 사람들이 실제로 무엇을 원하는지에 집중하는 게 좋다는 뜻이다. 만약 딥테크를 활용하여 기존보다 훨씬 저렴하고 사용하기 편한 서비스를 획기적인 방식으로 제공할 수 있다면 사업을 계속 그 방향으로 밀어붙여도 좋다. 아마 특별히 경쟁할 상대도 없을 테다.

"세상은 더 나은 쥐덫을 원한다"라는 오랜 격언이 있다. 안타깝게도 완전히 틀린 말이다. 사람들은 더 나은 쥐덫을 원하는 게 아니라 단지 쥐가 없는 환경을 원할 뿐이다. 딥테크를 활용해 사람들이 원하는 결과를 만들어 낼 수만 있다면 세상은 당신에게 성공으로 향하는 문을 기꺼이 열어 줄 것이다. 일단 고객의 니즈를 파악하는 데서 시작하기를 권한다. 디자인 씽킹 워크숍이 좋은 출발점이 돼 줄 수 있다. 먼저 시제품을 만들어 보고 나아가 최소 기능 제품MVP까지 만들어 실제 고객의 피드백을 최대한 빠르게 수집하고 반영하라. 당신이 수립한 가설을 검증하는 과정은 신속히 지속적으로 반복해야 한다. 무언가 조정이 이루어질 때는 실제 경험을 근거로 해야 한다. 조직은 린 스타트업의 가르침을 따라 슬림하게 유지해야 좋다. 시장이 커질수록 먼저 핵심 고객, 즉 초창기부터 함께했던 얼리 어답터들에게 최대한 집중하라. 그 뒤에는《제프리 무어의 캐즘 마케팅》에 적힌 마케팅 교훈을 따라 대중 시장에 침투할 수 있는 교두보를 확보할 차례다. 그럼에도 반복, 향상, 탐색을 멈춰서는 안 된다. 이 정도만 봐도 쉽지 않다고 느낄 것이다. 노력의 비중이 99%인 데는 다 이유가 있다.

미래 먹거리를 찾는 리더들에게

스타트업은 지금까지 설명한 대로 실천하면 된다. 그런데 만약 기존 조직을 혁신해야 하는 입장이라면 어떻게 해야 할까? 일단 고객에 집중해야 하는 건 스타트업과 똑같다. 여기에서 고객이란 외부 소비자일 수도 있고 내부 사업 파트너일 수도 있다. 둘 중 어느 쪽이든지 고객이 원하는 결과를 제공할 수 있어야 한다. 그것이 곧 당신이 원하는 결과이기도 하다. 거대 조직에 속한 사람들은 대부분 기존의 방식대로 일하는 것을 선호한다. 이들은 변화를 주더라도 기존 프로세스를 살짝 비트는 정도, 아니면 새로운 소프트웨어를 도입하는 정도만을 원할 테다. 만약 당신이 최첨단 딥테크를 다룰 줄 안다면, 다른 이들은 상상조차 할 수 없는 가능성으로 무장하고 있는 셈이다.

성공적인 조직은 지표를 집요하게 파고든다. 지표는 대개 기존 프로세스를 측정하고 최적화하기 위해 고안되며 나아가 마진을 개선하고 수익을 늘리는 데까지 사용된다. 지표에 집중하는 것은 1940년대 공장을 가동하던 시절에는 좋은 접근법이었다. 하지만 오늘날에는 기업 입장에서 여러 실질적인 위협이 존재한다. 소비자 수요가 변하기도 하고 언제든 치고 나올 준비를 마친 경쟁자들도 많다. 경쟁자를 보면 언제나 당신보다 기술을 더 잘 활용할 것 같아 두렵기도 하다.

이런 시장에서 생존하고 성공하기 위해서는 유연함을 갖추어야 한다. 애자일 방법론이 좋은 출발점이 될 수는 있다. 하지만 진정한 파괴적 변화는 혁신 문화와 투자에서 비롯된다. 사실 대다수 조직들은 의도됐든 아니든 새로운 기회를 발견하고 투자하도록 구성되지는 않았다. 혁신가의 딜레마가 바로 여기에 있다. 중단기적으로 보면 옳은 일도 장기적으로 보면 틀릴 때가 많다.

지금껏 시도되고 정답으로 여겨졌던 시스템 최적화 방식들은 대부분 시스템을 경직시키고 말았다. 기업 인수 합병은 기존 조직에 새로운 접근법과 경로를 선사해 줄 수 있지만 조직이 세상을 바라보는 시각까지 변화시킬 수는 없다. 해결책은 기민함과 혁신을 장려하는 데 집중하는 것, 그리고 이를 위해 투자를 늘리는 것이다. 이런 과정을 애자일이라

부를지 디지털 전환이라 부를지는 중요하지 않다. 어차피 결과가 어떠해야 하는지는 정해져 있다. 유연성과 새로운 실험을 적극 장려하여 그동안의 최적화 과정에서 조직에 내재된 경직성을 바로잡는 것이다. 세상은 계속 변하고 언젠가는 딥테크도 자연스레 하이테크로 바뀔 테다. 앞으로는 이런 변화에 적절히 대응할 수 있는 조직만이 성공할 수 있다.

마지막으로 당신의 회사가 어떤 딥테크에 투자할지 결정을 내리는 상황이라면 어떻게 해야 할까? 넬슨 만델라가 말했듯이 "교육은 세상을 바꿀 수 있는 가장 강력한 무기다." 다른 사람의 의견을 곧이곧대로 받아들일 필요는 없다. 그리고 모든 계란을 한 바구니에 담아서도 안 된다. 1903년, 당시 저명했던 미시간저축은행장은 "말은 계속 우리 곁에 머무르겠지만 자동차는 그저 잠깐의 신기한 유행으로 끝날 겁니다"라고 말한 바 있다. 저명인사들이 기술이 실패하리라고 잘못 예측한 사례는 수도 없이 많다. 전문가들이 기술이 성공하리라고 잘못 예측한 사례도 아마 비슷하게 많을 테다. 미래를 정확하게 예측하는 건 불가능하며 혁신은 일종의 도박에 가깝다. 그러나 이런 불확실성 때문에 투자 심리 자체가 약화돼서도 안 된다. 그저 투자에 따른 위험과 보상을 조금 다르게 바라봐야 한다는 뜻이다.

돈의 흐름을 읽고 싶은 투자가들에게

1장에서 언급했듯 딥테크란 과거에는 불가능했지만 오늘날에는 조금이나마 실현이 가능한 기술, 그리고 미래에는 너무나 널리 퍼져 존재하기 전의 삶을 떠올리기조차 힘든 기술을 뜻한다. 딥테크는 범용 기술의 초기 단계이며 딥테크 솔루션은 근본적인 기능을 재창조한 결과다. 그리고 딥테크는 투자하기에도 적합하다.

기술 투자자라면 대규모 시장에 뛰어들기 직전 단계의 기술에 소규모로나마 선제적으로 투자하기 마련이다. 물론 적절한 타이밍을 잡기가 쉽지는 않다. 하지만 몇몇 기업은 신생 기업에 대규모로 투자를 감행한 뒤 거세게 밀어붙이면 기술 개발 시점을 몇 년씩 앞당길 수 있다는 사실을 깨달았다. 웨이모 자율 주행차에 투자한 알파벳, 오큘러스 VR에 투자한 페이스북을 떠올리면 쉽다. 당신의 회사에 뛰어난 인재가 넘치고 자본이 넉넉하지 않는 한, 신생 기술이 시장에 진입하도록 밀어붙이는 건 상당히 어렵다. 그래도 업계의 큰손들이 어떻게 움직이는지는 얼마든지 알 수 있다. 의지만 있다면 그들의 등에 올라타는 것도 가능하다. 자율 주행이 발전하면서 라이다 등 새로운 기술 시장이 탄생하고 승차 공유 같은 개념이 각광받는다는 사실을 생각해 보길 바란다.

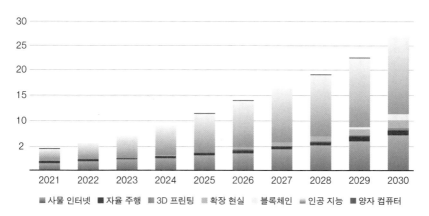

GWP가 110조 달러 늘어나는 정도면 합리적인 예측이다.

1장에서 이 그래프를 본 기억이 날 것이다. 앞으로 7가지 딥테크가 경제적으로 얼마나 큰 영향을 미칠지 추산해 본 결과다. 2020년대에 7가지 딥테크는 보수적으로는 50조 달러, 낙관적으로는 250조 달러만큼 세계 경제에 이바지할 것으로 예상된다.

하지만 미래는 그 누구도 알 수 없다. 나름대로 넉넉하게 추산했다고 생각했는데 그 수치를 훌쩍 뛰어넘을지도 모른다. 아니면 전체 경제적 효과는 얼추 맞더라도 각 기술의 비중이 예상과 달라질지도 모른다. 큰 수를 다루다 보면 개별 수치보다 전체 합산 수치가 더 정확할 수밖에 없다. 정말로 XR이 블록체인보다 더 가치가 클 것인가? 정답은 아무도 모른다. 이렇게 불확실한 상황에 적절한 대응책은 바로 다각화다. 여러 기술 영역에 투자를 분산한다면 성공할 가능성이 더 높아질 것이다.

인공 지능, 확장 현실, 블록체인, 사물 인터넷, 자율 주행, 3D 프린팅, 양자 컴퓨팅. 이 기술들에는 앞으로 수십 년, 아니 어쩌면 한 세기를 바꿀 만한 잠재력이 있다. 이 글을 읽는 당신이 사업가일 수도, 기업 임원일 수도, 또는 투자가일 수도 있다. 어느 쪽이든지 7가지 딥테크와 관련하여 아주 다양한 역할을 맡을 수 있다. 그리고 그 역할을 잘 수행한다면 당신뿐만 아니라 현재 속해 있는 조직, 나아가 전 세계가 더 풍성한 삶을 누릴 수 있다. 100년에 한 번 나올까 말까 한 이 기회를 놓쳐서는 안 된다. 변화를 일으키기 두려워하는 자는 역사에 이름을 남길 수조차 없다.

도약을 앞당기는 간단한 방법

이 책의 마지막에는 각 장에서 다룬 해당 기술을 더 자세히 공부할 수 있는 읽을거리 목록을 실어 두었다. 9장 [딥테크 비즈니스]의 읽을거리는 보다 넓은 시야를 제공할 것이다. 이 책들은 개별 기술을 상세히 다루기보다는 각 기술이 어떻게 융합되어 어떤 새로운 것을 창조할 수 있을지를 다룬다. 하지만 알다시피 독학으로는 한계가 있다. 얼리 어답터가 마주하는 현실 중 하나는 바로 외로움이다. 애초에 얼리 어답터의 정의를 따르자면, 새로운 아이디어를 공유할 사람이 비교적 많지 않은 게 당연하다. 다행히 나는 이런 슬픈 현실에 대처하는 효과적인 방법 두 가지를 찾아냈다. 이 두 가지를 모두 적용하는 게 최선이지만 개인의 상황에 맞게 잘 대처하길 바란다.

첫 번째 방법은 전 세계를 샅샅이 뒤져서 당신의 열정을 공유할 만한 사람을 찾는 것이다. 물론 쉽지 않을 때도 많다. 하지만 몇 시간만 투자하여 구글에 검색을 하거나 각종 커뮤니티를 방문해 보면 당신과 죽이 잘 맞는 이들을 발견할 가능성이 높다. 많은 커뮤니티가 점점 더 작은 규모의 하위 장르에 특화되고 있으며, 덕분에 전 세계에서 모인 소수의 팬들이 서로 긴밀한 관계를 만들어 갈 수 있다. 이들은 서로의 취향을 두고 편협하다거나 이상하다고 여기지도 않는다. 혹시 당신이 어린이 애니메이션 〈마이 리틀 포니 My Little Pony 〉를 좋아하는 40대 남성이더라도 걱정할 필요 없다. 당신과 같은 '브로니 brony : 〈마이 리틀 포니〉를 좋아하는 청소년 및 성인 팬들을 지칭하는 단어-역주'들이 모인 커뮤니티가 환하게 반겨 줄 것이다. 개인적으로는 구글 글래스가 처음 출시된 때가 떠오른다. 당시 나는 구글 글래스를 구매하기 위해 샌프란시스코까지 비행기를 타고 날아갔다. 그 뒤 포틀랜드에서는 웨어러블 밋업 모임을 만들었으며, 이후 구글 글래스에 관한 책을 두 권 집필하고 강의를 열기도 했다.

자연스럽게 두 번째 방법으로 넘어와야겠다. 바로 다른 사람을 교육하는 것이다. 다른 이들과 함께 성장하라. 딥테크 세계는 언제나 인재난을 겪기 마련이다. 따라서 교육은 새로운 기술의 혁명을 일으키기 위한 핵심 요소가 될 수밖에 없다. 윙클보스 형제는 비트코인에 투자만 한 게 아니었다. 그들은 직접 홍보 대사 역할을 자처하여 세계 곳곳을 누비며 금융 기관에 비트코인의 미래 가치를 교육하기도 했다. 자신들이 느낀 흥분을 다른 사람들에게도 전파한 것이다. 팔머 럭키도 마찬가지다. 그는 VR에 빠져들었을 당시 직접 헤드셋을 만든 뒤 자신만의 가상 세계를 즐기는 데 그치지 않고, VR 애호가들의 커뮤니티에 자신의 발명을 공유하려 했다. 그 결과 누구나 참여할 수 있는 크라우드 펀딩이 진행됐다. 그의 목표는 자신의 VR 회사를 페이스북에 매각하는 게 아니었다. 그저 전 세계 누구나 VR을 즐길 수 있도록 장벽을 낮추고 교육하고 싶었을 뿐이다. 딥테크도 친구와 함께하면 더 즐거운 법이다.

미래는 이미 이곳에 있다,
단지 널리 퍼지지 않았을 뿐이다

세 살배기 딸이 또 〈겨울왕국〉을 보더니 눈을 크게 뜨고 묻는다. "아빠, 마법이 진짜로 있어요?" 어린아이라면 한 번쯤은 물어볼 법한 질문이니 미리 답변을 잘 준비해야 했다. 오래 전부터 나와 아내는 가능하다면 단순한 진실을 말해 주기로 결정했다.

"산타 할아버지가 진짜 있어요?"
"아니. 그래도 있는 척하는 건 여전히 재미있더구나."

"하늘은 왜 파란 거예요?"
"파란색 빛이 대기층에서 산란을 일으키기 때문이란다."

"아기는 어디에서 나오는 거예요?"

"음…."

어린아이들이 평범한 것에서도 경이로움을 느낀다는 사실을 잘 알고 있었기에 우리는 군이 진실을 숨길 필요가 없다고 생각했다. 게다가 마크 트웨인이 말했듯이 "늘 진실만을 말한다면 아무것도 따로 기억할 필요가 없다." 그래서 나는 정직하게 대답했다. "물론이지. 마법은 정말로 있단다."

마법이 진짜 있다는 걸 어떻게 아느냐고? 아서 클라크의 말을 빌리자면 충분히 발달한 과학 기술은 마법과 구별할 수 없기 때문이다.

나는 라스베이거스의 한 창고에서 VR 헤드셋을 끼고 가상 세계에 들어가 잔혹한 로봇 부대의 공격으로부터 외계 기지를 구해 냈다. 나는 다리를 잃은 어린이가 3D 프린터로 제작된 의족을 사용하는 것도 봤으며, 모바일 앱과 자율 주행차를 통해 인간이 전혀 개입하지 않은 채로 도심을 누빈 적도 있다. 햅틱 로봇 팔을 이용해 멀리 떨어져 있는 사람과 악수를 하면서도 그 감각을 완벽히 느낄 수 있었고, 양자 컴퓨터를 활용하여 몇 줄 코딩만 했더니 지금까지는 알 수 없었던 자연의 비밀이 술술 흘러나오기도 했다. 이 모든 경험은 실험실에서 이루어진 게 아니다. 현재 모두 제품화되어 누구나 같은 경험을 할 수 있다. 윌리엄 깁슨의 명언을 조금 바꿔 말하면, 마법은 진짜로 존재하며 아직 널리 퍼지지 않았을 뿐이다.

마르셀 프루스트의 《잃어버린 시간을 찾아서》 마지막 권에서, 그는 유년 시절의 집을 떠난 지 몇 년 만에 더욱 성장하여 다시 집으로 돌아온다. 시간은 많은 것을 바꾸어 놓았다. 그는 이제 새롭게 세상을 바라볼 줄 알았고 유년 시절 그토록 거대해 보이던 것들도 초라하게 느껴졌다. 마법의 문제는 너무나 격렬하고 제멋대로여서 다루기 힘들다는 것이다. 마법의 신비로움을 벗겨 내기 위해서는, 그렇게 해서 마법을 우리 손으로 다루기 위해서는 먼저 그 격렬하고 제멋대로인 마법을 제대로 들여다봐야 한다. 이 책의 목적은 딥테크를 이해하기 쉽게 설명하여 거대해 보이던 장벽을 충분히 넘을 수 있을 만큼 낮추는 것이었다. 이제 우리는 딥테크를 적절히 활용할 수 있으며, 다음 세대의 삶이 우리 손에 달려 있다는 사실도 알게 됐다. 언젠가 우리가 만들어 내는 엄청난 결과물을 보며 다른 사람들이 물을 것이다.

"마법이 진짜로 존재하나요?"
우리의 대답은 간단하다.
"물론이죠."

이 책과 함께 읽을거리

2장[인공 지능 비즈니스]

《딥러닝 레볼루션: AI 시대, 무엇을 준비할 것인가》, 테런스 J. 세즈노스키, 한국경제신문사, 2019

《로봇의 부상: 인공 지능의 진화와 미래의 실직 위협》, 마틴 포드, 세종서적, 2016

《마스터 알고리즘: 머신러닝은 우리의 미래를 어떻게 바꾸는가》, 페드로 도밍고스, 비즈니스북스, 2016

《생각하는 뇌, 생각하는 기계》, 제프 호킨스·산드라 블레이크슬리, 멘토르, 2010

《슈퍼인텔리전스: 경로, 위험, 전략》, 닉 보스트롬, 까치, 2017

《인간은 필요없다: 인공 지능 시대의 부와 노동의 미래》, 제리 카플란, 한스미디어, 2016

3장[확장 현실 비즈니스]

《Virtual Reality》, 새뮤얼 그린가드

《더 히스토리 오브 더 퓨처: 오큘러스와 페이스북, 그리고 가상 현실을 휩쓴 혁명》, 블레이크 J. 해리스, 커넥팅, 2019

《레디 플레이어 원》, 어니스트 클라인, 에이콘출판사, 2015

《미래는 와 있다: 기술은 인간관계를 어떻게 바꾸는가》, 피터 루빈, 더난출판사, 2019

《증강 인간: 기술이 새로운 현실을 만드는 방법》, 헬렌 파파기아니스, 에이콘출판사, 2018

4장[블록체인 비즈니스]

《Bitcoin Billionaires: A True Story of Genius, Betrayal, and Redemption》, 벤 메즈리치

《Smart Contracts: The Essential Guide to Using Blockchain Smart Contracts for Cryptocurrency Exchange》, 제프 리드

《블록체인 혁명: 4차 산업 혁명 시대를 이끄는 혁신적 패러다임》, 돈 탭스콧·알렉스 탭스콧, 을유문화사, 2018

5장[사물 인터넷 비즈니스]

《Building Wireless Sensor Networks: With ZigBee, XBee, Arduino, and Processing》, 로버트 팔루디

《Calm Technology: Principles and Patterns for Non-Intrusive Design》, 앰버 케이스

《IoT 기업: 어떻게 IoT를 이용해 성과를 창출할까?》, 브루스 싱클레어, 청람, 2018

《사물 인터넷이 바꾸는 세상》, 새뮤얼 그린가드, 한울, 2017

6장[자율 주행 비즈니스]

《No One at the Wheel: Driverless Cars and the Road of the Future》, 새뮤얼 슈워츠

《넥스트 모바일 자율 주행 혁명: 4차 산업 혁명의 가장 파괴적인 혁신이자 문제작 무인 자동차 》, 호드 립슨 · 멜바 컬만, 더퀘스트, 2017

《선택 가능한 미래》, 비벡 와드와 · 알렉스 솔크에버, 아날로그, 2019

《오토노미 제2의 이동 혁명: 인간 없는 자동차가 가져올 거대한 패러다임의 전환》, 로렌즈 번스 · 크리스토퍼 슐건, 비즈니스북스, 2019

7장[3D 프린팅 비즈니스]

《3D Printing: Modern Technology in a Modern World》, 레이먼드 리브스

《3D Printing》, 존 조던

《Designing 3D Printers: Essential Knowledge》, 닐 로젠버그

《The 3D Printing Handbook: Technologies, design and applications》, 벤 레드우드 · 필레몬 쇼퍼 · 브라이언 개럿

8장[양자 컴퓨터 비즈니스]

《Dancing with Qubits: How Quantum Computing Works and How It Can Change the World》, 로버트 수토르

《Quantum Computation and Quantum Information》, 마이클 닐슨 · 아이작 추앙

《양자 컴퓨터 원리와 수학적 기초: 스핀부터 큐비트, 얽힘, 중첩, 양자 알고리즘, 양자 암호화》, 크리스 베른하트, 에이콘출판, 2020

《파인만 씨 농담도 잘하시네!》, 리처드 파인만, 사이언스북스, 2000

9장[딥테크 비즈니스]

《Machines of Loving Grace: The Quest for Common Ground Between Humans and Robots》, 존 마르코프

《Mapping Innovation: A Playbook for Navigating a Disruptive Age》, 그렉 사텔

《머신 플랫폼 크라우드: 트리플 레볼루션의 시대가 온다》, 앤드루 맥아피 · 에릭 브린욜프슨, 청림출판, 2018

《미래 변화의 물결을 타라: 3차 인터넷 혁명이 불러올 새로운 비즈니스》, 스티브 케이스, 이레미디어, 2016

《이상한 미래 연구소: 전 세계 '너드'들이 열광한 과학 블로거의 대담한 미래 예측》, 잭 와이너스미스 · 켈리 와이너스미스, 시공사, 2018

《인에비터블 미래의 정체: 12가지 법칙으로 다가오는 피할 수 없는 것들》, 케빈 켈리, 청림출판, 2017

《제프리 무어의 캐즘 마케팅: 스타트업을 메인마켓으로 이끄는 마케팅 바이블》, 제프리 A. 무어, 세종서적, 2021

《컨버전스 2030: 미래의 부와 기회》, 피터 디아만디스 · 스티븐 코틀러, 비즈니스북스, 2021

《혁신기업의 딜레마: 미래를 준비하는 기업들의 파괴적 혁신 전략》, 클레이튼 M. 크리스텐슨, 세종서적, 2020

새로운 부와 기회를 창출할 7가지 딥테크 비즈니스

앞으로 10년 부의 거대 물결이 온다

1판 1쇄 2021년 10월 27일
1판 4쇄 2022년 1월 10일

지은이 에릭 레드먼드
옮긴이 정성재
펴낸이 유경민 노종한
기획마케팅 1팀 우현권 **2팀** 정세림 현나래 유현재
기획편집 1팀 이현정 임지연 **2팀** 박익비 **라이프팀** 박지혜 장보연
책임편집 이현정
디자인 남다희 홍진기
기획관리 차은영
펴낸곳 유노콘텐츠그룹 주식회사
법인등록번호 110111-8138128
주소 서울시 마포구 월드컵로20길 5, 4층
전화 02-323-7763 **팩스** 02-323-7764 **이메일** uknowbooks@naver.com

ISBN 979-11-90826-81-5 (03320)